加快构建全国统一大市场
市场经济基础制度研究

健全公平有效的市场准入负面清单制度

连维良 ◎ 主编

中信出版集团 | 北京

图书在版编目（CIP）数据

健全公平有效的市场准入负面清单制度 / 连维良编
. -- 北京：中信出版社，2023.4
ISBN 978-7-5217-5501-5

Ⅰ.①健… Ⅱ.①连… Ⅲ.①市场准入－制度－中国
Ⅳ.① F723

中国国家版本馆 CIP 数据核字（2023）第 046296 号

健全公平有效的市场准入负面清单制度

编者： 连维良
出版发行：中信出版集团股份有限公司
（北京市朝阳区东三环北路 27 号嘉铭中心　邮编　100020）
承印者： 天津丰富彩艺印刷有限公司

开本：787mm×1092mm 1/16　　印张：23.5　　字数：300 千字
版次：2023 年 4 月第 1 版　　　　　印次：2023 年 4 月第 1 次印刷
书号：ISBN 978-7-5217-5501-5
定价：78.00 元

版权所有·侵权必究
如有印刷、装订问题，本公司负责调换。
服务热线：400-600-8099
投稿邮箱：author@citicpub.com

本书编写人员

主　编：
连维良　国家发展和改革委员会原副主任
成　员：
徐善长　国家发展和改革委员会体改司原司长
蒋　毅　国家发展和改革委员会体改司副司长
王任飞　国家发展和改革委员会体改司副司长
陈　雷　国家发展和改革委员会体改司副司长
许　可　国家发展和改革委员会体改司综合处处长
徐　飞　国家发展和改革委员会体改司综合处干部
李　侨　国家发展和改革委员会体改司综合处干部
臧跃茹　国家发展和改革委员会市场与价格研究所
　　　　原副所长、研究员
郭丽岩　中国宏观经济研究院研究员
洪俊杰　对外经济贸易大学副校长
高恺琳　对外经济贸易大学讲师

目录

前 言 /XI

第一章 我国为何要建立市场准入负面清单制度 /001

第一节 什么是市场准入负面清单制度 /003

一、为什么要建立市场准入负面清单制度 /003

二、什么是市场准入负面清单制度 /004

三、如何理解和把握市场准入负面清单制度的基本理念 /005

第二节 市场准入负面清单制度的理论意义 /009

一、行政学视角：推动市场准入管理从正面清单管理向负面清单管理模式转变 /009

二、法学视角：负面清单管理模式秉承了法治理念与法治精神 /011

三、制度学派视角：负面清单制度建设丰富了制度体系运行机制的理论研究 /013

四、系统理论视角：清单规制与事中事后行为监管配合体现系统整体性 /015

第三节　市场准入负面清单制度的现实作用　/018

一、推动国家治理体系和治理能力现代化的题中之意　/019

二、有利于发挥市场在资源配置中的决定性作用　/020

三、完善负面清单管理模式是更好发挥政府作用的内在要求　/020

四、对内外资一视同仁、推动更高水平对外开放的必要措施　/021

第四节　处理好三大关系，完善市场准入负面清单制度　/023

一、发展和改革的关系　/023

二、共性和个性的关系　/024

三、国内市场和国际市场的关系　/025

第五节　统一的市场准入制度与建设全国统一大市场　/026

一、何为全国统一大市场"统一"的要求　/026

二、加快建设全国统一大市场的重大意义　/028

三、建设全国统一大市场的总体要求、工作原则和主要目标　/030

四、统一市场准入制度是建设全国统一大市场的重要基础　/032

第二章　市场准入负面清单制度的建立　/035

第一节　概念提出与试点探索　/037

第二节　市场准入负面清单制度的全面实施　/040

一、正式颁布全国统一的《市场准入负面清单（2018 年版）》　/040

二、《清单（2018 年版）》与《清单（试点版）》相比的主要修订内容　/041

三、《清单（2018 年版）》在制度建设方面的鲜明特征　/043

四、《清单（2018 年版）》的社会影响　/046

第三节　《市场准入负面清单》的历次修订　/048

一、《市场准入负面清单（2019 年版）》　/048

二、《市场准入负面清单（2020 年版）》　/052

三、《市场准入负面清单（2022 年版）》　/056

四、清单制度建设经验　/060

第三章　今天的市场准入负面清单制度体系　/065

第一节　市场准入负面清单制度体系的组成部分　/067

一、"全国一张清单"管理制度："一单尽列、单外无单"　/067

二、清单动态调整机制："适时修订，动态调整"　/070

三、清单信息公开机制："一目了然，一网通办"　/073

四、清单落地实施机制："一案一核，效能评估"　/075

第二节　市场准入负面清单的框架结构　/077

一、清单说明　/077

二、清单主体　/080

三、清单附件　/083

第四章　以特别措施引领市场准入放宽的系统谋划　/ 085

第一节　以特别措施为抓手持续推动市场准入放宽　/ 087

一、特别措施是进一步放宽市场准入的重要举措　/ 088

二、特别措施贯穿四大思维和实现四个"首次"　/ 091

第二节　支持海南自由贸易港建设放宽市场准入若干特别措施　/ 094

一、《海南特别措施》出台的重大意义　/ 094

二、《海南特别措施》的主要内容　/ 097

三、《海南特别措施》的影响与示范效应　/ 102

第三节　深圳建设中国特色社会主义先行示范区放宽市场准入若干特别措施　/ 106

一、《深圳特别措施》出台的重大意义　/ 106

二、制定《深圳特别措施》的主要考虑　/ 109

三、《深圳特别措施》的主要内容　/ 110

四、《深圳特别措施》的影响与示范效应　/ 115

第四节　推动特别措施产生全国示范效应的关键在落实　/ 118

一、形成工作合力，强化落实机制建设　/ 119

二、加强法治保障，完善相关法律法规和政策配套机制建设　/ 119

三、央地结合、政企互动，强化部门和地方协力推进的主体责任　/ 120

四、加强特别措施改革创新的监管和安全保障机制建设　/ 120

五、加强顶层设计和不同措施之间的产业链协同机制建设　/ 121

- 第五节　引导企业积极把握特别措施发布的

  重大机遇　/122

  一、把握特别措施的重大商机，积极融入国家重大战略　/122

  二、从特别措施当中寻找市场拓展空间，积极促进产业

  关联畅通和市场循环　/122

  三、抓住特别措施涉及的重点区块和重大项目，主动对接

  政府平台和全国要素资源　/123

第五章　违背清单案例归集通报制度的建立与实施　/125

- 第一节　为何开展违背清单案例归集通报　/127
- 第二节　违背清单案例归集的范围和工作机制　/129

  一、案例归集范围　/129

  二、案例排查汇总　/130

  三、建立典型案例通报机制　/130

- 第三节　违背清单案例归集通报成效　/131
- 第四节　违背市场准入负面清单典型案例分析　/134

  一、部分事项国家层面已放开但地方仍在审批　/134

  二、行业垄断造成的准入困难　/134

  三、监管能力不足导致不敢批　/137

  四、审批权下放形成区域间市场壁垒　/137

  五、地方保护设置的准入"潜规则"　/138

  六、新业态监管空白形成的准入难题　/139

  七、互为前置条件的准入要求依然存在　/142

  八、承诺制改革不彻底导致的准入困难　/143

  九、机构改革职能划转产生的新问题　/143

目录　VII

十、准入标准过高、流程过长的壁垒形态仍然存在 / 143

十一、变相设置市场准入前置条件，形成准入壁垒 / 144

第五节　破除市场准入隐性壁垒的难点 / 146

第六章　开展市场准入效能评估的探索与实践 / 149

第一节　什么是市场准入效能评估制度 / 151

第二节　市场准入效能评估遵循的主要原则 / 154

一、科学合理原则 / 155

二、独立性和发展性原则 / 155

三、可量化性和动态性原则 / 156

四、可操作性和可比性原则 / 156

五、层次性与系统性原则 / 156

第三节　评估成效 / 157

第四节　2021年第一批试点地区评估推进情况 / 159

一、市场准入效能评估指标体系（2021框架版） / 159

二、试评估情况 / 162

三、第一批试点发现的问题 / 179

第五节　2022年第一批和第二批试点地区评估推进情况 / 181

一、市场准入效能评估指标体系（2022试点版） / 182

二、第一批试点地区评估进展 / 185

三、第二批试点地区评估进展 / 194

四、其他试点城市评估进展 / 214

第六节　市场准入效能评估制度的未来展望 / 233

第七章　全球主要经济体完善市场准入制度建设的主要经验及对我国的启示　/235

第一节　世界主要经济体市场准入制度的主要特征　/237
一、全国统一的市场准入负面清单制度与外商投资准入特别管理措施的区别　/237
二、世界主要经济体市场准入制度的主要特征　/239

第二节　国际主要经济体市场准入制度的具体管理模式　/253
一、美欧及英联邦经济体的市场准入制度比较　/255
二、亚洲主要经济体市场准入制度比较　/277

第三节　国际经验对我国完善负面清单制度的启示　/297
一、提高法律位阶、缩减清单长度是完善负面清单制度的主攻方向　/297
二、加强负面清单制度与已有制度的衔接与融合　/298
三、加强负面清单制度分类标准与国际接轨，提升负面清单的透明度　/298
四、完善市场准入负面清单制度的重点是进一步推进服务业开放　/299

第八章　市场准入负面清单制度未来改革方向　/301

第一节　"十四五"时期的时代特征和新要求　/303
一、进一步回应人民需要，更好解决社会主要矛盾　/303
二、进一步释放科技创新活力，更好发挥超大规模市场优势　/304

三、进一步深化市场体制改革，更好推动改革效能转化为发展效能　/ 304

四、进一步增强国内市场规制力，更好推进制度型开放　/ 305

第二节　"十四五"时期主要挑战和新问题　/ 306

一、外部市场环境日趋复杂，不确定性因素明显增多　/ 306

二、国内市场仍然存在影响准入畅通的隐性市场壁垒　/ 307

三、各地推动市场准入负面清单制度落地的进展参差不齐　/ 309

第三节　"十四五"时期完善市场准入负面清单制度的思路和任务　/ 310

一、思路和目标　/ 310

二、完善市场准入负面清单制度体系的主要任务　/ 311

三、强化市场准入负面清单配套制度建设　/ 313

结　语　/ 317

附录 1　/ 319

附录 2　/ 330

附录 3　/ 341

前 言

党的二十大将市场准入制度列为社会主义市场经济的重要基础制度之一。党的十八大以来，以习近平同志为核心的党中央科学谋划、统筹考虑，做出全面实施市场准入负面清单制度的重大战略决策。这是一项根本性、全局性、制度性的重大改革创新，是构建全国统一大市场的重要基础，是构建高水平社会主义市场经济体制的重要举措，对于推进国家治理体系和治理能力现代化，以中国式现代化全面推进中华民族伟大复兴具有重要意义。

当前世界面临的百年未有之大变局加速演变，外部不确定性因素和风险明显增多。党的二十大强调，必须完整、准确、全面贯彻新发展理念，坚持社会主义市场经济改革方向，坚持高水平对外开放，加快形成以国内大循环为主体、国内国际双循环相互促进的新发展格局。要坚持以推动高质量发展为主题，把实施扩大内需战略同深化供给侧结构性改革有机集合起来，增强国内大循环内生动力和可靠性，提升国际循环质量和水平，推动经济实现质的有效提升和量的合理增长。为此，必须对各种分散割裂的市场准入政策和传统市场准入管理手段进行全面改革，建立符合新时代发展要求和中国特色社会主义市场经济特点的市场开放公平、规范有序，企业自主决策、平等竞争，政府权责清晰、监管有力的市场准入管理新体制。

　　市场准入负面清单制度，是指以清单方式明确列出在中华人民共和国境内禁止和限制投资经营的行业、领域、业务等，各级政府依法采取相应管理措施的一系列制度安排。党的十八届三中全会通过的《中共中央关于全面深化改革若干重大问题的决定》提出："实行统一的市场准入制度，在制定负面清单基础上，各类市场主体可依法平等进入清单之外领域。"党的十九大报告中对加快完善社会主义市场经济体制做出了全面部署要求，其中一项重要任务就是"全面实施市场准入负面清单制度"。党的十九届四中全会《中共中央关于坚持和完善中国特色社会主义制度、推进国家治理体系和治理能力现代化若干重大问题的决定》提出将加快完善社会主义市场经济体制，建设高标准市场体系，完善公平竞争制度，全面实施市场准入负面清单制度，作为坚持和完善中国特色社会主义制度、推进国家治理体系和治理能力现代化的主要任务，强调加强制度体系建设重要性。《中共中央关于制定国民经济和社会发展第十四个五年规划和二〇三五年远景目标的建议》（以下简称《建议》）指出"要构建高水平社会主义市场经济体制"，而"实施统一的市场准入负面清单制度""继续放宽准入限制"是构建高水平社会主义市场经济体制的重要举措和"实施高标准市场体系建设行动"的主要内容。

　　2018年，国家发展和改革委员会（以下简称"国家发展改革委"）、商务部经党中央、国务院批准，印发《市场准入负面清单（2018年版）》，标志着这项制度在全国全面实施。2019—2022年，结合新情况、新形势、新要求，市场准入负面清单连续三次动态修订，清单长度大幅缩短，管理措施明显减少，重点领域准入管理得到依法规范，市场准入负面清单制度体系完整性、严谨性和规范性全面提升。

  市场准入负面清单制度的实行，标志着我国市场准入管理模式从以"正面清单"为主向以"负面清单"为主的全面转型，打破各种形式的不合理限制和隐性壁垒，体现出管理理念和管理方式的重大转变。一是从有罪推定向无罪推定转变。对于一般性行业采用"无罪假定"，避免了事前对市场主体的预判和严苛的行政审批，给予市场主体充足的自主权和准入机会。二是从分割市场向统一市场转变。构建全国统一的市场准入管理体系，有效消除妨碍统一市场和公平竞争的规定和做法。三是从区别对待向平等对待转变。做到公平公正、一视同仁，不论国有还是民营、不论内资还是外资、不论规模大小，均依法享有同等的市场准入条件待遇。四是从重事前审批向加强事中事后监管转变。推动各地区、各部门更好发挥政府作用，落实放管结合、并重要求，全面夯实监管责任，防止出现监管真空，实现事前事中事后全链条、全领域监管，强化反垄断监管，依法规范和引导资本健康发展，发挥资本作为重要生产要素的积极作用。市场准入负面清单公布实施后，赢得了社会各界的广泛赞誉，对于市场准入负面清单制度改革给予了高度评价，认为全面实施市场准入负面清单制度是"放管服"改革的重要成果之一，有助于切实把放宽和规范市场准入、对内外资企业一视同仁等要求落到实处，提振了企业投资信心，激发了市场活力。

党的二十大报告明确，完善产权保护、市场准入、公平竞争、社会信用等市场经济基础制度，对完善全国统一的市场准入制度体系建设提出了更高要求。下一步，要以市场准入负面清单为基础，进一步完善市场准入制度体系，重点做好三方面工作。一是深入推行"全国一张清单"管理模式。严禁各地区、各部门自行发布具有市场准入性质的负面清单。按照党中央、国务院要求编制的涉及行业性、领域性、区域性等方面，需要用负面清单管理思路或管理模式出台相关措施的，均需纳入全国统一的市场准入负面清单。二是以"特别措施"为抓手持续推动市场准入放宽。制定出台并扎实推进海南自由贸易港（以下简称"海南自贸港"）、深圳建设中国特色社会主义先行示范区等放宽市场准入特别措施。三是以效能评估为抓手全面提升市场准入能力。稳步推进效能评估全覆盖，着力畅通市场主体对隐性壁垒的意见反馈渠道，完善处理回应机制，促进准入环境不断优化。

2020年，国家发展改革委启动全委层面重大课题"完善全国统一的市场准入负面清单制度研究"，课题组历时两年，赴广东、福建、海南等十余个省份，调研了数百个市场主体，听取各方面意见建议，结合这项制度从提出、试点到全面实施、不断完善，再到阶段性成熟定型的历程，深入总结改革的经验成效与问题挑战，吸纳借鉴世界主要经济体及亚洲国家的市场准入制度，因应"十四五"时期的新形势、新要求，提出了健全完善全国统一市场准入制度的思路与重点任务。本书是对课题研究成果的系统梳理与集中展现，我们希望通过本书，使社会各界更加全面地了解市场准入负面清单制度，更加清晰地把握和运用我国的市场准入政策，更加积极地投身到高标准市场体系的建设与完善中。

对内外资准入一致实行负面清单管理模式，国外还没有成熟先例。我国建立实施全国统一的市场准入负面清单制度，是一项具有历史意义的重大创新，为全球经济治理提供了经验与示范。我们虽尽力领会其理论内涵、实践创新，但受水平和时间所限，书中难免存在错漏之处，敬请读者批评指正。

第一章

我国为何要建立市场准入负面清单制度

实行市场准入负面清单制度，是党中央应对百年未有之大变局，加快完善社会主义市场经济体制的重大制度性安排。党的十八届三中全会首次提出"实行统一的市场准入制度，在制定负面清单基础上，各类市场主体可依法平等进入清单之外领域"。党的十九大进一步明确要求"全面实施市场准入负面清单制度"。习近平总书记对实行市场准入负面清单制度做出重要指示，为这项改革提供了强大思想引领和科学行动指南。

　　市场准入负面清单制度的全面实施，标志着我国市场准入管理从以正面清单为主向以负面清单为主的全面转型，体现出管理理念和方式的重大转变，对于发挥市场在资源配置中的决定性作用和更好发挥政府作用，建设法治化营商环境，构建开放型经济新体制，具有重要意义。

　　实行内外资一致适用的市场准入负面清单制度，国外没有成熟先例，从全球范围看，我国是首个真正建立市场准入负面清单制度的主要经济体，这是中国式现代化的重要体现，是根本性、全局性、制度性的重大改革创新，有利于发挥超大规模国内市场优势，加快建立强大的国内经济循环体系，增强对全球要素资源高效配置的能力，在宏观经济制度上为全球经济治理贡献了中国范式和生动实践。

第一节

什么是市场准入负面清单制度

负面清单（Negative List，又称否定性列表）是国际上广泛采用的外商投资准入管理方式。这种管理方式的核心，是将外商投资准入的特别管理措施以清单形式统一列出，清单之外，按照内外资一致原则实施管理。我国借鉴国际做法，将负面清单管理方式从国际投资协定引入国内市场管理，平等地适用于国有与非国有、内资和外资企业，表明了我们以开放促改革、建设高水平社会主义市场经济体制的勇气和决心。

一、为什么要建立市场准入负面清单制度

改革开放40多年来，我国社会主义市场经济体制不断健全完善，但仍存在不少束缚市场主体活力、阻碍市场和价值规律充分发挥作用的障碍。特别是受传统计划经济管理模式的影响，各级政府还是习惯于按照"正面清单"的理念来管理市场，除依法设立的准入限制之外，在法律法规没有明确规定的领域，也时常通过规章、规范性文件，甚至一纸通知设置市场准入门槛，而且

各种准入规定分散在不同部门，存在准入环节过多、准入事项分散、准入门槛过高、准入程序烦琐等问题，市场准入环节成本高、效率低，让市场主体难以适应。市场准入的"玻璃门""弹簧门""旋转门"尚未完全打破，市场分割、地方保护主义等仍未完全消除，在不同准入环节设置不合理限制或歧视性附加条件等现象仍不同程度存在。

建立市场准入负面清单制度，就是要在市场准入环节确立统一公平的规则体系，厘清市场和政府发挥作用的边界，使市场这只"看不见的手"发挥决定性作用，政府的管理权限和措施更加规范，各种形式的不合理限制和隐性壁垒得以打破，推动政府加强事中事后监管，把该管的事管好，形成各类市场主体公开、公平、公正参与竞争的市场环境，加快构建统一开放、竞争有序的现代市场体系。

二、什么是市场准入负面清单制度

2015年，国务院印发的《关于实行市场准入负面清单制度的意见》（国发〔2015〕55号，以下简称《意见》）对市场准入负面清单制度做出了权威定义：市场准入负面清单制度，是指国务院以清单方式明确列出在我国境内禁止和限制投资经营的行业、领域、业务等，及各级政府依法采取相应管理措施的一系列制度安排。市场准入负面清单以外的行业、领域、业务等，各类市场主体皆可依法平等进入。

市场准入负面清单所列事项包括禁止准入类和限制准入类，适用于各类市场主体基于自愿的初始投资、扩大投资、并购投资等投资经营行为及其他市场进入行为。对禁止准入事项，市场主体不得进入，行政机关不予审批、核准，不得办理有关手续；对许可准入事项，由市场主体提出申请，行政机关依法依规做出是否予以准入的决定，或由市场主体依照政府规定的准入条件和准入方式合规进入。

市场准入负面清单之外的行业、领域、业务，各类市场主体皆可依法平等进入。这是负面清单管理理念的集中体现，也是负面清单管理最直接的特征。这意味着政府要厘清职能边界，管好该管的，放手不该管的。清单已经列出的事项，政府要严格依法管理。清单没有列出的领域，"剩余决定权"和"投资自主权"要归于市场主体，各级政府不能违规另设准入门槛，在未经法定程序授权的情况下擅自实施准入管理。相反，要持续清理和废除妨碍平等准入的各类规定和做法，破除各类准入壁垒，为市场主体营造公平、透明、稳定、可预期的准入环境。

同时，《意见》对于市场准入负面清单制度的定义，也明确了几个重要问题。第一，市场准入负面清单的制定主体是国务院，也就是清单应由国务院发布或批准发布。第二，市场准入负面清单的适用范围是中华人民共和国境内。第三，市场准入负面清单针对的是行业、领域、业务，这里的行业、领域、业务主要按照《国民经济行业分类目录》进行划分。第四，市场准入负面清单制度是包括清单本身及其配套制度的一系列制度安排，而非只有一张清单。

三、如何理解和把握市场准入负面清单制度的基本理念

（一）统一性

市场准入负面清单由国家统一发布，对境内外、各类所有制

性质的市场主体在中国境内的投资经营行为一致适用,是规范各类市场主体行为的统一准则。按照中共中央、国务院要求编制的《产业结构调整指导目录》《政府核准的投资项目目录》等具有市场准入性质的清单目录,都要纳入全国统一的市场准入负面清单。地方政府不得另行制定市场准入性质的负面清单,如果由于地方实际需要,确实必须增列市场准入事项,就要依法报请纳入全国统一的市场准入负面清单。

(二)法治性

市场准入负面清单的制定和实施,都要全面落实依法治国的基本方略。在清单制定和修订的过程中,要对依据法律、法规和国务院决定设定的市场准入类管理措施,进行合法性审查和全面评估,对法律、法规和国务院未做规定的管理措施,原则上不列入清单。个别设立依据效力层级不足的,必须进行严格审慎的评估,确属必要暂时列入清单的管理措施,报国务院批准,以加★形式将这些措施在清单中标明,同时抓紧推动完善相关立法。清单之外领域,各类市场主体可以平等进入,但必须建立在合法前提下,必须遵守法律法规的普遍性要求,例如不得危害国家安全、公共安全等。

(三)全面性

市场准入负面清单的发布,改变了此前市场准入事项散见于各类法律法规、部门规章的局面。清单通过集中公开的方式,直接列明市场主体可否进入相关行业和领域的准入管理措施,令市场主体"一目了然"。凡是禁止或限制市场准入的行政许可或管理事项，都应依法纳入全国统一的市场准入负面清单进行管理，不应再有其他额外或补充的限制性条款。清单本身的全面、准确，也是清单之外领域各类市场主体可以依法平等进入的前提条件。

（四）明示性

市场准入负面清单的制定、调整和实施都遵循公开、公平、公正的原则，形成稳定、透明、可预期的制度安排，保障公众的知情权和参与权。除依法应当保密的外，制定和调整市场准入负面清单的事项、依据和结果，都要向社会公开，逐步依托全国一体化在线政务服务平台实现网上办理，做到公开透明、高效便捷。

（五）动态性

市场准入负面清单的边界应根据法治要求和实际改革进展进行动态调整。负面清单的制定和调整，与行政审批事项清理工作相互衔接、同步推进，国务院决定取消行政审批事项的，将调整负面清单相应内容；国务院决定精简负面清单的，将相应取消行政审批事项。

（六）安全性

制定市场准入负面清单坚持维护国家安全和社会稳定原则，坚持总体国家安全观，遵循维护国家安全的法律法规和国家关于各领域安全的制度体系。对涉及人民生命财产安全、政治安全、国土安全、经济安全、文化安全、社会安全、生态安全等国家安全的行业、领域、业务等依法采取相应的禁止进入或许可准入的管理措施。清单实施中，由于防范重大风险等特殊原因，确实需要采取临时性准入管理措施的，经国务院同意，可以实时列入清单。

第二节

市场准入负面清单制度的理论意义

实行市场准入负面清单制度（国内外没有成熟先例），标志着我国市场准入管理理念和方式的重大转变，在行政学、法学、经济学、系统论等不同领域，都有着深刻的理论内涵。

一、行政学视角：推动市场准入管理从正面清单管理向负面清单管理模式转变

在行政学意义上，市场准入管理属于一种事前政府规制，是指政府或法律授权的公共机构，依据规定对市场主体的市场进入行为进行限制。市场准入负面清单制度是一种典型的现代规制体系，与传统的行政管理模式有很大不同。传统的行政管理模式是一种垂直化的命令控制机制，是组织内部自上而下的支配行为，对被管理者来说，管理者居于支配地位；现代规制体系又被称为"规制治理"，规制者与被规制者之间不是领导与被领导的上下级隶属关系，两者具有平等的法律地位。具体而言，传统行政管理模式和现代规制体系有五个方面的不同。一是理念不同，传统行

政管理模式认为政府能够全面纠正市场失灵,而现代规制体系下,不仅存在市场失灵,也存在政府失灵,政府不应进行不当干预。二是主体不同,传统行政管理的主体是一元的,主要是政府等公权力机构,而现代规制的主体是多元的,除政府机构外,还包括行业自律组织、企业组织、消费者权益保护组织等团体及公民个体。三是权力运行机制不同,传统的行政管理是"封闭运行"和"以上驭下"的行政体制,干涉主义色彩较浓厚,而现代规制则是公开透明、公众参与和可问责的体系机制。四是对法治规则的界定不同,传统行政管理框架下,法制是保障规制、机构权威的依据,没有讨价还价的空间,而现代规制框架下,法治规则标准则是保障公众利益的"基石",公众有权对规制与标准提出异议。五是评价机制不同,传统行政管理强调下级机构对上级的服从,主要考核是否完成上级下达的指令和任务,而现代规制重视规制的质量与效能评价,强调将行政权力关进"制度的笼子",并为政府行为划定清晰的权力界限。总体而言,负面清单管理作为现代规制行为的典型特征是:法治规范、多元共治、包容参与、透明、可问责,它也被称为"善治",是治理体系与治理能力现代化的衡量标准。可见,建立和完善市场准入负面清单制度,是推进国家治理体系与治理能力现代化的题中之义与重要支撑。

市场准入负面清单制度的实行,体现出市场准入管理理念和管理方式四方面重大转变。[1]一是从"有罪假定"转变为"无罪假定"。对于一般性行业采用"无罪假定",避免了事前对行为主体

---

[1] 参见易纲:《全面实施市场准入负面清单制度》,十九大报告解读稿。

的预判和严苛的行政审批，给予市场主体充足的自主权和准入机会，采用开放度更高、包容性更强的管理模式。二是从"分割市场"转变为"统一市场"。要经过汇总、审查，形成统一的市场准入负面清单，由国务院统一制定发布，实现一张清单全覆盖。未经国务院授权，各地区、各部门不得自行发布市场准入负面清单，不得擅自增减市场准入负面清单条目。三是从"区别对待"转变为"平等对待"。市场准入负面清单是适用于境内外各类市场主体的一致性管理措施，无论是国企还是民企，无论是内资还是外资，无论规模大小，均"权利平等、机会平等、规则平等"，依法享有平等市场准入条件。四是从"重事前审批"转变为"加强事中事后监管"。实行市场准入负面清单制度，意味着将监管关口后移，各地区、各部门要更好地发挥政府作用，落实放管结合、并重要求，全面夯实监管责任，防止出现监管真空，实现事前、事中、事后全链条、全领域监管，要强化反垄断监管，防止资本无序扩张、野蛮生长、违规炒作，冲击经济社会发展秩序。

二、法学视角：负面清单管理模式秉承了法治理念与法治精神

从规范法学的研究[1]来看，市场准入针对的市场主体相当于商法理论中商主体的概念，即以营利为目的的进行持续性经营的主体，包括个体工商户、个人独资企业、合伙企业、公司等；市

---

[1] 此段论述参见中国政法大学课题组报告：《市场准入负面清单定位分析》（国家发展改革委体改司委托课题）。

场准入针对的行为是市场主体的投资经营行为，是市场主体进入市场展开营业，或资本进入市场展开投资的行为；市场准入规制的范围是企业在市场中所能自由从事的行业、领域、业务的边界。

从落实全面推行依法治国重大方略的要求来看，建立健全负面清单管理制度有助于体现法治精神，最大限度约束行政机构的自由裁量权，全面督促落实依法行政。市场经济是法治经济，负面清单管理模式秉承了法治理念与法治精神，主张减少公权力对私人领域的过度介入，扩大市场主体依法享有的行为自由。按照我国《行政许可法》规定，如下四种情形不需要设行政许可：公民、法人或者其他组织能够自主决定的；市场竞争机制能够有效调节的；行业组织或者中介机构能够自律管理的；行政机关采用事后监督等其他行政管理方式能够解决的，建立健全负面清单管理制度将有助于全面清理和规范违背《行政许可法》的各类行政行为。在原有的正面清单模式下，市场主体是否可以进入法律没有限制的"空白地带"，取决于行政机构的自由裁量，而在负面清单模式下，推定市场主体享有依法进行经济活动的自由，政府部门不得违规设置额外的审批程序，如果经过充分研究论证，确有必要在这些领域设置市场准入限制条件的，应该按照法定程序将其纳入负面清单的范围进行管理。在市场准入负面清单出台和修订过程中，不少管理措施由于有关法律法规修订、在"放管服"改革中取消、设立依据效力层级不足等原因被从清单中陆续删除，还有一些地方、部门提出的增列意见因为法律效力层级不足而未被采纳，这正是政府运用法治思维和法治方式履行职责的重要体现。

市场准入负面清单的制定和修订遵循定位准确、合法有效、统一规范原则。列入清单的市场准入事项，其设立依据应符合我国《立法法》《行政许可法》等法律法规，不得与上位法存在冲突。列入市场准入负面清单的事项和管理措施都是于法有据的，依据法律法规和国务院决定等设立。为了在全国范围推行市场准入负面清单，国家发展改革委、商务部专门成立法律专家小组，针对试点版负面清单里的事项结合各部门、各地方修订意见进行逐条梳理和评估，完成了80多万字的评估报告。自全面实施市场准入负面清单制度以来，国家发展改革委、商务部按照改"旧法"与立"新法"并重的原则，会同有关部门全面清理涉及市场准入、投资经营的法律、法规、规章、规范性文件以及各类行政审批，应当修改、废止的及时加以修改、废止或提出修改、废止的建议。涉及突破现行法律的，由国务院提请全国人大或其常委会修改或暂停实施相关法律；涉及突破现行行政法规的，由国务院修改或暂停实施相关行政法规。同时，积极推动与市场准入负面清单制度相适应的相关立法工作。此后历次修订也严格遵循"清单增减于法有据"的根本要求，这些工作使得市场准入负面清单制度具有很好的法律基础和合法性，是全面依法治国基本方略在社会主义市场经济建设和完善中的鲜活实践。

三、制度学派视角：负面清单制度建设丰富了制度体系运行机制的理论研究

制度指人际交往中的规则及社会组织的结构和机制。制度学派或者称制度经济学是把制度作为研究对象的一个经济学分

支。从制度学派的视角来看，市场准入负面清单制度不只是"一张清单"或"一份列表"，而是对规范政府与市场关系、约束政府权力特别是行政审批行为做出的逻辑严谨、功能齐备的一整套制度体系安排，其对全社会经济运行将产生深远影响。负面清单管理制度作为完整的、规制性质的制度体系，其主要解决三个基本问题：谁来规制、规制什么、规制效果如何。该制度体系的构成要件包括法治规则体系、组织体系、决策机制、管理方法、监督和评价机制等若干互为支撑的子体系。其中，法治规则体系主要解决清单列表的法律依据，及其与上位法及其他清单列表的法律关系定位；组织体系主要是指负面清单管理的权力结构，即在政府机构内部的纵向或横向权力配置、管理层级设置；决策机制主要是提高透明度、拓宽公众参与渠道和参与度；管理方法主要采取先进管理手段，科学合理地界定负面清单的分类依据和主要内容，并根据行政许可行为的外延调整动态修订负面清单；监督和评价机制旨在提高负面清单管理的实效性，即能否做到"一张清单对所有企业"、清单之外的行政审批权彻底"缄默"。

　　从制度体系的角度看待市场准入负面清单，现阶段可能存在两类认识上的误区，需要进一步澄清。一类是对市场准入负面清单制度作狭义理解，仅将其视作一张单子或一份列表，对于其背后的法律依据、决策执行和权力约束机制不甚明晰，这种简单化的理解，有碍我们从国家治理体系的高度审视市场准入负面清单制度的重要作用。另一类是对市场准入负面清单制度的范围作泛化理解，将所有政府部门各类行政审批行为都视作负面清单管理的对象，事实上行政审批并非只在市场准入环节，负面清单"一单尽列"的是市场准入环节的许可事项，而非所有环节的许可事项。市场准入负面清单与政府责任权力清单是各有侧重、并行不悖的，而不是重复和相互替代关系。

四、系统理论视角：清单规制与事中事后行为监管配合体现系统整体性

系统理论是以系统及其机理为研究对象，研究系统的类型、一般性质、运动规律及演化机制的理论，包括"整体大于部分之和"理论和功能耦合原理，其中"整体大于部分之和"理论又包括整体不可分原理、突现性原理、等级层次性原理。整体不可分原理指的是对于有机体来说，不论系统的组成要素之间互相独立与否，只有在整体中才能体现出部分的意义。突现性原理指的是系统总体具有部分所不具有的特性和功能，系统规模越大结构越复杂，整体超过要素性能之和的性能也就越多。等级层次性原理指由低级向高级一层一层地组合为越来越高级的系统，强调整体与要素之间所处层次不同，同时强调了系统高低层次之间的不可还原性，突出了整体、部分之间的本质差异。上述系统理论的基本原理都适用于市场准入负面清单制度体系（复杂制度系统）的特征与作用机理分析。

系统观念是辩证唯物主义的重要认识论、方法论，坚持发展地而不是静止地，辩证地而不是形而上学地，全面地而不是片面地，系统地而不是零散地，普遍联系地而不是孤立地观察事物，是马克思主义唯物辩证法的根本要求。习近平总书记多次强调

要运用系统理念谋划和推进各项任务[1]：在经济发展领域，强调"现代化经济体系，是由社会经济活动各个环节、各个层面、各个领域的相互关系和内在联系构成的一个有机整体"；在依法治国领域，强调"全面依法治国是一个系统工程，必须统筹兼顾、把握重点、整体谋划，更加注重系统性、整体性、协同性"；在深化改革领域，强调"要准确把握改革内在联系，提高改革系统集成能力""推进改革要树立系统思想，推动有条件的地方和领域实现改革举措系统集成""要把加强系统集成、推动改革落地见效摆在更加突出的位置"。党的十九届五中全会重申坚持系统观念，并且把它作为必须坚持的基本原则，习近平总书记在关于五中全会《建议》的说明中特别强调，"系统观念是具有基础性的思想和工作方法"。

系统观念不仅是一种方法论，更是一种思想方法，是统筹各项工作的基本出发点。2022年10月16日，习近平总书记在党的二十大报告中强调："必须坚持系统观念。万事万物是相互联系、相互依存的。只有用普遍联系的、全面系统的、发展变化的观点观察事物，才能把握事物发展规律。我国是一个发展中大国，仍处于社会主义初级阶段，正在经历广泛而深刻的社会变革，推进改革发展、调整利益关系往往牵一发而动全身。我们要善于通过历史看现实、透过现象看本质，把握好全局和局部、当前和长远、宏观和微观、主要矛盾和次要矛盾、特殊和一般的关系，不断提高战略思维、历史思维、辩证思维、系统思维、创新思维、法治思维、底线思维能力，为前瞻性思考、全局性谋划、整体性

---

[1] 参见《习近平谈治国理政》（第一、二、三、四卷）。

推进党和国家各项事业提供科学思想方法。"

这些重要论述，是我们坚持系统观念健全完善全国统一市场准入负面清单制度的理论指引和根本遵循。现代规制体系既包括市场准入环节的"依规而治"，也包括事中事后监管，即对市场主体全部市场行为的全过程限制。从这个意义上讲，市场准入负面清单管理只是现代规制体系的一部分，这至少有三方面意义。第一，市场准入负面清单是"一单尽列"但并非"一单尽管"，清单从整体上对市场准入管理理念和模式做出了全面重构，但每个具体行业的准入机制、审批机制、行业管理体制如何建设和改革，以适应形势发展的要求，依然需要持续不懈地探索。第二，市场准入制度是市场经济基础制度的一部分，必须推动产权保护制度、公平竞争制度、社会信用制度等基础制度协同完善，才能保障市场体系有效运行，有一项跟不上，市场体系建设就将陷入"木桶效应"困局。第三，放宽准入的目标，在于营造更加良好的市场秩序，因此必须坚持放管结合、并重，正确处理好放开准入与完善监管的关系，不断促进事中事后监管水平的提升，避免盲目放开准入冲击市场秩序。

第三节

市场准入负面清单制度的现实作用

习近平总书记主持召开的中央全面深化改革领导小组第十六次会议指出，实行市场准入负面清单制度，对发挥市场在资源配置中的决定性作用和更好发挥政府作用，建设法治化营商环境，构建开放型经济新体制，具有重要意义。要坚持社会主义市场经济改革方向，把转变政府职能同创新管理方式结合起来，把激发市场活力同加强市场监管统筹起来，放宽和规范市场准入，精简和优化行政审批，强化和创新市场监管，加快构建市场开放公平、规范有序，企业自主决策、平等竞争，政府权责清晰、监管有力的市场准入管理新体制。这表明了我国实施市场准入负面清单制度的现实意义，这是全面实施市场准入负面清单制度的总纲领和根本遵循，是我们开展工作的强大思想引领和科学行动指南。从全球范围看，我国也是首个真正建立市场准入负面清单制度的主要经济体，这是中国式现代化的生动实践，是中国特色社会主义制度优势的重要体现，是根本性、全局性、制度性的重大改革创新，有利于发挥超大规模国内市场优势，加快建立强大的国内经济循环体系，增强对全球要素资源高效配置的能力，在宏观经济制度上为全球经济治理贡献了中国范式和生动实践。

一、推动国家治理体系和治理能力现代化的题中之意

我国实行市场准入负面清单制度，是构建高水平社会主义市场经济体制的必然选择，是党中央、国务院推进简政放权、政府职能转变的重要举措，是国家治理体系和治理能力的一大进步。建立健全市场准入负面清单制度，体现了政府和市场关系的重要转变和完善国家治理体系的重要创新，在落实全面依法治国基本方略、持续激发和释放改革红利等方面具有重大意义。全面实施市场准入负面清单制度是新时代我国健全完善公平、开放、透明的市场规则，加快完善现代市场治理体系的重要制度创新，在全世界范围内也是一种创举。这一重大改革创新是在我国经济和世界经济不断发展、融合中诞生、发展的。在新时代，我国坚持以推动高质量发展为主题，增强国内大循环内生动力和可靠性，提升国际循环质量和水平，着力加快建设现代化经济体系，构建统一大市场。市场准入负面清单制度在我国的全面实施，将进一步推动与市场准入负面清单相关的审批体制、投资体制、监管机制、社会信用体系和激励惩戒机制的改革，同步完善与市场准入制度相关的市场法治体系建设，对我国构建高水平社会主义市场经济体制、建设现代化产业体系的进程都将产生重大积极作用和广泛深远影响。

二、有利于发挥市场在资源配置中的决定性作用

全面实施市场准入负面清单制度,意味着我国在市场准入领域确立了统一公平的规则体系,意味着清单之外的行业、领域、业务等各类市场主体皆可依法平等进入,这是充分发挥市场在资源配置中的决定性作用、更好发挥政府作用的重要基础。市场准入负面清单制度全面实施以来,无论是国企还是民企,无论是大企业还是中小企业,都一视同仁,依法享有平等的市场准入条件待遇,实现规则平等、权利平等、机会平等。这有利于打破各种形式的不合理限制和隐性壁垒,将"剩余决定权"和"自主权"赋予市场主体,激发各类市场主体特别是非公有制经济的活力,为发挥市场在资源配置中的决定性作用提供了更大空间,也为培育出更多具有世界竞争力的一流企业提供了良好的制度环境。随着科技进步,各种新领域、新业态将不断出现,如果继续沿用正面清单的传统管理方式,未被法律法规明示管理制度的领域仍有可能受到各级政府的准入干预,新经济发展将受到极大限制。在负面清单管理模式下,哪些领域开放,哪些领域禁止,哪些领域需要依法获准进入,各类市场主体都能够一目了然,新业态、新领域将依法对市场主体自动开放,极大地激发市场主体创业创新的活力。

三、完善负面清单管理模式是更好发挥政府作用的内在要求

推动有效市场与有为政府更好结合,更好发挥政府作用是建

设高水平社会主义市场经济体制的应有之义，目的是实现市场这只"看不见的手"与政府这只"看得见的手"之间的合理分工和协调。通过实行市场准入负面清单制度，有利于明确政府的职责边界，不断提高行政管理的效率和效能，推进市场监管制度化、规范化、程序化。也有利于强化政府在战略、规划、政策、标准等制定和实施方面的功能，发挥政府在维护市场秩序、提供公共服务、促进就业、稳定经济增长方面的作用，让改革发展的成果惠及最广大人民。值得关注的是，全面实施市场准入负面清单制度，要求政府从"重事前审批"转变为"加强事中事后监管"，将监管关口后移，把更多监管资源投向对市场主体投资经营行为的监管，强化动态的、全流程的风险监测与管理，采取信用信息公开、执法检查、行政处罚等方式，切实把该管的事管好，使市场既充满活力又规范有序，全面提高行政效率和公众满意度。

四、对内外资一视同仁、推动更高水平对外开放的必要措施

近年来，随着国际经贸格局变化和国内经济结构调整与转型的需要，我国不断对引导和鼓励民资和外资投资的领域和法律体系进行调整。推行负面清单管理制度，不断完善国内法律制度和市场环境，推动对内资和外资、国资和民资一视同仁的统一准入制度建设，与国际通行规则制度全面接轨，将对塑造国内外市场公平竞争秩序发挥更加积极的推动作用。市场准入负面清单制度的实施，增进了国资与民资、内资与外资相互选

择、深度融合的机会，有助于我国吸引更多国内外中高端生产要素向国内集聚，引导外资和民资更多向战略性新兴产业和中高端现代服务业布局，从而推动我国加快实现高质量发展。市场准入负面清单与外商投资准入负面清单制度紧密衔接、协同联动，有力地支持我国加快建立与国际通行规则接轨的高标准市场体系，营造市场化、法治化、国际化的营商环境，促进国内国际要素有序自由流动，更好利用两个市场、两种资源，促进资源高效配置，境内境外市场深度融合，不断提升我国经济的国际竞争力。

第四节

处理好三大关系，完善市场准入负面清单制度

把握新发展阶段，完整、准确、全面贯彻新发展理念，加快构建新发展格局，完善全国统一的市场准入负面清单制度，要辩证处理好三大关系，即发展和改革的关系、共性和个性的关系、国内市场和国际市场的关系。

一、发展和改革的关系

建设统一开放、竞争有序的市场体系，是使市场在资源配置中起决定性作用的基础，是面向未来建设现代市场体系的主要目标，构成了高标准市场体系建设的核心特征与基本内涵，由此也是健全和完善社会主义市场经济体制的重要条件。中央提出加快建设国内统一大市场，既要通过发展促进市场内在机能提升和规模扩大，又要通过改革来疏导市场体系不健全、不完善的深层次问题。健全完善全国统一市场准入负面清单制度，是加快建设全国统一大市场的重要举措，这既要靠市场的发展，也要靠体制的改革。市场的发展，是指在商品经济逐步发展和完善的过程

中，通过市场内在机能提升，使得市场从低级向高级阶段、从不发达向发达状态演变的过程；体制的改革，则是要解决市场体系不健全、不完善的深层次问题，从而推动市场体系快速发展。制度是决定各种要素投入能够形成何种供给规模和结构的关键因素，通过体制机制改革，在市场准入环节形成新的有效制度供给，是创新和完善国内统一市场的重点和难点所在。要通过不断深化改革，积极引导要素向需求层次更高的市场领域配置，推动市场供求平衡并不断向高水平跃升。

二、共性和个性的关系

从唯物主义辩证法分析来看，共性和个性是一切事物固有的本性，每一事物既有共性又有个性。共性指不同事物的普遍性质，其决定事物的基本性质；个性指一事物区别于其他事物的特殊性质，其揭示事物之间的差异性。共性是绝对的、无条件的，个性是相对的、有条件的。共性只能在个性中存在，同时个性体现并丰富着共性，共性和个性在一定条件下会相互转化。在健全完善全国统一的市场准入负面清单制度体系过程中，会碰到共性和个性的关系平衡问题。我国地区发展差异大，资源要素禀赋、主体功能定位等方面有很大不同，市场准入负面清单既要关注准入政策的统一性，又要针对性处理地区差异性。例如，清单既要求严格落实"全国一张清单"管理制度，禁止地方违规发布市场准入性质的负面清单，又允许省级人民政府在全国统一的市场准入负面清单基础上，根据本地区资源要素禀赋、主体功能定位、产业比较优势、生态环境影响等因素，提出调整市场准入负面清单的建议，按照法定程序对全国版清单做出调整，就是在清单制度设计中充分考虑共性和个性问题的一个生动体现。

三、国内市场和国际市场的关系

全面建成小康社会以后，在坚定地迈向现代化强国的征程中，迫切需要构建以国内大循环为主的新发展格局。展望"十四五"时期，适应经济发展方式转变和社会主要矛盾的转变，就必须构建以国内大循环为主的新发展格局，塑造更加集约、高效的驱动力，打造高标准市场体系，推动全国统一的市场准入制度体系更加完善，进一步激发国内外各类市场主体活力，使支撑经济高质量发展的引擎更为强劲。推动我国市场对接国际高标准市场规则，在更大范围、更宽领域、更深层次实施对外开放，是畅通国内国际双循环的重要支撑。我国正在提升全面开放的层次与水平，加快从商品与要素流动型开放转向制度型开放，国内国际双循环的流动内容不应只是人流、物流、资金流等要素，更为重要的是国内外市场规则之间的融会贯通。当前和未来一段时期，外部环境将更趋复杂，全球经贸规则面临重大调整，健全完善全国统一市场准入制度体系，并加快国内市场准入制度体系与国际规则的融通和接轨，是进一步培育和释放国内市场潜力的重要制度支撑，能够塑造市场化、法治化、国际化营商环境；是坚定全球投资者信心，稳定外贸和外资的重要抓手；更是未来我国在全球经济治理中谋求与自身大国身份相称的影响力的关键。

第五节

统一的市场准入制度与建设全国统一大市场

加快建设高效规范、公平竞争、充分开放的全国统一大市场，是构建新发展格局的基础支撑和内在要求。党中央高度重视统一大市场建设工作。2022年4月，《中共中央 国务院关于加快建设全国统一大市场的意见》（以下简称《意见》）正式发布，着眼于国内外发展大势，科学谋划、统筹考虑，做出了加快建设全国统一大市场的重大部署。《意见》从全局和战略高度明确了加快推进全国统一大市场建设的总体要求、主要目标和重点任务，为今后一个时期建设全国统一大市场提供了行动纲领，必将对新形势下深化改革开放，更好利用、发挥我国市场资源的巨大优势，全面推动我国市场由大到强转变产生重要影响。

一、何为全国统一大市场"统一"的要求

建设全国统一大市场，是人类经济社会发展的必然要求和经验总结，具有坚实的理论和实践支撑。习近平总书记强调加快建设高效规范、公平竞争、充分开放的全国统一大市场，这是统一

大市场的核心要义。高效规范是统一大市场的本质特征。高效就是要在更大范围内有效配置资源，破除各种生产要素市场化配置和商品服务流通的体制机制的发展障碍，降低制度性交易成本和流通成本，促进市场效率持续提升。规范就是要完善相关制度规则，合理划分政府与市场的边界，使市场机制运行有法可依、有规可循。公平竞争是市场经济的核心原则，也是统一大市场的核心原则。就是要强化公平竞争规则制度建设，着力消除阻碍公平竞争的各种因素，消除地方保护、区域壁垒和市场分割，为各类市场主体自由选择、公平竞争营造良好环境，不断拓展经济发展新空间。充分开放是建设统一大市场的内在要求，也是双循环的内在要求。就是要促进对内对外充分开放和有机衔接，高效促进国内市场与国际市场的良性互动，形成国内国际双循环相互促进的发展格局。

建设全国统一大市场，明确了抓好"五统一"的要求，"五统一"具有内在逻辑关联，是完整的逻辑体系。一是强化市场基础制度规则统一，推动完善统一的产权保护制度，实行统一的市场准入制度，维护统一的公平竞争制度，健全统一的社会信用制度。二是推进市场设施高标准联通，以升级流通网络、畅通信息交互、丰富平台功能为抓手，着力提高市场运行效率。三是打造统一的要素和资源市场，推动建立健全、统一的土地和劳动力市场、资本市场、技术和数据市场、能源市场、生态环境市场。四是推进商品和服务市场高水平统一，以人民群众关心、市场主体关切的领域为重点，着力完善质量和标准体系。五是推进市场监管公平统一，以增强监管的稳定性和可预期性为保障，着力提升监管效能。

二、加快建设全国统一大市场的重大意义

进入新发展阶段，国内外形势复杂多变，需要我们准确识变、科学应变、主动求变，牢牢掌握发展主动权。党中央做出加快建设全国统一大市场的决策部署，既是推进深层次改革、促进我国市场由大到强转变的主动选择，也是畅通经济循环、推动高质量发展的客观要求。

加快建设全国统一大市场是构建新发展格局的坚强支撑。构建新发展格局的关键在于经济循环的畅通无阻，需要各种生产要素组合在生产、分配、流通、消费各环节有机衔接、循环流转。实践中，区域分割、地方保护和不当竞争等问题时有发生，阻碍要素自由流动，对经济活动高效循环造成制约。为此，迫切需要加快建设全国统一大市场，破除地方保护和市场分割，打通制约经济循环的关键堵点，促进商品要素资源在更大范围内畅通流动，形成供需互促、产销并进、畅通高效的国民经济循环体系，为构建以国内大循环为主体、国内国际双循环相互促进的新发展格局提供坚强支撑。

加快建设全国统一大市场是推动经济高质量发展的重要保障。加快建设全国统一大市场，可以让更高质量的商品和服务在市场竞争中脱颖而出，以更优质供给为市场主体提供更多选择空间，以高质量供给创造和引领需求，实现发展质量变革；可以更好发挥规模经济优势和集聚效应，进一步降低市场交易成本，实现发展效率变革；可以发挥超大规模市场具有丰富应用场景和放大创新收益的优势，促进创新要素有序流动和合理配置，完善促进自主创新成果市场化应用的体制机制，支撑科技创新和新兴产

业发展，实现发展动力变革。特别是当前我国经济发展面临需求收缩、供给冲击、预期转弱三重压力，加快建设全国统一大市场，有助于稳定发展预期，营造稳定、公平、透明、可预期的营商环境，有助于集聚资源、推动增长、激励创新、优化分工、促进竞争，推动经济持续健康发展。

加快建设全国统一大市场是完善社会主义市场经济体制的内在要求。从建立和完善社会主义市场经济体制的历程看，建立统一开放、竞争有序的市场体系是社会主义市场经济体制的应有之义。着眼未来发展，建设高水平社会主义市场经济体制必然要求建设高标准市场体系，高标准市场体系的前提是全国统一大市场。要按照建设全国统一大市场的要求，补齐市场基础制度、市场设施联通、要素资源配置效率、监管现代化水平等方面的短板，实现更高层次的分工协作，为构建更加成熟、更加定型的高水平社会主义市场经济体制夯实基础。

加快建设全国统一大市场是培育我国参与国际竞争合作新优势的现实需要。当今世界，最稀缺的资源是市场。超大规模市场逐渐成为我国参与国际竞争可依靠的战略资源，必须充分利用和发挥这个优势，不断巩固和增强这个优势。秉承开放思路、坚持开放视野建设全国统一大市场，是以开放促发展、充分发挥比较优势、提高资源配置效率的重要途径，有利于以全国统一大市场为"内核"形成对全球先进资源要素的强大引力场，在更好满足自身和世界需求的基础上，进一步提升我国在国际经济治理中的话语权，促进我国在国际竞争和合作中取得新优势。

以上四个方面，是从宏观、整体上看，从更微观、更具体的层面来看，构建全国统一大市场有利于资源要素配置，有利于减少市场交易成本，有利于推进科技进步，有利于促进企业发展，有利于消费者福利水平提高，有利于提升我们的竞争优势。反之，市场不统一，将会影响资源要素的配置效率，大幅度增加市场交易成本，制约科技进步，阻碍企业发展，影响消费者福利水平提高，削弱我国的竞争优势。

三、建设全国统一大市场的总体要求、工作原则和主要目标

在总体要求方面，《意见》强调，要加快建立全国统一的市场制度规则，打破地方保护和市场分割，打通制约经济循环的关键堵点，促进商品要素资源在更大范围内畅通流动，加快建设高效规范、公平竞争、充分开放的全国统一大市场。

在工作原则方面，一是立足内需，畅通循环。以高质量供给创造和引领需求，使生产、分配、流通、消费各环节更加畅通，提高市场运行效率，进一步巩固和扩展市场资源优势，使建设超大规模的国内市场成为一个可持续的历史过程。二是立破并举，完善制度。从制度建设着眼，明确阶段性目标要求，压茬推进统一市场建设，同时坚持问题导向，着力解决突出矛盾和问题，加快清理、废除妨碍统一市场和公平竞争的各种规定和做法，破除各种封闭小市场、自我小循环。三是有效市场，有为政府。坚持市场化、法治化原则，充分发挥市场在资源配置中的决定性作用，更好发挥政府作用，强化竞争政策基础地位，加快转变政府职能，用足用好超大规模市场优势，让需求更好地引领优化供给，让供给更好地服务扩大需求，以统一大市场集聚资源、推动增长、

激励创新、优化分工、促进竞争。四是系统协同，稳妥推进。不断提高政策的统一性、规则的一致性、执行的协同性，科学把握市场规模、结构、组织、空间、环境和机制建设的步骤与进度，坚持放管结合、放管并重，提升政府监管效能，增强在开放环境中动态维护市场稳定、经济安全的能力，有序扩大统一大市场的影响力和辐射力。

就主要目标来讲，包括以下五个方面：一是持续推动国内市场高效畅通和规模拓展。发挥市场促进竞争、深化分工等优势，进一步打通市场效率提升、劳动生产率提高、居民收入增加、市场主体壮大、供给质量提升、需求优化升级之间的通道，有效清除地方保护、行业分割、市场壁垒，促进商品要素在更大范围自由流动，努力形成供需互促、产销并进、畅通高效的国内大循环，扩大市场规模容量，不断培育、发展、强大国内市场，保持和增强对全球企业、资源的强大吸引力。

二是营造稳定、公平、透明、可预期的营商环境，充分激发市场主体活力。以市场主体需求为导向，坚持依法行政，公平公正监管，持续优化监管服务，塑造市场化、法治化、国际化的一流营商环境。全面规范市场准入、准营、退出制度，保障投资创业更加便捷，不断完善市场主体高质量发展支持政策，进一步增强市场主体创新创业活力，因地制宜、因类施策，为各类市场主体投资兴业营造良好环境。

三是确保市场运行更加规范，进一步降低市场交易成本。发挥市场的规模效应和集聚效应，夯实公平竞争政策的基础地位，加强和改进反垄断、反不正当竞争执法司法，全面增强竞争规制能力，持续优化线上线下市场竞争生态，健全市场主体诚信守法、合规经营的激励约束机制，有力解决妨碍市场秩序的突出问题，尤其是破除妨碍各种生产要素市场化配置和商品服务流通的体制机制障碍，显著降低制度性交易成本。促进现代流通体系建设，降低全社会流通成本。

四是促进科技创新和产业升级，质量水平显著提升。发挥超大规模市场具有丰富应用场景和放大创新收益的优势，通过市场需求引导创新资源有效配置，促进创新要素有序流动和合理配置，完善促进自主创新成果市场化应用的体制机制，支撑科技创新和新兴产业发展，从而更好推进质量强国建设，显著增加优质产品和服务供给，实现需求牵引供给、供给创造需求的更高水平动态平衡，塑造更具质量竞争优势的强大市场。

五是进一步提高制度型开放水平，培育参与国际竞争合作新优势。着力推动国内市场由大到强转变，巩固和增强对全球企业和要素资源的汇聚吸引力，进而以国内大循环和统一大市场为支撑，有效利用全球要素和市场资源，使国内市场与国际市场更好联通。推动制度型开放，增强在全球产业链、供应链、创新链中的影响力，提升在国际经济治理中的话语权。

四、统一市场准入制度是建设全国统一大市场的重要基础

制度规则是市场机制运行的基础，没有统一的基础制度规则，市场运行就缺乏一致的行为准则，统一制度是全国统一大市场规范运行的前提。《意见》从制度建设着眼，提出了健全四项统一的市场基础制度，也就是健全统一的产权保护制度、市场准入制

度、公平竞争制度、社会信用制度。

统一的市场准入制度，是统一市场基础制度的重要一环。市场准入负面清单制度，是有效市场和有为政府更好结合的重要制度安排。《意见》要求严格落实的"全国一张清单"管理模式，指的就是全国统一的市场准入负面清单制度。这项制度从提出改革构想到基本成熟和定型，取得了显著的制度建设成效，稳步提升了市场准入效能，为我国建设高标准市场体系、构建高水平社会主义市场经济体制提供了有力支撑。现阶段，统一的市场准入制度体系，既包括全国统一的市场准入负面清单，又包括重点区域放宽市场准入特别措施和市场准入效能评估体系等密切关联的制度模块。要维护市场准入负面清单的统一性、严肃性、权威性，就要加大案例归集通报及核查督办力度，在全国范围开展市场准入效能评估。

第二章

市场准入负面清单制度的建立

我国建立的全国统一的市场准入负面清单制度，是对国内市场采取的全新的治理方式。这项制度从构想的提出，到在全国范围正式实施，再到经过三次动态修订后基本成熟和基本定型，历经了近10年时间，遇到了诸多挑战，克服了棘手困难，最终取得了显著的制度建设成效和市场治理成效，"全国一张清单"权威性全面确立，动态调整机制落实良好，准入限制在持续放宽，市场准入负面清单制度体系在不断健全。

完善市场准入负面清单制度体系是一项系统性工程。到今天，负面清单已不再是一张简单的"单子"，而是通过一系列政策安排和各地区、各部门的协同努力，确保所有市场主体依法平等进入清单之外的领域，实现简政简到位、放权放到位，加强事中事后监管，不断提高准入效能的一整套制度体系。

建立健全市场准入负面清单制度是一项牵一发而动全身的重要改革，涉及经济体制改革和行政体制改革等多个方面，需要紧紧围绕"正确处理政府和市场的关系"这一核心问题，按照市场在资源配置中起决定性作用和更好发挥政府作用、推动有效市场与有为政府更好结合的要求，抓住和扣紧"放管服"改革进展和节奏，持续推进政府职能转变，加快促进形成强大国内市场，使市场主体活力充分迸发。

第一节

概念提出与试点探索

市场准入负面清单的正式提出,始于党的十八届三中全会。这次会议通过的《中共中央关于全面深化改革若干重大问题的决定》首次提出:"实行统一的市场准入制度,在制定负面清单基础上,各类市场主体可依法平等进入清单之外领域。"此后国务院印发的《关于促进市场公平竞争维护市场正常秩序的若干意见》(国发〔2014〕20号)进一步提出:"改革市场准入制度。制定市场准入负面清单,国务院以清单方式明确列出禁止和限制投资经营的行业、领域、业务等,清单以外的,各类市场主体皆可依法平等进入。"2015年,国务院印发《关于实行市场准入负面清单制度的意见》(国发〔2015〕55号),对建立和实施市场准入负面清单制度做出了全面安排,提出按照先行先试、逐步推开的原则,在部分地区试行市场准入负面清单制度,积累经验、逐步完善,探索形成全国统一的市场准入负面清单及相应的体制机制,从2018年起正式实行全国统一的市场准入负面清单制度。

按照这一部署,由国家发展改革委、商务部牵头,市场准入负面清单制度改革试点全面启动。为落实中央要求，国家发展改革委、商务部会同有关部门汇总、审查形成了《市场准入负面清单草案（试点版）》（以下简称《清单（试点版）》），报经党中央、国务院同意，于2016年3月印发。《清单（试点版）》明确列出了在我国境内禁止和限制投资经营的行业、领域、业务等，共328项。其中，禁止准入类96项，包含762条管理措施；限制准入类232项，包含867条管理措施。2016年首批试点起步。为有序推进改革，考虑到上海、天津、广东、福建四个自贸试验区首先实施了外商投资准入负面清单制度，在实施市场准入负面清单方面具备一定条件，也为了使市场准入负面清单与自贸试验区外商投资负面清单两者一起构成完整的市场准入管理体系，市场准入负面清单制度首先在上海、天津、福建、广东四个省市率先开展市场准入负面清单制度改革试点。在此基础上，2017年试点加快推进。范围扩大到辽宁、吉林、黑龙江、浙江、河南、湖北、湖南、重庆、四川、贵州、陕西等15个省市，也涵盖了当时所有自贸试验区所在省级行政区。

　　总体来看，各个试点地区按照"试清单""试机制""强监管"等任务要求，开展了大量探索工作，克服了诸多困难，取得了积极进展。这些地区负面清单试点工作的开展，有助于加快推进市场准入制度改革与现代化市场体系建设，市场准入环境更加公开透明，行政管理效率与投资便利程度有不同程度提高，市场预期更加稳定、主体活力有所增强，为进一步在全国范围推行市场准入负面清单制度创造了条件。同时也要清醒地认识到，市场准入负面清单制度是一个新生事物，国内没有实践基础，国外也没有现成的经验，几年的试点客观反映出制度建设的一些不足之处，例如，《清单（试点版）》的内容存在项目和管理主体过多、程序复杂、界限不清等问题。在具体执行中，仍然存在市场准入管理透明度偏低、隐性准入门槛过高、管理体系复杂、地方和行业保护主义壁垒等问题，仍然与改革目标存在差距。这些新情况、新问题对进一步修订和完善市场准入负面清单大有帮助，体现了试点的积极作用。

第二节

市场准入负面清单制度的全面实施

2017年,党的十九大召开。大会对加快完善社会主义市场经济体制做出了全面部署要求,其中一项重要任务就是全面实施市场准入负面清单制度。十九大报告明确指出:"全面实施市场准入负面清单制度,清理废除妨碍统一市场和公平竞争的各种规定和做法,支持民营企业发展,激发各类市场主体活力。"全面实施全国统一的市场准入负面清单制度,顺应了新时代实现高质量发展的要求,是对传统政府管理理念和模式的重大变革,是对政府和市场关系的重新塑造,从根本上有利于实现市场开放公平、规范有序,企业自主决策、平等竞争,政府权责清晰、监管有力的市场准入管理新体制。

一、正式颁布全国统一的《市场准入负面清单(2018年版)》

2018年正值改革开放40周年。按照中央关于当年全面实施市场准入负面清单制度的总体部署,国家发展改革委、商务部认真总结试点阶段经验,广泛征求各部门、各地方的意见建议,多方听取市场主体和社会公众意见,组织多家单位对负面清单试点工作进行了总结评估。在三个"保持不变"(即禁止类和限制类事项分开的清单主体框架保持不变、国民经济行业分类的清单分类方式保持不变、事项加具体措施描述的清单内容保持不变)的基础上,对2016年发布的《清单(试点版)》进行了全面审查修订和优化调整,修订形成《市场准入负面清单(2018年版)》[以下简称《清单(2018年版)》],经党中央、国务院批准后,向社会公布,市场准入负面清单制度在全国全面实施,市场准入制度改革迈出了重要而坚实的步伐。

二、《清单(2018年版)》与《清单(试点版)》相比的主要修订内容

《清单(2018年版)》与《清单(试点版)》相比,更加全面、更加系统,具有更好的完备性、准确性、适法性、协调性与操作性。

(一)增加"说明"部分

《清单(试点版)》中没有"说明"部分。在试点过程中,不少政府部门和市场主体都提出,希望有一个指导性说明,将清单的基本要求予以明确。因此,《清单(2018年版)》特别增加了"说明"部分,作为了解把握清单的总体遵循,以便市场主体和各级政府正确理解和使用清单。这个说明共有9条,清晰扼要地说明了清单的内容、定位、范围、事项来源、适用条件、法律效力层级、制定权限等关键问题,也对清单与我国参加的国际公

约、与其他国家或地区签订的双多边协议等关系予以明确。

（二）优化清单结构

不再逐条列出法律法规明令禁止的与市场准入相关的规定。《清单（试点版）》曾将我国现行法律法规中所有涉及市场准入的禁止类规定逐条列出。但试点期间发现，这些事项大部分是所有人都必须遵守的普遍性规定，而不仅仅适用于市场主体、投资经营行为，与清单聚焦"市场准入"的定位并不完全契合，如果直接列入清单，不利于使用者准确把握。例如，"禁止毁林开垦、采石、采砂、采土以及其他毁坏林木和林地的行为"这条规定，虽然部分涉及市场主体的经营行为，但更多是对破坏生态环境活动的禁止。类似规定难以穷尽。因此，《清单（2018年版）》起，不再逐条列出这些事项，改为以清单附件形式列出，便于市场主体参考。

不再逐条列出《产业结构调整指导目录》（以下简称《目录》）具体措施。《清单（试点版）》将《目录》逐条列出，试点期间各方面反映，市场准入负面清单应当列出的，是禁止或限制市场主体投资经营的行业、领域、业务，而《目录》列出的项目细化到了特定行业中的某种工艺、规格、型号，例如"单线3万立方米/年以下的木质刨花板生产装置""含铬质耐火材料"等，两者分类方式差别较大、颗粒度不一。《目录》相关的事项，占到了《清单（试点版）》内容的近40%，导致清单事项过多。因此，自《清单（2018年版）》起，在禁止类中专列出一个事项"国家产业政策明令淘汰和禁止的产品、技术、工艺、设备及行为"，与《目录》相衔接，《目录》的具体事项不再逐条列出。同时对

《产业结构调整指导目录（2011年本）》（2013年修正）做出7条修订，作为清单第二个附件。

在清单中增设"地方性许可措施"栏目。《清单（试点版）》仅列出了依据法律、行政法规、国务院决定设定的全国层面准入事项。根据《行政许可法》，如果全国层面未做出相关规定，省级层面也可通过出台地方性法规的形式设定市场准入行政许可。因此，《清单（2018年版）》增设"地方性许可措施"栏目，将少量全国性管理措施未涵盖、符合清单定位且设立依据合法有效的地方性市场准入管理措施列入，进一步提升了清单的完备性。

（三）规范和缩减清单事项

《清单（2018年版）》从是否符合清单定位要求、是否合法有效、表述是否准确等方面对清单事项和管理措施进行逐条评估，并进行优化整合，努力做到"该减的坚决减，该留的科学留，该增的合理增"。《清单（2018年版）》共列禁止和许可类事项151项，比《清单（试点版）》原有的328项减少了177项，压减幅度达到54%，"工程咨询单位资格认定""电影制片单位设立、变更、终止审批"等一大批准入管理措施在本次修订中放开。

三、《清单（2018年版）》在制度建设方面的鲜明特征

全面实施市场准入负面清单制度，彰显了我国坚定不移推进改革开放的勇气，表明了我国持续改善营商环境和大幅提高投资便利度的决心。市场准入负面清单制度改革，充分呼应了供给侧结构性改革，起到了助力经济体制改革向纵深推进的作用，在深

化制度建设方面具有五个鲜明特征。

（一）清单内涵和外延界定更加明确，真正做到"职责边界法定"

与《清单（试点版）》相比，《清单（2018年版）》进一步划清了市场准入负面清单的内涵和外延边界，什么该列、什么不该列，有了更加明确的定位，即"清单所列事项应当是针对市场主体从事相关行业、领域、业务投资经营活动时，各级政府在市场准入环节依法采取的管理措施"。清单的制定与修订坚持法治原则，对涉及市场准入的法律、法规、国务院决定进行了全面系统地梳理，确保每一个事项措施都于法有据，清理了设立依据不足的准入规定。"说明"部分明确：列入清单的事项必须经由法律、行政法规、国务院决定或地方性法规设立；涉及市场准入的事项，必须依法列入清单，实现了"一张清单管准入"。

（二）遵循实事求是原则，合规合理增减清单内事项

全国统一的市场准入负面清单，从改革理念的提出，到具体编制、试点先行、修订，再到正式向社会公布，历经了五年时间。正式公布的清单对前期试点过程中发现的问题进行了充分改进和完善，结构更加优化，内容更加简洁。不再逐条列出法律法规明令禁止的与投资经营相关的行为，既使清单定位更加聚焦，又避免了过度增加清单事项，方便市场主体阅读和提取关键信息。清单所列的是针对行业、领域、业务的管理措施，《产业结构调整指导目录》所列具体而细琐的工艺、类型、规格、型号等产业产品参数的规定不在清单中逐条列出，进一步突出了负面清单管理

的重点和主线。

（三）建立动态调整机制，做足做好精简高效

国家发展改革委、商务部宣布，要通过动态调整机制不断巩固和完善清单，这无疑是市场准入负面清单制度建设的重要工作。近年来，我国"放管服"改革取得了阶段性成果，相应的法律法规修订进程明显加快。深化改革只有进行时没有完成时，随着更多行政审批权力进一步取消和下放，相应的市场准入环节管理措施需要及时从清单中删减，从而更加精简、更加高效、更加透明，将成为一种完善制度的动态趋势。通过建立清单信息公开机制和民众参与机制，以更加开放和包容的姿态主动接受全社会的监督，并在此基础上定期进行动态系统调整，确保市场准入负面清单成为一张与时俱进的"活"清单，及时跟上经济社会的发展形势。

（四）形成负面清单制度体系，突出整体性和系统性

推进市场准入负面清单制度改革是一项复杂的系统工程，《清单（2018年版）》增加了清单说明，对清单事项来源、法定依据、定位边界等若干使用中的重要问题给予明确，说明了市场准入清单与外商投资负面清单、特定区域管控规定、其他行业负面清单的关系，区分不同清单的适用范围，该纳入的一并纳入，不相关的厘清边界。在"合法有效"的前提下，负面清单已不再是简单一张"单子"，而是确保所有市场主体依法平等进入清单之外的领域，实现简政简到位、放权放到位，加强事中事后监管，不断提高准入效能的一整套制度体系。

（五）正确处理共性和个性，确保负面清单的完备性和权威性

经过积极试点和科学修订，《清单（2018年版）》的完备性大幅提高，较好地处理了全国与地方、共性和个性的关系。例如，全国统一的市场准入负面清单，充分考虑到地方特殊情况和部分地方立法的客观存在，在全国统一事项之外，设立了"地方性许可措施"，由此加强了全国统一市场准入管理措施和地方性具体实施措施的有效衔接。确需纳入全国清单的，以"地方性许可措施"的方式明确增设于清单之中，而无须纳入的地方性措施不再"单外有单"。由此，强调不得再以"负面清单"之名，行干预市场主体微观行为之实。实际上，这是为负面清单"正本清源"，进一步做到"一单尽列、一目了然"，有利于清理和废除各地区、各部门以"负面清单"名义发布的各类文件，最大限度减少市场主体不得不应对的各类繁文缛节。

四、《清单（2018年版）》的社会影响

全国统一的市场准入负面清单公布实施后，赢得了社会各界的广泛赞誉，市场准入负面清单制度改革获得了高度评价，认为全面实施市场准入负面清单制度是"放管服"改革重要成果之一，有助于切实把放宽市场准入、对内外资企业一视同仁等要求落到实处，提振企业投资信心，激发市场活力。

一是建立了统一公平的市场准入规则体系。《清单（2018年版）》将《产业结构调整指导目录》《政府核准的投资项目目录》《互联网市场准入禁止许可目录》整合纳入清单，全国性清

单整合力度明显增强。二是提振了市场主体信心。各方面一致认为我国市场准入全面开启"负面清单时代",为市场主体的创业创新提供了更大空间。负面清单之外的行业、领域、业务等,各类市场主体皆可依法平等自主进入,市场准入管理模式更加开放、包容、可预期,实现了规则、权利、机会平等。三是有效激发了市场主体活力。在《清单(2018年版)》出台过程中,有关部门广泛听取并吸收相关行业协会和市场主体的意见建议,更加全面准确反映了市场主体的诉求和期盼。清单的全面实施与市场准入门槛的不断降低,将"剩余决定权"和"自主权"赋予市场主体,有利于进一步发挥市场在资源配置中的决定性作用,有效激发了各类市场主体特别是民营经济主体的活力。四是规范了政府监管行为。清单进一步厘清了政府在市场准入环节发挥作用的职责边界,重塑了政府和市场的关系,倒逼政府有针对性地完善配套措施和创新监管方式,有效推动政府"定好位""防越位""不缺位",提高了行政管理的效率和效能。

第三节

《市场准入负面清单》的历次修订

市场准入负面清单制度全面实施伊始就设置了动态调整机制，根据"放管服"改革的深入推进、法律法规的"立改废释"等情况，定期对清单做出修订调整。按照"定位准确、合法有效、统一规范、能短则短"原则，2019年10月完成了市场准入负面清单的第一次修订，2020年12月按照"应放尽放、当改则改、审慎增列"的原则，完成了第二次修订，2021—2022年结合新情况、新形势、新要求，完成了第三次修订。历经四年三次修订，清单长度逐步缩短，管理措施持续缩减，市场准入负面清单制度体系的完整性、严谨性和规范性全面提升。

一、《市场准入负面清单（2019年版）》

2019年，《市场准入负面清单》全面实施后第一次修订，大幅放宽了准入门槛，配合事中事后监管和优化服务改革；持续促进政府治理方式发生根本转变，加快推动国家治理体系和治理能力现代化。

（一）2019年开展动态修订的宏观环境和政策背景

2019年十九届四中全会《中共中央关于坚持和完善中国特色社会主义制度、推进国家治理体系和治理能力现代化若干重大问题决定》将加快完善社会主义市场经济体制，建设高标准市场体系，完善公平竞争制度，全面实施市场准入负面清单制度，作为坚持和完善中国特色社会主义制度、推进国家治理体系和治理能力现代化的主要任务提出，强调加强制度体系建设的重要性。面临全球百年未有之大变局，我国要应对不确定性因素明显增多的国内外形势，关键是要做好自己的事情。必须扎实做好"六稳"工作，继续向重大市场化改革要活力，加快构建统一开放、竞争有序的现代市场体系，充分发挥我国超大市场规模优势，促进形成强大国内市场，推动经济高质量发展。市场准入负面清单制度是建设高标准市场体系的重要组成部分，是全面增强国内市场影响力、吸引力和号召力的重要实践，也是"稳投资、稳预期"的重要抓手。按照动态调整的既有机制设计，科学、及时、合法地对市场准入负面清单进行修订，符合与时俱进应对国内外经济社会形势发展的客观需要，有利于推动市场准入制度改革和现代市场体系建设不断走向深化。

2019年11月，经党中央、国务院批准，国家发展改革委、商务部正式印发了《市场准入负面清单（2019年版）》[以下简称《清单（2019年版）》]，在完善全国统一的市场准入负面清单制度体系方面又迈出坚实一步。2019年版修订的着力点是，缩短清单长度、减少管理措施、明确管理部门、完成统一编码，进一步丰富了清单制度体系和内容层次，使得市场准入负面清单制度体系更加完善、更加健全，既彰显了我国深入推进供给侧结构性改革、坚定破除各类市场准入壁垒的意志，又表明了我国按照高质量要求彻底改善营商环境，以全面深化改革推动制度型开放的坚定信念。

（二）《清单（2019年版）》的修订内容

总体来看，《清单（2019年版）》修订工作在保持清单稳定性和连续性基础上，进一步优化了清单框架结构和相关内容。一是严守市场准入负面清单的科学定位。2019年修订工作通过科学而审慎的筛选，移除了部分不属于市场准入环节、不符合清单定位的管理措施，即将"船舶安全检验证书核发""打捞或者拆除沿海水域内沉船沉物审批"等8条不符合市场准入负面清单定位的措施移除。二是科学规范地缩减清单长度，推动市场准入门槛继续降低。将部分已落后于经济社会发展形势要求的管理措施放开，把"放管服"改革中已取消的市场准入管理措施及时从清单中删除，巩固前期动态调整的阶段性成果。《清单（2019年版）》共放开了"消防技术服务机构资质审批""职业技能考核鉴定机构设立审批""养老机构设立许可""社会福利机构设置许可"等11条措施。三是优化事项表述。《清单（2019年版）》参照全国政务服务事项基本目录及有关法律法规修订情况，对72条事项措施表述进行调整完善，同时合并或拆分了部分事项和措施，力求更加精准规范，便于广大市场主体更易理解使用，同时也为市场主体依法准入和有关部门依法监管提供了依据。四是增列部分合法有效且符合清单定位的管理措施。在《清单（2019年版）》修订过程中，经与"证照分离"改革事项清单做精细比对，结合有关部门和地方修订意见，将一些合法有效的全国性措施增列进清单。例如，综合考虑中央有关要求及金融领域特殊性，根据银保监会意见，将"地方资产管理公司设立审批"作为新增事项暂列清单，同时纳入了"科创板首次公开发行股票注册"等依法新设准入措施。

（三）《清单（2019年版）》进一步提升了制度匹配性

1. 市场准入负面清单制度与"放管服"改革关系密切，进一步强化了两者的有效衔接

从定位和功能来看，市场准入负面清单列出的是禁止类和许可类市场准入管理措施，而不只是行政许可事项。将负面清单的管理措施放开，也不仅仅等同于取消行政许可条目，还涉及破除隐性壁垒等更深层次的体制机制改革问题。市场准入负面清单制度改革，既与"放管服"改革有联系，更是完善社会主义市场经济体制的一项基础性、全局性改革。当然，市场准入负面清单制度与"放管服"改革在激发市场主体活力方面应是交相呼应的，"放管服"改革中取消或下放的行政审批事项，要及时体现在清单动态调整当中，通过"一网通办"工作机制和平台的建设，更好增进市场准入制度体系的统一性和权威性。为此，要加快推进统一的市场准入负面清单代码体系建设，在已初步编制完成全国统一清单事项代码的基础上，充分依托全国一体化在线政务服务平台实现清单与政务服务事项基本目录、统一社会信用代码体系的衔接，从而运用技术性手段，建立市场准入负面清单与行政审批事项清单的动态衔接机制，以最终实现涉及市场准入行政审批事项与市场准入负面清单事项的实时完全匹配。

2. 强化与市场准入负面清单制度相配套的事中事后监管体系建设，着力优化服务质量

要进一步加强事中事后监管，优化服务环节与市场准入环节负面管理模式的制度匹配性，深入落实"放管服"改革要求，真正做到放管结合、放管并重，确保"放得开，管得住"。一是坚持"放管结合"。以加快构建信用为基础的新型监管机制为重要手段，做到市场准入管理措施放开与相关行业领域事中事后监管政策优化同步研究、同步部署、同步落实，切实维护市场秩序、杜绝监管空白；加力破除市场准入隐性壁垒和不合理准入限制，建立长效机制，确保已破除的问题不会死灰复燃。二是坚持优化服务。严格落实已公布的《优化营商环境条例》，针对营商环境痛点和难点持续开展专项治理，切实提高投诉处理实效；从方便市场主体和人民群众出发，提高服务质量与效率，进一步大幅压缩企业开办时间和准入审批办理时间，提高准入政策透明度，大力推行App办事、移动支付等快捷手段，提升群众改革获得感，为市场准入负面清单落地实施创造更好的配套环境。

二、《市场准入负面清单（2020年版）》

2020年作为"十三五"规划收官之年，在"三新一高"要求指引下，国家发展改革委、商务部启动了市场准入负面清单的第二次修订，继续放宽市场准入门槛，清理准入环节的隐性壁垒。《市场准入负面清单（2020年版）》的修订成效更多体现在准入政策的实质性调整上。

（一）2020年开展动态修订的宏观环境和政策背景

《中共中央关于制定国民经济和社会发展第十四个五年规划和二〇三五年远景目标的建议》中指出，"构建高水平社会主义市场经济体制"，而"实施统一的市场准入负面清单制度""继续放宽准入限制"是构建高水平社会主义市场经济体制的重要举措和"实施高标准市场体系建设行动"的主要内容。迈上新征程，以国内大循环为主体、国内国际双循环相互促进的新发展格局正在加快形成。无论是畅通国内经济大循环，还是促进国内国际双循环，都需要全面深化改革，健全激发市场主体活力的激励与保障机制，着力贯通生产、分配、流通、消费各个环节，加快形成高效规范、公平竞争、充分开放的国内统一大市场。2020年底，经党中央、国务院批准，国家发展改革委和商务部联合印发了《市场准入负面清单（2020年版）》[以下简称《清单（2020年版）》]，顺利完成了市场准入负面清单的第二次修订，推动市场准入负面清单制度更加成熟和定型。

（二）迈上新征程对进一步完善市场准入负面清单制度的迫切要求

构建高水平社会主义市场经济体制必然要求进一步完善市场准入负面清单制度。2020年底召开的中央经济工作会议强调"要放宽市场准入，促进公平竞争，保护知识产权，建设统一大市场，营造市场化、法治化、国际化营商环境"。当年12月，《清单（2020年版）》发布，在进一步放宽市场准入限制的同时，继续强化"全国一张清单"的权威性和统一性，禁止各地区和各部门自行制定发布具有市场准入性质的负面清单，禁止擅自增减调整清单管理措施，这有助于巩固统一的市场准入制度规则体系，及时疏通阻碍经济循环的堵点，促进供需互促、产销并进的良性循环，加快完善国内统一大市场，塑造市场化、法治化、国际化的营商环境。

完善市场准入负面清单制度是实施高标准市场体系建设行动的重要内容，通过持续放宽准入限制，为推动高质量发展提供重要制度支撑。新修订的《清单（2020年版）》，体现了充分发挥市场在资源配置中的决定性作用和更好发挥政府作用，推动有效市场和有为政府更好结合的要求，在保持清单体例架构总体稳定的基础上，对所列事项措施做到了"应放尽放、当改则改、审慎增列"，确保了清单连续性与完整性，尤其是与行政审批制度改革要求紧密衔接，直接而充分地体现了改革的最新进展和成效，有助于加快质量、效率和动力变革，持续优化生产要素配置，把有限资源配置到更高效领域。

适应我国全面建设社会主义现代化国家的时代要求，需要以更大决心与魄力推进市场准入环节的改革攻坚，对各类市场主体一视同仁，实现公平准入，切实激发各类市场主体活力。修订后的《清单（2020年版）》定位更加明确、事项表述更加精准易懂，对照法律法规、国务院决定及行政审批事项清单、权责清单修订进展，对3条禁止准入类措施、69条许可准入类措施表述进行了修改完善，更加方便广大市场主体理解和使用，引导和鼓励其根据意愿自主选择进入合适的市场领域，使得投资和生产经营预期更加稳定，有助于创新主体活力进一步迸发，凸显了"高水平"和"高标准"建设的要求。

（三）《清单（2020年版）》实现了更加成熟、更加定型的修订目标

通过贯彻实施与宣传推广，全国统一的市场准入负面清单在全社会知晓的人越来越多，市场主体在自觉使用的过程中，对于修订的期望也越来越大，有更多市场主体和社会主体积极投身于清单修订工作。

2020年修订工作进一步缩短了清单长度、减少了管理措施，全面提升了市场准入负面清单制度体系的科学性、严谨性和规范性。一是继续放开和删减管理措施。直接放开了"森林资源资产评估项目核准""矿业权评估机构资质认定""碳排放权交易核查机构资格认定"3条管理措施，删除了"进出口商品检验鉴定业务的检验许可""报关企业注册登记许可""资产评估机构从事证券服务业务资格审批""证券公司董事、监事、高级管理人员任职资格核准"等14条措施，有助于进一步激发各类市场主体活力，协同推进强大国内市场和贸易强国建设，提高矿产资源开发保护水平，完善资源价格形成机制，推进碳排放权市场化交易等。二是优化调整部分管理措施的范围。对《清单（2020年版）》予以保留的20条管理措施的具体范围进行了优化，以缩减为主，主要是积极呼应明确放宽准入限制和提升准入服务效能的社会关切，根据实际情况进行修改调整，例如，对种子质检机构的准入要求，此前有6类种子质检机构的设立都要经过资格认定，这一次仅保留了4类种子质检机构的资格认定要求。此外，"保荐机构注册审批""水利工程施工单位安全生产许可"等8条已整合并入其他管理措施的具体措施条目不再单列，使得管理措施的体例框架更加严谨。三是删减了不符合清单定位或依据不足的事

项措施。例如《清单（2019年版）》"许可准入类"中有两项涉及信用监管的管理措施，适用于所有行业、领域和业务，本次修订已将其从正文移至《清单说明》；又如"非银行业金融机构运输人民币出入境审批"因设立依据不足，已从《清单（2020年版）》中删除。四是进一步规范和优化清单表述。对照法律法规和行政许可事项清单、部门权责清单，《清单（2020年版）》进一步规范了对72条措施的表述。此外，对7条名称中含有"备案核准"字样但并非行政许可的措施，去掉"核准"字样并规范表述为"备案"。通过修订优化事项表述，力求更加精准规范，便于广大市场主体更易理解和使用，同时也为市场主体依法准入和有关部门依法监管提供了依据。

  清单修订不仅做足"减法"，还依法做"加法"。一是经过严格程序和审慎研究，依法新增1项准入事项，即"未获得许可或资质，不得超规模流转土地经营权"，并在该事项下列入了6条法律依据充分且符合清单定位的管理措施，主要是配合要素市场化配置，改革和规范土地交易市场准入管理。二是依法新设1条管理措施，即根据国务院年内新发布的决定，对金融控股公司设立实施准入管理。

三、《市场准入负面清单（2022年版）》

  2021年是中国共产党成立100周年，是"十四五"规划开局之年，也是全面建成小康社会、开启全面建设社会主义现代化国家新征程的关键之年。2021年开始的新一轮市场准入负面清单的动态修订工作，认真落实中共中央、国务院关于坚持放管结合、并重等要求，紧密衔接国务院审改办牵头编制的《法律、行政法规、国务院决定设定的行政许可事项清单》及"放管服"改革、"证照分离"改革、有关法律法规"立改废"等最新进展，形成《市场准入负面清单（2022年版）》。

（一）全面优化"说明"的体例架构

聚焦清单实施有关重要问题，对"说明"体例做出全面调整，从清单事项类型、适用范围、措施来源、清单一致性要求、与其他准入规定的关系、信用承诺及履约要求、清单综合监管制度等7个主要方面，系统归纳有关制度要求。按照中央关于建立市场准入隐性壁垒台账、畅通市场主体意见反馈渠道和处理回应机制的部署，在"说明"中加入建立违背市场准入负面清单案例归集和通报制度的内容，进一步推动清单扎实落地，巩固清单权威性。

（二）继续放宽市场准入限制

根据行政审批制度改革进展，《市场准入负面清单（2022年版）》[以下简称《清单（2022年版）》]放开"粮食收购资格认定""民航企业、机场联合重组改制审批""认可机构确定"等13条管理措施。《清单（2022年版）》清理了暂列管理措施。例如，"信息安全等级保护商用密码测评机构审批""经营文化产品进口业务许可""翻印、交换、转售和转让民用航空资料审批"等3条措施因设立依据效力层级不足，经主管部门同意取消。《清单（2022年版）》根据地方法规"立改废"情况，删减了"机动车综合性能检测经营许可""餐具、饮具集中消毒服务许可""填埋危险废物场地利用审批"等3条地方性管理措施。此外，《清单（2022年版）》还缩减14条措施管理范围。在"放管服"改革中，管理措施的审批范围有所缩减的，市场准入负面清单动态修订过程中将根据实际情况及时做出修改。以管理措施"食品生产、经营许可"为例，对于仅销售预包装食品的企业，已经不再要求办理食品经营许可证，所以该措施表述随之进行了明确调整。

（三）依法强化重点领域市场准入要求，对所有市场主体一视同仁

在传媒领域，《清单（2022年版）》禁止准入类新增1个事项，即"禁止违规开展新闻传媒相关业务"，包括"非公有资本不得投资设立和经营新闻机构""非公有资本不得从事涉及政治、经济、军事、外交、重大社会、文化、科技、卫生、教育、体育以及其他关系政治方向、舆论导向和价值取向等活动、事件的实况直播业务"等6条措施；许可准入类新增时政类新闻转载服务业务、互联网公众账号平台服务等2条措施。在教育领域，按照中央关于减轻义务教育阶段学生校外培训负担、规范民办义务教育发展等文件要求及2021年9月施行的《民办教育促进法实施条例》，将"面向中小学生的校外培训机构筹设、办学许可"等相关管理措施列入《清单（2022年版）》；在清单附件"与市场准入相关的禁止性规定"中纳入"实施义务教育的公办学校不得举办或者参与举办民办学校""任何社会组织和个人不得通过兼并收购、协议控制等方式控制实施义务教育的民办学校、实施学前教育的非营利性民办学校"等4条规定。

（四）强化清单综合监管要求

《清单（2022年版）》明确，各地区、各部门要更好发挥政府作用，严格落实法律法规和"三定"规定明确的监管职责，对法律法规和"三定"规定未明确监管职责的，按照"谁审批、谁监管，谁主管、谁监管"的原则，全面夯实监管责任。要落实放管结合、并重要求，坚决纠正"以批代管""不批不管"等问题，防止出现监管真空。要健全监管规则，创新监管方式，实现事前事中事后全链条、全领域监管，提高监管的精准性、有效性。要进一步健全完善与市场准入负面清单制度相适应的准入机制、审批机制、社会信用体系和激励惩戒机制、商事登记制度等，系统集成、协同高效地推进市场准入制度改革工作。

（五）进一步规范清单措施的具体表述

主要是按照国务院的《行政许可事项清单》对市场准入负面清单进行相应调整。首先是规范注册、登记类管理措施。将《行政许可事项清单》确认为行政许可的注册、登记类准入管理措施，依法列入清单。其次是规范市场准入行政许可措施表述。对涉及行政许可的措施表述进行全面规范，确保审批对象、审批环节、审批形式等关键内容与《行政许可事项清单》严格一致。再次是规范已整合归并的管理措施，已在《行政许可事项清单》中整合为其他行政许可事项子项的管理措施，《市场准入负面清单》原则上不再单独列出。此外，《清单（2022年版）》还规范了个别涉外措施表述。例如，根据外交部意见，由于我国与印度、不丹尚未划定边界，将清单中所有涉及"跨界"的表述修改为"跨界（境）"，以准确涵盖这些情形。最后是规范准入事项表述及列示方式，根据管理措施增、删、改、合等各类情况，《清单（2022年版）》对准入事项的表述进行相应调整及适度归并。

四、清单制度建设经验

自2018年我国全面实施市场准入负面清单制度以来，国家发展改革委、商务部扎实推进清单落地实施工作，准入限制持续放宽，"全国一张清单"权威性确立，市场准入负面清单制度体系不断丰富完善。整体来看《清单（2019年版）》《清单（2020年版）》《清单（2022年版）》在保证清单整体稳定性和连续性的基础上，都在上一版基础上进一步缩减和优化了管理措施，丰富了信息公开内容，健全了清单体系，增强了清单的科学性和规范性，由此推动全国统一的市场准入负面清单制度体系更加完善。

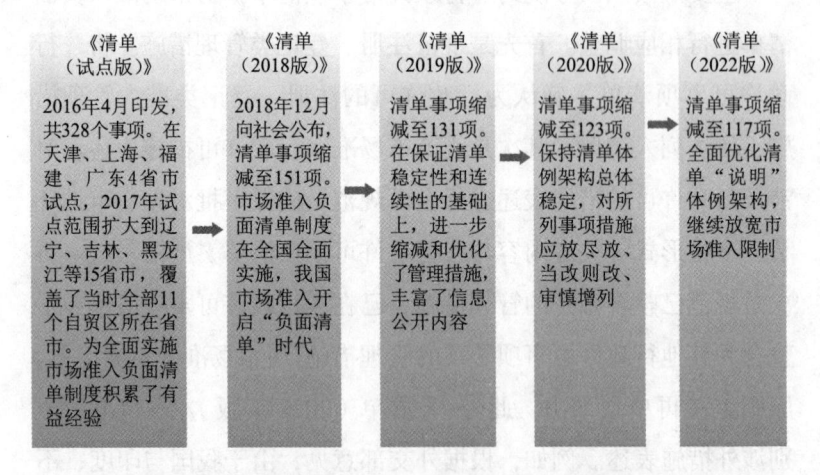

《清单（试点版）》	《清单（2018版）》	《清单（2019版）》	《清单（2020版）》	《清单（2022版）》
2016年4月印发，共328个事项。在天津、上海、福建、广东4省市试点，2017年试点范围扩大到辽宁、吉林、黑龙江等15省市，覆盖了当时全部11个自贸区所在省市。为全面实施市场准入负面清单制度积累了有益经验	2018年12月向社会公布，清单事项缩减至151项。市场准入负面清单制度在全国全面实施，我国市场准入开启"负面清单"时代	清单事项缩减至131项。在保证清单稳定性和连续性的基础上，进一步缩减和优化了管理措施，丰富了信息公开内容	清单事项缩减至123项。保持清单体例架构总体稳定，对所列事项措施应放尽放、当改则改、审慎增列	清单事项缩减至117项。全面优化清单"说明"体例架构，继续放宽市场准入限制

2016年以来，经党中央、国务院批准，国家发展改革委、商务部先后印发4版《市场准入负面清单》，清单事项由《清单(试点版)》的328项缩减至《清单(2022年版)》的117项，缩减比例超过64%

图2-1 市场准入负面清单制度建立以来的历次修订

（一）持续规范整合全国性清单，确立和巩固"全国一张清单"管理制度

全国统一市场准入负面清单制度建立以来，已经将《产业结构调整指导目录》《政府核准的投资项目目录》《互联网市场准入禁止许可目录》《国家重点生态功能区产业准入负面清单（或禁止限制目录）》等7个按照党中央、国务院要求编制的全国性准入类清单目录全部纳入市场准入负面清单，全国一张清单的统一性、严肃性和权威性得到切实维护。

2019年5月起，国家发展改革委、商务部组织各地区、各部门全面开展准入类负面清单清理规范工作，全面清理现有行业性、领域性、区域性市场准入负面清单和具有负面清单性质的政策性文件，坚决杜绝"单外有单"现象，"长沙市高新区内资企业准入特别管理措施（负面清单）""广东省主体功能区产业准入负面清单""西宁经济技术开发区工业投资项目负面清单""西安市企业投资项目负面清单"等各地区自行编制发布的23个市场准入类负面清单被清理取消，"负面清单满天飞"情况得到有效纠正和杜绝。2020年1月1日，《优化营商环境条例》正式实施，第二十条规定，"各地区、各部门不得另行制定市场准入性质的负面清单"，以行政法规的位阶明确了这项要求，规范和清理工作也得到持续强化。

（二）累计缩减了超过64%的清单事项，持续放开了一批具有含金量的管理措施

截至2022年，清单事项已由2016年《清单（试点版）》的328项缩减至《清单（2022年版）》的117项，缩减比例超过

64%，推动放开"矿业权评估机构资质认定""碳排放权交易核查机构资格认定""养老机构设立许可""社会福利机构设置许可""粮食收购资格认定""民航企业、机场联合重组改制审批""认可机构确定"等一批准入管理措施，有助于充分激发市场主体进入相关领域开展经营的活力。

（三）不断完善清单修订规则和兜底保障机制，为资本亮起"红绿灯"，妥善应对国内外形势变化

国内外形势正在经历深刻复杂变化，必须坚持保障国家经济安全，坚守不发生系统性风险的安全底线不动摇，在动态修订《市场准入负面清单》的过程中，不断完善修订规则与机制，针对潜在风险预先做好机制设计，明确兜底保障机制。在《市场准入负面清单》的历次修订中，既及时"开绿灯"，持续缩减准入事项，也依法"亮红灯"，对金融、传媒、教育、平台经济等领域强化准入管理。在清单实施过程中，也要同步完善风险预警与防范机制，及时发现经济运行和市场准入领域存在的苗头性、潜在性、趋势性问题，一旦发现重大风险苗头，及时按照法定程序采取临时性准入管理措施。

（四）广泛征求全社会意见并及时进行反馈和吸纳，持续强化负面清单的社会推广力度

市场准入负面清单的每次修订，都广泛征求了有关部委、地方政府、行业协会、市场主体的意见，每次修订都会收到各方意见数百条甚至上千条，其中大部分意见建议都得到了较好的吸纳与体现。例如，在《清单（2022年版）》修订期间，即征求了国

务院审改办和57个中央国家机关有关部门、31个省（市、区）、新疆生产建设兵团的意见，听取了有关全国性行业协会、市场主体的意见，向社会公开征求了意见，最终收到部门、地方反馈意见363条，社会意见1 188条，对清单做出了近400处修订。

我国各地区经济社会发展水平不一，政府治理体系和能力建设进展存在差异。鉴于此，有关部门通过召开系统培训会、经验推广会等方式，广泛宣传推广市场准入负面清单制度，及时推广长三角、粤港澳大湾区、京津冀等先行地区的制度建设经验。同时，因地制宜、因类施治，把全国范围市场准入负面清单制度落细落实的工作做得扎实牢靠。

第三章

今天的市场准入负面清单制度体系

全面实施市场准入负面清单制度是一项系统性改革工程。市场准入负面清单是这项改革工程的主体，清单的发布和动态调整，标志着我国市场准入政策的不断完善。但要确保负面清单管理要求落实到位，各类市场主体依法平等进入清单之外的领域，仅凭一张清单是远远不够的，必须建立确保清单地位牢固树立、清单要求扎实落地、市场主体意见得到顺畅表达、准入环境得到客观评价的一整套制度体系，倒逼简政简到位、放权放到位，持续加强和改进事中事后监管，不断优化公共服务。

自市场准入负面清单制度全面实施以来，国家发展改革委会同商务部等有关部门围绕党中央、国务院要求积极探索，做出大量努力，"全国一张清单"权威性全面确立，动态调整机制落实良好，市场准入持续放宽与规范，违背清单案例归集通报机制有力实行，市场准入效能评估稳步开展，初步形成了比较完备的制度体系。

本章将以最新修订的《清单（2022年版）》为例，对全国统一的市场准入负面清单制度体系和框架结构进行系统性、全面性分析，以帮助读者了解这项制度的全貌。

第一节

市场准入负面清单制度体系的组成部分

全面实施市场准入负面清单制度是一项系统性改革工程。负面清单不仅是一张"单子",更是确保所有市场主体依法平等进入清单之外领域的一整套制度体系。市场准入负面清单制度体系的构成,可以以几个形象的表述概括,即:"一单尽列,单外无单""适时修订,动态调整""一目了然,一网通办""一案一核,效能评估"。

一、"全国一张清单"管理制度:"一单尽列、单外无单"

党中央、国务院要求推进"全国一张清单"管理,切实维护市场准入负面清单制度的统一性、权威性,这正是全国统一的市场准入负面清单管理模式的内涵。

(一)做到三个"全部纳入",实现"一单尽列"

对于合法有效的准入措施,要做到三个"全部纳入",实现"一单尽列"。

1. 将法律、行政法规和国务院决定设立的全国性市场准入事项全部纳入

《市场准入负面清单》中的事项和具体措施是由国家发展改革委、商务部会同负有市场准入管理职责的部门根据相应经济领域法律法规规定全面梳理提出的。其中，设立依据合法有效且符合负面清单定位的，做到应纳尽纳，无一遗漏；也有个别措施，法律、行政法规和国务院决定未做出明确规定，但又确需纳入，这些措施以标★形式暂时列入清单，各有关部门需要抓紧时间按照法定程序完善其设立依据，满足市场准入负面清单制度和《立法法》《行政许可法》的要求后，再由暂时列入转为正式列入。

2. 将地方依法设立的市场准入管理措施全部纳入

我国各地经济发展水平不一、禀赋条件不同，《行政许可法》也允许通过地方性法规设立行政许可、省级人民政府规章设立临时性许可。市场准入负面清单专门设立了"地方性许可措施"栏目，将少量全国性管理措施未涵盖、符合清单定位且依法制定的地方性市场准入管理措施列入清单，兼顾了地区差异性，提升了清单的完备性和操作性。

3. 将按照党中央、国务院要求编制的其他市场准入类负面清单全部纳入

按照党中央、国务院要求编制的涉及行业性、领域性、区域性等方面，需要用负面清单管理方式出台的相关措施，应纳入全国统一的《市场准入负面清单》。经过多年努力，至2019年，《产业结构调整指导目录》《政府核准的投资项目目录》《互联网市场准入禁止许可目录》《国家重点生态功能区产业准入（或禁止限制目录）》等全国性市场准入类清单目录已全部纳入全国统一的市场准入负面清单,"全国一张清单"体系更加完善。

(二)做到三个"全面清理",实现"单外无单"

对于不符合规定的准入措施,要做到三个"全面清理",实现"单外无单"。

1. 全面清理清单之外违规设立的准入许可

按照市场准入负面清单制度要求,不在清单之内、设立依据效力层级不足的准入许可事项,应当清理取消。极个别确实出于防范重大风险、实施改革试点等需要,确有必要实施准入管理的,必须严格依照规定程序报请暂时列入清单,并及时推动完善相关立法。当然,放得开的前提是管得住,在应放则放的同时,要更多利用守信联合激励和失信联合惩戒机制,通过建立市场主体信用体系以及加强事中事后监管等方式,确保市场秩序。

2. 全面清理准入环节违规设置的隐性门槛

市场准入负面清单制度要求,清单之外的行业、领域、业务,各类市场主体皆可依法平等进入,这就要在市场准入、审批许可、投资经营等方面,打破各种形式的不合理限制和隐性壁垒,尤其是清理对民营企业设置的不合理或歧视性准入措施。对于已列入清单的管理措施,也要进一步明确审批条件和流程,对所有市场主体公平公正、一视同仁,杜绝暗箱操作,减少自由裁量权,确保不同所有制主体在市场准入、资质许可等方面依法享有同等市场准入条件,营造稳定、公平、透明、可预期的营商环境。

3. 全面清理清单之外违规制定的其他形式的负面清单

在全国统一的市场准入负面清单制度实施前,部分地区探索编制了一些市场准入类负面清单。全国统一的市场准入负面清单制度实施后，这些清单不再符合"全国一张清单"的管理要求。按照党中央、国务院部署，国家发展改革委、商务部牵头，对地方自行制定发布的准入类清单目录进行了全面清理，全面清理现有行业性、领域性、区域性市场准入负面清单和具有负面清单性质的政策性文件，共计清理取消"长沙市高新区内资企业准入特别管理措施（负面清单）""广东省主体功能区产业准入负面清单"等各地区自行编制发布的市场准入类负面清单23个，"负面清单满天飞"情况被有效杜绝。

二、清单动态调整机制："适时修订，动态调整"

要确保市场准入负面清单成为一张管用、好用的"活清单"，必须建立动态调整机制，紧密结合经济社会形势需要，对清单及时做出调整。

（一）与行政审批制度改革要求紧密结合

根据法律、行政法规"立改废释"和调整取消行政许可事项情况，及时调整《市场准入负面清单》相关事项和具体管理措施。例如，2022年，国务院公布了《法律、行政法规、国务院决定设定的行政许可事项清单》，对行政许可事项名称、主管部门、实施机关、设定和实施依据等基本要素进行了全面规范。《市场准入负面清单（2022年版）》中，就根据全面实行行政许可事项清单管理的要求，做出近400处修订，确保涉及行政许可的市场准入管理措施，在审批对象、审批环节、审批形式、主管部门等关键内容方面，与《行政许可事项清单》严格一致。

（二）与持续放宽和规范市场准入的改革要求紧密结合

经过多年改革，我国已经取消了一大批行政审批事项，市场准入门槛不断降低，但是，《市场准入负面清单》所列事项依然较多，有进一步放宽的空间。近年来，国家发展改革委、商务部按照党中央、国务院部署，以服务业为重点，持续推动放宽市场准入，清单事项由2016年试点期间的328项缩减至2022年最新版的117项，缩减幅度超过64%，养老、医疗等领域一大批有含金量的准入措施得以放开。另一方面，也及时依法增列了金融控股公司、地方资产管理公司、非公有资本进入传媒领域等管理措施，提升了清单的严谨性、规范性。

（三）与市场主体诉求与期盼紧密结合

各类企业、行业协会、商会、专家学者的意见，往往反映了市场的呼声和经济运行一线的迫切需求，具有很高的价值。每次《市场准入负面清单》修订，既要全面征求各级政府部门的意见建议，也要注重听取行业协会意见，充分考虑各类市场主体呼声。2022年版的修订工作，首次向社会公开征求意见。对于市场主体、行业协会及社会公众的普遍共性意见，要积极协调有关部门、地区完善准入政策，改进管理方式。征求意见和协调讨论的过程，也是在普及负面清单管理理念和思维方式，客观上倒逼了行政管理体制改革，推动一些政府部门进一步取消下放审批权，是制度体系建设的必要环节。

（四）与加强事中事后监管紧密结合

也就是要按照放管结合、并重原则，创新监管方式，提升监管效能，不断完善与市场准入负面清单制度相适应的监管机制。从制度体系建设的角度来看，"宽进"就要"严管"，前端放宽一项准入，后端就要加强一项监管。各部门既是准入放开的主体，也是加强监管的责任主体，要不断提升事中事后监管能力和水平，通过动态、全流程的风险监测与管理，切实把政府该管的事情管好，使市场既充满活力又规范有序。例如，建设以信用为基础的新型监管机制，就是与市场准入负面清单制度相适应的重要创新，通过信用数据对市场主体进行全面、准确、客观画像，以信用评价结果对被监管对象进行分类，通过对失信风险较高的市场主体提高抽查比例和检查频次等措施，做到对违法失信者"利剑高悬"，对诚信守法者"无事不扰"。有关部门和第三方机构联合开展的公共信用综合评价就是信用监管的基础依据。

在关键矿物产业领域协商放开准入措施的成功案例

在《清单（2018年版）》的修订过程中，国家发展改革委就会同工信部、自然资源部对部分企业、行业协会反映强烈的钨钼硒锑和稀土等产业政策问题进行了研究，按照2016年发布的《清单（试点版）》中产业结构调整目录的有关规定，钨钼硒锑和稀土矿的开采、冶炼新建和扩建项目一律禁止，这项政策在当时对防止"过小过乱"、促进行业集中、规范行业发展起到了很好的作用，但是一段时期过后，现有矿产资源枯竭，又不允许新建、扩建，大型国有矿山面临无矿可采的境地，行业又出现新的安全风险。国家发展改革委与工信部、自然资源部研究形成一致意见，部分调整了相关政策，做到了三个"有条件放开"：一是钨矿开采对新建和扩建金属储量 1 万吨或年开采规模 30 万吨矿石以上的大型矿放开；二是稀土开采对符合开采总量控制指标的大型稀土企业集团放开；三是钨钼硒锑和稀土冶炼对符合国家节能环保要求的项目放开。这样一来，既避免了盲目放开准入导致市场混乱，又切实解决了行业发展的困境，达到了非常好的效果。

三、清单信息公开机制："一目了然，一网通办"

市场准入负面清单事项分为禁止准入和许可准入两类，其中，禁止类事项是各类市场主体都不能干的，许可类事项本质上就是市场准入行政审批事项。要确保清单便捷使用、准入审批有据可循，就要完善清单信息公开机制，使清单事项及对应的审批要件"一目了然"。2018 年，国务院对加快推进全国一体化在线政务服务平台建设做出统一部署，要求把包括行政审批事项在内的所有政务服务事项全部实现一体化在线办理，全面实现全国所有政务服务事项"一网通办"。市场准入负面清单信息公开机制的建设进程与政务服务平台建设紧密衔接，做到了三个"完全匹配"。

（一）清单具体措施与政务服务事项基本目录完全匹配

全国一体化在线政务服务平台已经将国家级政务服务事项汇总形成了一个基本目录，经过初步比对，市场准入负面清单的许可准入类措施与其匹配度达到 90%。在此基础上，国家发展改革委又与国务院办公厅电子政务办等主管部门进行了精细衔接。一方面，将市场准入负面清单已列入，但国家政务服务事项基本目录没有列入的事项，增列为政务服务事项；另一方面，对于负面清单没列入，但基本目录已列出的市场准入类事项，如果经评估不符合负面清单制度要求的，全部从基本目录中移出。目前，市场准入负面清单的许可准入类措施和国家政务服务事项基本目录已实现完全匹配。

（二）清单事项信息和政务服务事项信息完全匹配

也就是进一步细化清单许可准入措施各类信息要素，完善设立依据、审批流程、主管部门、管理层级、办理指南、批准条件等信息，做好标记、填报、公开等工作，使这些信息要素与全国一体化在线政务服务平台的各类信息要素一一匹配。自《市场准入负面清单（2019年版）》起，还建立了清单事项统一编码体系，对清单事项逐一赋码，同时要求各地区对照编码，对本地区进入国家政务服务平台办理的市场准入类行政审批事项进行核查，没有赋码的市场准入类事项不允许进入国家政务服务平台在线审批系统，禁止开展审批业务，杜绝准入审批"体外运行"。

（三）清单信息公开机制建设与政务服务平台建设进度完全匹配

2019年底，国家政务服务平台上线运行，全国一体化在线政务服务平台框架初步形成。2020年以来，国家政务服务平台功能进一步强化，全国一体化在线政务服务平台基本建成。按照国务院印发的《关于加快推进政务服务标准化规范化便利化的指导意见》(国发〔2022〕5号),2022年年底前,全国一体化政务服务平台要全面建成,"一网通办"服务能力显著增强,企业和群众经常办理的政务服务事项实现"跨省通办";2025年年底前,全面建成方便快捷、公平普惠、优质高效的政务服务体系。根据此时间表,国家发展改革委、商务部正在与国务院办公厅电子政务办协同推进相关工作,各地区、各部门也正在对照国家政务服务平台建设进度,建立相应工作机制,推进市场准入负面清单信息公开机制与国家政务服务平台建设同步,加快匹配工作进度。

四、清单落地实施机制:"一案一核,效能评估"

为确保市场准入负面清单高效实施,亟须建立一套完整、有效的实施机制。将"一案一核"与"效能评估"紧密结合,既立足"案例核查",以案例的形式在"点"上对工作路径进行指导,又聚焦"效能评估",以分项评价的方式在"面"上进行综合监管,从"整、评、改"等方面,全面推进市场准入环节痛点、难点、堵点治理,对清单实施机制及时调整完善。

(一)以"案例核查"为监督指引,破除准入壁垒

自案例归集通报工作开展以来,按照"一案一核"工作原则,以单项案例作为切入口,深入挖掘问题线索、全程督办壁垒破除、举一反三进行全面排查、建立常态化监督工作模式,在每季度的通报中,载明案例的基本情况、处理情况等方面内容,形成典型案例工作指引,给各级清单实施部门提供更具指导性、更有操作性的参考,进一步引导地方关注普遍性和趋势性问题,通过对照

查摆，进一步推动"以案促改、以案促治、以案促优"，有效提升市场准入壁垒、破除质效。

（二）以"效能评估"为监管模式，提升实施成效

市场准入效能评估遵循"政策为导向、市场为中心、效能稳提升"的原则，按照以"效能评估"为监管模式，建立全面、科学、持续、客观的市场准入效能试评估体系，全面提高市场准入效能、发现问题效率，构建以"效能评估"为导向的"观市场""管清单""防违规"三位一体的标准化、动态化、规范化"市场准入效能"监管新模式，运用科学、有效、合理的评估手段，发现市场的堵点、难点，和当前工作的弱项、缺陷，推动构建更加成熟、更加定型的高水平清单实施工作方案，有效提升市场准入负面清单实施效能，不断完善优化市场准入环境。

（三）以"点面结合"为突破方式，健全监管机制

通过扎实开展案例通报和效能评估，构建以"点面结合"的工作格局，在"点"上，强化案例归集、处置、通报的精准性和指导性，在"面"上，突出市场准入效能评估的前瞻性和全面性。通过对典型案例的归集和梳理，不断完善效能评估指标体系建设，使评估工作更能与时俱进，适应当前的环境变化形式；在效能评估中发现的市场准入壁垒，要建立壁垒台账，逐项跟踪、督办破除，并将其作为典型案例进行归集通报。案例通报和效能评估交叉融合、点面结合的监管模式，从"点、面"两个维度入手，更加全面、完整、准确地把握市场准入负面清单实施的工作要义。

第二节

市场准入负面清单的框架结构

市场准入负面清单包括清单说明、清单主体和附件三部分。本节以最新的《市场准入负面清单（2022年版）》为例，介绍清单的框架结构。

一、清单说明

这一部分明确了清单的内容、定位、范围、事项来源、适用条件、法律效力层级、制定权限、落地机制等实施中的重要问题。《清单（2022年版）》的说明部分包括7条内容：

（一）市场准入负面清单事项类型和准入要求

市场准入负面清单分为禁止和许可两类事项。对禁止准入事项，市场主体不得进入，行政机关不予审批、核准，不得办理有关手续；对许可准入事项，包括有关资格的要求和程序、技术标准和许可要求等，或由市场主体提出申请，行政机关依法依规做出是否予以准入的决定，或由市场主体依照政府规定的准入条件和准入方式合规进入；对市场准入负面清单以外的行业、领域、业务等，各类市场主体皆可依法平等进入。

（二）市场准入负面清单管理措施适用范围

市场准入负面清单依法列出中华人民共和国境内禁止或经许可方可投资经营的行业、领域、业务等。针对非投资经营活动的管理措施、准入后管理措施、备案类管理措施、职业资格类管理措施、只针对境外市场主体的管理措施以及针对生态保护红线、自然保护地、饮用水水源保护区等特定地理区域、空间的管理措施等不列入市场准入负面清单，从其相关规定。

（三）市场准入负面清单管理措施法定依据

列入清单的市场准入管理措施，由法律、行政法规、国务院决定或地方性法规设定，省级人民政府规章可设定临时性市场准入管理措施。市场准入负面清单未直接列出的地方对市场准入事项的具体实施性措施且法律依据充分的，按其规定执行。清单实施中，因特殊原因需采取临时性准入管理措施的，经国务院同意，可实时列入清单。为保护公共道德，维护公共利益，有关部门依法履行对文化领域和与文化相关新产业的市场准入政策调整和规制的责任。

（四）市场准入负面清单一致性要求

按照党中央、国务院要求编制的涉及行业性、领域性、区域性等方面的内容，需要用负面清单管理方式出台相关措施的，应纳入全国统一的市场准入负面清单。《产业结构调整指导目录》

《政府核准的投资项目目录》纳入市场准入负面清单，地方对两个目录有细化规定的，从其规定。地方国家重点生态功能区和农产品主产区产业准入负面清单（或禁止限制目录）及地方按照党中央、国务院要求制定的地方性产业结构禁止准入目录，统一纳入市场准入负面清单。各地区、各部门不得另行制定市场准入性质的负面清单。

（五）市场准入负面清单与其他准入规定之关系

在市场准入负面清单实施过程中，我国参加的国际公约、与其他国家签署的双多边条约、与港澳台地区达成的相关安排等另有规定的，按照相关规定执行；涉及跨界（境）河流水资源配置调整的重大水利项目和水电站、跨境电网工程、跨境输气管网等跨境事项，以及涉界河工程、涉外海洋科考，征求外事部门意见。

（六）市场准入负面清单信用承诺及履约要求

市场主体以告知承诺方式获得许可但未履行信用承诺的，撤销原发放许可，将其履约践诺情况全面纳入信用记录并共享至全国信用信息共享平台，依法依规开展失信惩戒。对拒不履行司法裁判或行政处罚决定、屡犯不改、造成重大损失的市场主体及其相关责任人，依法依规在一定期限内实施市场和行业禁入措施。

（七）市场准入负面清单综合监管制度

要更好发挥政府作用，严格落实法律法规和"三定"规定明确的监管职责，对法律法规和"三定"规定未明确监管职责的，按照"谁审批、谁监管，谁主管、谁监管"的原则，全面夯实监管责任，落实放管结合、并重要求，坚决纠正"以批代管""不批不管"等问题，防止出现监管真空。要健全监管规则，创新监管方式，实现事前事中事后全链条、全领域监管，提高监管的精准性和有效性。要强化反垄断监管，防止资本无序扩张、野蛮生长、违规炒作，冲击经济社会发展秩序。建立违背市场准入负面清单案例归集通报制度，开展市场准入效能评估，畅通市场主体意见反馈渠道，多方面归集违背清单要求案例，完善处理回应机制并定期通报，有关信息在国家发展改革委门户网站和"信用中国"网站上公示。

清单说明最后一段明确，市场准入负面清单由国家发展改革委、商务部会同有关部门负责解释。实践中，对于市场准入负面清单制度顶层设计、体例框架、实施要求等综合性问题，由国家发展改革委、商务部解释；对于清单所列事项措施的设立依据、适用标准、执行中的具体要求等，主要由相关措施的主管部门依法做出解释。

二、清单主体

清单主体包括禁止准入类和许可准入类两类事项，其中禁止准入类6项、许可准入类111项，事项之下列有486条具体管理措施。此外，还包括地方性许可措施36条。

（一）禁止准入类事项6项

对于禁止准入类事项，市场主体不得进入，行政机关不予审批。

第1项：法律、法规、国务院决定等明确设立且与市场准入相关的禁止性规定。其具体内容在清单附件《与市场准入相关的禁止性规定》中列出。

第2项：国家产业政策明令淘汰和限制的产品、技术、工艺、设备及行为。主要包括《产业结构调整指导目录》的淘汰类和限制类事项。

第3项：不符合主体功能区建设要求的各类开发活动。主要包括重点生态功能区产业准入负面清单（或禁止限制目录）、农产品主产区产业准入负面清单（或禁止限制目录）所列有关事项。

第4项：禁止违规开展金融相关经营活动。主要是按照国务院互联网金融风险专项整治及相关法律法规要求，禁止市场主体在注册名称和经营范围中违规采用"金融"相关字样。

第5项：禁止违规开展互联网相关经营活动。列出了《互联网市场准入禁止许可目录》中的禁止类管理措施。

第6项：禁止违规开展新闻传媒相关业务。

（二）许可准入类事项111项

对于许可类事项，或由市场主体提出申请的，行政机关依法依规做出是否予以准入的决定，或由市场主体依照政府规定的准入条件和准入方式合规进入。

《清单（2022年版）》的许可类事项，涉及《国民经济行业分类》20个行业大类中的18个行业（见图3-1）。其中，有2个行业超过10个事项，分别是：农、林、牧、渔业10项，制造业20项；有7个行业超过5个事项，分别是：金融业9项，科学研究和技术服务业8项，批发和零售业7项，交通运输、仓储和邮政业7项，文化、体育和娱乐业7项，租赁和商务服务业5项，水利、环境和公共设施管理业 5 项。此外，还有《政府核准的投资项目目录（2016 年本）》事项 10 项，《互联网市场准入禁止许可目录》的许可类事项 6 项，跨行业的其他事项 1 项，兜底事项 1 项。

- 农、林、牧、渔业：10项事项、25条管理措施
- 采矿业：1项事项、5条管理措施
- 制造业：20项事项、95条管理措施
- 电力、热力、燃气及水生产和供应业：1项事项、2条管理措施
- 建筑业：1项事项、16条管理措施
- 批发和零售业：7项事项、36条管理措施
- 交通运输、仓储和邮政业：7项事项、33管理措施
- 住宿和餐饮业：1项事项、1条管理措施
- 信息传输、软件和信息技术服务业：4项事项、14条管理措施
- 金融业：9项事项、50条管理措施
- 房地产业：1项事项、2条管理措施
- 租赁和商务服务业：5项事项、13条管理措施
- 科学研究和技术服务业：8项事项、22条管理措施
- 水利、环境和公共设施管理业：5项事项、19条管理措施
- 居民服务、修理和其他服务业：2项事项、2条管理措施
- 教育：1项事项、2条管理措施
- 卫生和社会工作：3项事项、20条管理措施
- 文化、体育和娱乐业：7项事项、52条管理措施
- 《政府核准的投资项目目录（2016年本）》明确实行核准制的项目：10项事项、38条管理措施
- 《互联网市场准入禁止许可目录》中的许可类事项：6项事项、23条管理措施
- 跨行业的其他事项：1项事项、1条管理措施
- 兜底事项：1项事项

图 3-1 《市场准入负面清单（2022 年版）》的许可类事项

（三）地方性许可措施 36 条

清单专设"地方性许可事项"一栏，用于列示全国层面并未实行准入管理，而地方根据经济管理需要依法设立的许可准入类措施，例如四川的蚕种生产、储存、经营许可，上海设置的酒类专卖业务许可等，解决了地方准入事权与全国统一的市场准入负面清单如何衔接的问题，确保了清单的完备性。此外，对于全国

层面已实行准入管理的行业、领域、业务，不少地方也通过地方性法规提出了一些细化的管理规定，这些规定属于对全国性管理措施在各地执行和操作层面的细化延伸，不属于新设管理措施，因此没有列入清单。

需要说明的一点是，临时性准入管理措施可实时增列清单。经济社会不断向前发展，市场环境也是千变万化的。市场准入负面清单制度全面实施后，可能会出现不确定的市场风险。为应对我国经济运行可能出现的潜在风险，市场准入负面清单制度在设计之初，即坚守保障国家经济安全底线，保留了对特殊情况下启动市场准入限制的权限，明确由于特殊原因需采取临时性准入管理措施的，可按程序报国务院同意后，设置临时性准入管理措施，实时列入清单，后再根据法定程序调整相应法律法规，牢牢拧紧市场准入的安全阀门。

三、清单附件

《清单（2022年版）》有1个附件，即《与市场准入相关的禁止性规定》。这个附件与清单禁止准入类第1项相衔接，汇总列出了现有法律、法规、国务院决定等明确设立，且与市场主体投资经营活动密切相关的禁止性规定，以便市场主体参考。清单2018、2019年版曾经还有第二个附件，列出了市场准入负面清单对《产业结构调整指导目录（2011年本）》所做的7条修订，《产业结构调整指导目录（2019年本）》发布后，这些修订内容已纳入新版目录，与清单禁止准入类第2项直接衔接，不再专门以附件形式列出。

第四章

以特别措施引领市场准入放宽的系统谋划

市场准入制度是市场经济基础制度之一。实施统一的市场准入负面清单是推动高标准市场体系建设、构建全国统一大市场的基础性制度安排，从这个意义上来说，市场准入负面清单制度是统一依据、统一标准、统一流程的刚性制度安排，要做到全国一张清单管到底。但是，目前全国版负面清单所列准入事项依然过多，现实中也存在着形式各异的准入隐性壁垒和障碍，国家赋予粤港澳大湾区、长三角、海南自贸港等重大战略区域特殊历史使命，需要实施特别准入措施，安排给予配套支撑。因此，有必要在全国统一负面清单基础上，结合国家重大区域战略，制定市场准入特别措施，以推动市场准入限制不断放宽、市场准入制度体系不断完善。

经党中央、国务院批准，国家发展改革委、商务部于2021年4月、2022年1月先后出台《关于支持海南自由贸易港建设放宽市场准入若干特别措施的意见》（以下简称《海南特别措施》）、《关于深圳建设中国特色社会主义先行示范区放宽市场准入若干特别措施的意见》（以下简称《深圳特别措施》）。《海南特别措施》在医疗、金融、文化、教育等五大领域提出22条具体措施，以打造世界级市场治理典范为目标，在全国范围内率先树立放宽优化市场准入的样板，成为支持海南自贸港建设的重要基础制度安排。《深圳特别措施》在科技、金融、医疗等六大领域提出24条具体措施，对深圳建设好中国特色社会主义先行示范区、创建社会主义现代化强国城市范例的市场准入制度建设做出具体安排，对助推粤港澳大湾区建设具有重要意义。

本章将以服务国家重大区域战略和完善市场准入制度建设的目标为导向，梳理总结海南、深圳以准入特别措施为抓手放宽市场准入的思路与实践经验。

第一节

以特别措施为抓手持续推动市场准入放宽

自我国全面实施市场准入负面清单制度以来，在市场准入环节政府与市场的关系全面规范，市场准入门槛大幅放宽，市场主体活力充分激发。但同时部分行业、领域、业务的准入限制依然过多、过严，"准入不准营"等隐性壁垒依然不少，市场准入制度改革有待进一步深化，国家重大区域战略需要特别准入制度配套支撑，市场主体迫切呼唤更多的改革红利。因此，有必要在全国统一的市场准入负面清单制度框架下，立足于国家重大区域战略，制定进一步放宽市场准入的特别措施，制定市场准入制度特别措施的必要性，见图4-1。2021年1月，中共中央办公厅、国务院办公厅印发《建设高标准市场体系行动方案》，明确提出"制定出台海南自由贸易港建设、深圳建设中国特色社会主义先行示范区、横琴粤澳深度合作区放宽市场准入特别措施"。之所以在海南、深圳等重点区域实行特别准入措施，就是对市场准入负面清单中的部分事项，先在一些地方进行试点放开，在取得成功经验之后，再推动修订法律法规和配套政策调整，以期推动市场准入环节可以进一步放宽。

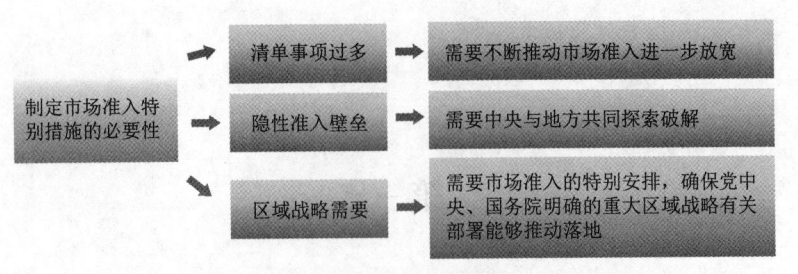

图 4-1　制定市场准入特别措施的必要性

一、特别措施是进一步放宽市场准入的重要举措

市场准入负面清单制度是推动高标准市场体系建设、构建全国统一大市场的基础性制度安排，从这个意义上来说，市场准入负面清单制度是统一依据、统一标准、统一流程的刚性制度安排，要做到全国一张清单管到底。但是，全国版负面清单还面临准入事项过多、准入隐性壁垒和障碍依然存在、国家重大区域战略需要特别准入制度安排等情况，尤其是在医疗、金融、文化、教育等服务业领域急需进一步放宽准入限制，如果通过修订全国统一的市场准入负面清单直接在全国范围放开，可能具有相当的风险和不确定性。因此，有必要在全国统一负面清单基础上，选取国家重大战略区域，进一步发挥区域的资源禀赋，制定市场准入特别措施，推动市场准入限制不断放宽、市场准入制度体系不断完善。

制定放宽市场准入特别措施是党中央、国务院为进一步完善市场准入负面清单制度体系、放宽市场准入限制做出的重要制度安排。党的十九届五中全会《建议》提出"继续放宽准入限制"的部署要求。按照党中央、国务院部署要求，制定市场准入特别措施的地区，均为中央确定的重大战略区域。紧密围绕国家战略，在海南、粤港澳大湾区、长三角等重大战略区域，部署一批放宽市场准入特别措施，有利于充分发挥相关地区市场条件较好、要素资源汇聚等优势，在全国率先探索具备复制推广价值的改革经验，推动市场准入限制进一步放宽，更好服务国家重大区域战略落地。特别措施紧密围绕市场准入负面清单研究制定，每一条特别措施都对应负面清单相关事项的准入限制放宽。例如，《深圳特别措施》24条特别措施的推出，意味着其所对应的30个全国负面清单所列准入事项将在深圳试点放开或放宽。其中，第6条"提升农产品供应链金融支持能力"，对应的是全国负面清单中的"未获得许可、配额或资质，不得从事农产品、原油等特定商品、技术、服务的经营、流通贸易和进出口（含过境）"，在深圳实施该项特别措施，这一条准入限制就将试点放宽。

在推动全国统一市场准入负面清单制度不断完善的过程中，出台相关地区放宽市场准入特别措施，主要有三方面考虑，可以归纳为"三个立足"。

一是立足于国家重大区域战略。在海南建设中国特色自由贸易港，是习近平总书记亲自谋划、亲自部署、亲自推动的改革开放重大举措，是党中央着眼国内国际两个大局，深入研究、科学谋划、统筹考虑做出的重大战略决策。深圳是我国改革开放重要窗口和试验平台，支持深圳建设中国特色社会主义先行示范区是以习近平同志为核心的党中央做出的重大决策。海南、深圳都是实行国家重大区域战略的地区，改革发展基础条件较好，更有利于探索到改革突破的经验。这类聚焦国家重大战略的放宽市场准入特别措施数量非常有限，是"少而精、优中选优"，与国家战略相呼应出台特别措施，能更好地推动整个区域战略目标的实现。

二是立足于从地方实际出发。特别措施事项的选择，充分考虑到中央对海南、深圳等相关区域的定位，地方资源要素的禀赋和已有改革发展工作基础。2021年发布的《海南特别措施》，就是重点围绕医疗、教育、金融、文化这些对海南自贸港建设有重大影响和作用的行业和领域，以及商业航天、种业、新能源基础设施等对海南未来发展具有前瞻性、战略性意义的领域做出部署。深圳是我国乃至全球创新型企业集聚程度极高的地区之一，2022年发布的《深圳特别措施》，充分突出深圳产学研深度融合的创新优势，提出了一系列放宽市场准入的重磅措施，强化了对科技创新、基本民生、新型基础设施建设、保障产业链供应链稳定等市场准入方面的支持力度，引导财政及社会资本加大对制造业、医疗、教育、养老等领域的投入，这是为深圳勇立创业创新的新时代潮头发展量身定制的。未来，在其他区域出台放宽市场准入的特别措施，也将遵循从地方实际情况和发展诉求出发的原则，由此推动国家战略和地方实际更好结合。

三是立足于市场经济的发展规律。特别措施的研究和制定，需要考虑市场体系一体化的要求，我国进入新发展阶段，不但要求商品市场的一体化，更要求要素市场的一体化。近年来《建设高标准市场体系行动方案》《关于加快建设全国统一大市场的意见》等中央文件先后出台，市场体系的高标准、全国大市场的统一，是制定特别措施的首要出发点。文件制定特别考虑和尊重市场主体的意愿，充分听取市场主体的意见和建议，力求拿出直击行业发展痛点难点，能落地、可操作、务实管用的政策举措，力争做到中央战略和地方实际、市场体系和市场主体相互促进、相互比较，形成推动市场高质量发展的合力。

二、特别措施贯穿四大思维和实现四个"首次"

（一）以创新思维激发创业创新活力，首次为个别区域量身定制准入环节放宽措施

特别措施之"特"体现在分别为海南自由贸易港、深圳中国特色社会主义先行示范区量身定制。突出放宽准入政策的含金量和放宽准入内容的吸引力，着力提升创新创业主体的获得感与满意度。支撑健全现代产业体系，引导新一代基础设施等在海南、深圳等地超前布局，加快人工智能、生物医药、电子信息、海洋科学等高校科研成果就地转化，鼓励5G（第五代移动通信技术）、AR/VR（增强现实/虚拟现实）、无人驾驶等新技术结合区域市场场景迭代创新，培育互联网售药等新业态，促进文旅体医康养等多业态创新融合，构建金融和大数据产业融合发展服务全产业链发展新模式，打造一批新型消费平台、新型流通平台。

（二）以辩证思维促进供求循环畅通，首次在区域放开若干重点服务业的市场准入限制

我国已经迈入中高收入国家门槛，"十四五"时期消费升级速度加快，服务消费占居民消费支出比重将进一步提高，为了更好满足人民群众日益增长的多元美好生活需要，在医疗、金融、文化、教育等服务业领域进一步放宽准入限制，是消费者也是国

内外企业与投资者的一致诉求，更是深化市场准入体制改革难啃的"硬骨头"。特别措施充分回应民生诉求，以服务业为重点进一步放宽准入限制，辩证地处理好供给与需求关系，在创新发展中寻求体制突破新路径，提升供给体系对需求体系的适配性，引领供给创新满足新需求。

（三）以系统思维健全市场准入制度体系，首次由中央部委为特定区域发布准入特别措施，稳定投资主体预期

特别措施是纵贯宏观、中观、微观的一整套制度体系和一揽子支持政策工具箱，紧扣海南自贸港、深圳在现代化国家新征程上能够发挥作用的关键领域，汇聚中央、国务院各部门和当地各级政府能够突破性给予企业创新发展的所有准入支持政策，每一项特别措施都明确了牵头单位和参加单位，体现了凝聚共识、汇聚合力、各司其职的系统思维。

（四）以底线思维确保产业链、供应链安全，首次超前擘画智慧服务基础设施网络和全产业链协作机制

特别措施中的一些条目，从安全角度对供应链、产业链全链条优化进行系统性考虑，为面向未来的基础服务设施体系构建做出制度性安排，对于服务国家重大战略、在全国率先破局相关领域改革，具有突破性意义。例如，在《海南特别措施》中提出放宽种业准入限制，利用海南岛天然隔离与良种繁育条件，精简种业进出口审批，鼓励国际合作育种，强化种业知识产权保护，大力吸引国内外优秀种业企业落户，共同夯实种业安全基础；全面创新海南商业航天准入机制，一次性打通国内商业航天企业在获

取发射工位、开展发射申报、办理相关审批等环节面临的诸多限制，协同推动配套产业链发展，建立符合我国国际商业航天产业发展特点的建设管理运用模式；在海南全岛超前布局新能源汽车充换电基础设施"一张网"运营模式，为 2030 年建成"智慧+新能源汽车岛"提供坚强网基。又例如，支持深圳建设"全空间无人体系""电子元器件和集成电路交易体系"，搭建世界级"先进技术应用推广平台"等切实举措，在全世界范围内都是首次提出，进一步助力深圳加快汇聚国内外前沿技术创新成果和高端创新要素，持续增强我国在全球产业链、供应链、创新链上的影响力和话语权。

第二节

支持海南自由贸易港建设放宽市场准入若干特别措施

在海南建设自由贸易港，是党中央着眼于国内国际两个大局、为推动中国特色社会主义创新发展做出的一项重大战略决策，是我国新时代改革开放进程中的一件大事。2021年4月，经党中央、国务院批准，国家发展改革委、商务部印发实施《关于支持海南自由贸易港建设放宽市场准入若干特别措施的意见》，配合国家建设海南自由贸易港的重大战略实施，高标准市场体系建设迈出坚实一步。通过央地结合、政企协作、锐意创新、大胆突破，突出前瞻性、战略性、系统性和实操性，充分挖掘国内超大规模市场资源，高水平搭建内引外联通道，是加速构建新发展格局的精准一招和重要创新举措。

一、《海南特别措施》出台的重大意义

我国正在加速构建以国内大循环为主体、国内国际双循环相互促进的新发展格局。2018年中央明确建设海南自由贸易港，这就意味着海南不再是一个省、一个经济特区，而是我国新时代

全面深化改革开放的新标杆，承担着我国改革开放试验田、参与国际竞争的重要使命，在我国改革开放和社会主义现代化建设大局中具有特殊地位和重要作用。海南站在国内国际双循环的重要交汇点上，处于推进全面深化改革开放和中国特色自由贸易港建设的关键阶段，肩负着新时代党中央赋予的新的历史使命。如何才能不负党中央、国务院对海南的殷殷重托，切实承担起赋予海南的重大责任和使命，解决思想上的束缚是第一位的。2018年4月13日，习近平总书记在庆祝海南建省办经济特区30周年庆祝大会上发表重要讲话，强调"改革开放的过程就是思想解放的过程。没有思想大解放，就不会有改革大突破"，要求海南既总结国内成功做法又借鉴国外有益经验，既大胆探索又脚踏实地，敢闯敢干，大胆实践，多出可复制、可推广的经验，带动全国改革步伐。习近平总书记要求，海南要大幅度放宽市场准入，扩大服务业特别是金融业对外开放，创造更有吸引力的投资环境。要以发展旅游业、现代服务业、高新技术产业为主导，更加注重通过人的全面发展充分激发发展活力和创造力。要探索更加灵活的政策体系、监管模式、管理体制，加强风险防控体系建设，打造开放层次更高、营商环境更优、辐射作用更强的开放新高地。

2020年3月，中共中央、国务院印发《海南自由贸易港建设总体方案》（中发〔2020〕8号），要求制定出台海南自由贸易港放宽市场准入有关政策举措。以海南作为放宽市场准入试点的先手棋，以超前视野、更高站位，在若干领域以非常之举进行放开准入的大胆尝试，实行特别准入政策，发挥好实施全面深化改革和试验最高水平开放政策的独特优势，探索更加灵活高效的市场准入政策体系、监管模式和管理体制，有利于营造对所有市场主体一视同仁的平等准入环境,有利于促进优质生产要素加速集聚,有利于加快培育具有海南特色的合作竞争新优势,树立全国畅通市场准入的样板,打造世界级市场治理的典范,以最具竞争力的治理模式,加速汇聚国内外高端要素,将其切实转化为现实生产力,成为支持海南自贸港建设的重要基础制度安排。

在海南实行特别措施,主要有三个方面的需要:一是海南服务国家重大战略决策的需要。中央部署支持海南建设具有世界影响力的中国特色自由贸易港,逐步建立自由贸易港政策和制度体系,需要对海南市场准入制度进行特别安排,大幅放宽海南自由贸易港市场准入,打造公开、透明、可预期的投资环境,从政策源头进一步激发各类市场主体活力。二是落实中央对海南定位要求的需要。中央赋予海南建设全面深化改革开放试验区、国家生态文明试验区、国际旅游消费中心和国家重大战略服务保障区等一系列功能定位,部署海南加快构建现代产业体系,大力发展旅游业、现代服务业、高新技术产业,这都需要对相关领域市场准入环节进行认真研究,特别是有针对性地推出一批市场准入特别措施来应对产业变革、产业发展、产业革命的挑战和机遇,培育一批具有国际竞争力的市场主体。三是从市场准入环节为海南赋能的需要。支持海南自由贸易港建设,最关键是要打破阻碍生产要素有序流动的制约,以服务业为重点大幅放宽市场准入,探索海南自由贸易港更加灵活高效的市场准入机制、监管模式和管理体制,充分调动各方面积极性和创造性,从市场准入环节切实为海南赋能,推动各方面要素聚集,培育海南经济发展增长动能。

二、《海南特别措施》的主要内容

《海南特别措施》充分体现党中央对海南自由贸易港的特殊定位，是为精准服务海南发展需要而量身定制的特殊性市场准入安排。围绕将海南打造成国际旅游岛、博鳌乐城国际医疗旅游先行区、国际教育创新岛等目标，通过大量调研与访谈，瞄准市场准入堵点和难点，尤其是对民间投资者和外商投资者普遍看好但又确实碰到进入障碍的领域进行精准突破，突出了在海南就是要"大幅放宽"和"勇于尝试"，为医疗、文化、旅游、教育等服务业开放探索行之有效的改革措施。《海南特别措施》共包括五大领域 22 条具体措施。

一是医疗领域，共 7 条，分别是开展互联网处方药销售、支持海南国产化高端医疗装备创新发展、加大对药品市场准入支持、全面放宽合同研究组织准入限制、支持海南高端医美产业发展、优化移植科学全领域准入和发展环境、设立海南医疗健康产业发展混改基金。其中，开展互联网处方药销售的措施，针对当前放开网售处方药存在的处方互认、患者隐私保护、医保结算等多方面难点，推动建立电子处方中心，以"互联网＋医疗"的方式，打通医疗机构、销售平台、医保机构、商业类保险机构间的信息壁垒，同步强化高风险药品管理，推动全面提升治理效能，为放宽该领域准入限制做出突破性尝试。加大药品市场准入支持力度，鼓励已获得上市许可的创新药，由具备条件的海南医疗机构按照"随批随进"的原则直接使用，打通创新药进入市场的最后一道门槛，将进一步激励优秀药企加强研发创新，为海南患者及早用上高品质国药提供保障和支持。全面放宽合同研究组织准入限制的措施,在海南开展中药临床试验和上市后再评价试点,首次明确按照安全性、有效性原则制定药品评审标准,将有效简化中药上市流程,提升中药上市效率,推动优秀中药更快投入临床使用。支持海南高端医美产业发展的措施,对医疗美容行业的机构设立审批、医生执业、药品医疗器械与化妆品进口等各个准入环节做出全面优化,支持博鳌乐城进一步汇聚国际优质医美资源,加快培育高端医美产业集群新优势,打造既国际领先又具有海南特色的高端医美产业链条。

二是金融领域,共 2 条,分别是支持金融业在海南发展、开展支持农业全产业链发展试点。其中,支持农业全产业链发展的措施,通过引入地理信息系统、卫星遥感技术、无人机信息采集技术等信息化手段,推动农业全产业链数据采集整合,开展风险评估与信用评价。这项政策的制定充分考虑海南仍然是一个农业大省的现实情况,认真研究海南农业加快发展和农民收入提升的迫切需求,从破解海南农业的金融支持难题入手,统筹谋划布局,加快推动海南传统农业经营方式向现代农业的全面转变,促进农业增效、农民增收、农村繁荣。

三是文化领域,共 4 条,分别是支持建设海南国际文物艺术品交易中心、鼓励文化演艺产业发展、鼓励网络游戏产业发展、放宽文物行业领域准入。其中,鼓励文化演艺产业发展的措施,在充分发挥行业协会等社会组织作用、加强行业自律的基础上,着力优化营业性演出审批方式、规范审批标准,将进一步激发海南文化演艺产业活力,推动全国、"一带一路"沿线国家和地区乃至全球最优质的文化演艺行业的表演、创作、资本、科技等各类资源向海南聚集,将海南打造成为社会主义文化强国开放、包容、自信的新窗口。

四是教育领域，共3条，分别是鼓励高校科研成果市场化落地海南，支持国内知名高校在海南建立国际学院，鼓励海南大力发展职业教育。其中，支持国内知名高校在海南建立国际学院的措施，立足于从国家战略层面，为海南自由贸易港打造一个国际一流的本科教育平台，对学校设立、办学定位、学科专业设置、招生规模及来源、奖学金等方面给予全面明确，将有利于海南进一步汇聚国际一流人才。

五是其他领域，共6条，分别是优化海南商业航天领域市场准入环境、放宽民用航空业准入、放宽体育市场准入、放宽海南种业市场准入、支持海南统一布局新能源汽车充换电基础设施建设和运营、优化准入环境开展乡村旅游和休闲农业创新发展试点。其中，优化商业航天市场准入环境的措施，全面创新商业航天准入和管理机制，着力打通国内商业航天企业在获取发射工位、开展发射申报、办理相关审批等环节面临的诸多限制，协同推动配套产业链发展，支持海南建设开放型、国际化的文昌国际航天城。放宽种业市场准入的措施，充分利用海南岛的天然隔离条件与优良育种条件，放宽种业准入限制，精简种业进出口审批流程，鼓励国际合作育种研究，加强种业知识产权保护，为国内外优秀种业企业落户海南创造条件，助力建设海南"南繁硅谷"。新能源汽车充换电基础设施相关措施，针对其前期投入大、回报周期长的特点，支持有实力的企业以市场化方式组建投资建设运营公司，牵引新能源基础设施建设，有效激发市场投资积极性，加快打造海南全岛"一张网"运营模式。开展乡村旅游和休闲农业创新发展试点的措施，针对海南旅游业发展面临的缺乏统一规划、闲置农房和宅基地开发阻力大、服务标准不完善、融资难度较大等现实困境，加大政府引导和政策支持力度、统筹协调各方力量，为行业发展提供重要基础支撑。

海南自由贸易港建设放宽市场准入工作第一阶段成果隆重发布

2022年2月18日上午，海南省新闻办公室会同省发展改革委在省博物馆召开新闻发布会，发布了《关于支持海南自由贸易港建设放宽市场准入若干特别措施的意见》第一阶段5项工作成果。

成果一：中国海南国际文物艺术品交易中心盛大揭牌，并完成在海南的文物艺术品"第一拍"。1月28日，中国海南国际文物艺术品交易中心在三亚盛大揭牌，春节期间在新冠肺炎疫情防控安全前提下举办了首届新春（三亚）精品拍卖会，涵盖中国书画、中国古代书画、中国古董珍玩、现当代艺术、珠宝钟表尚品、名酒茗品等六大专场，并圆满收官。

成果二：支持开展互联网处方药销售，开展首个省级电子处方中心平台首单业务流程探索。海南电子处方中心是首个国家试点的省级平台，也是全国首个整合医保、卫健、药监、商保等各方数据，让数据服务于人民群众健康需求的平台。在国家发展改革委的指导下，海南电子处方中心筹备组以海南医学院第一附属医院作为试点，探索流转出第一张电子处方，这是处方药流通管理体制领域的一次重要突破。今后，海南居民只需在线操作，就能享受"面诊购药、复诊续方、在线配药、就近取药/送药到家、线上随访"的互联网医疗服务。未来，处方中心将覆盖全省所有医疗机构，并逐步实现全国互联互通，为全国各地群众来海南就医提供服务便利。成果三：120种国内外先进医美类产品即将落地博鳌乐城先行区，打响"品质医美、放心医美"品牌。博鳌乐城管理局积极对接国际跨国药械企业，征集了120种当前世界上最具创新性、先进性的医美产品，例如世界上"最软"的玻尿酸、舒适度最高的黄金微针、效果最持久的水光针、最安全的射频仪器等先进产品。为保障上述医美产品的使用，博鳌乐城先行区已经引入了上海九院、华韩整形等国内外知名医疗机构和专家团队。博鳌乐城先行区将着力打造"品质医美、放心医美"品牌，做大产业规模，打造闻名全国乃至东南亚、"一带一路"沿线国家和地区的医疗旅游目的地。成果四：加大对药品市场准入支持，一批国内外知名医疗企业相继落地。海口国家高新区已经吸引长安国际制药、哈尔滨乐泰集团、博科控股集团、以岭药业、上海柯渡医学、民银国际控股集团、日本君阳集团、北京库尔科技等8家知名医药企业落地。其中，上海柯渡医学是在国内医疗设备资产管理服务市场中占有率排名第一的高新技术企业，其在高新区落地智能化医疗设备研发及生产项目，将为后续落地海南生产的高端医疗装备首台（套）项目提供配套。上述项目达产后年产值约20亿元，年纳税约2亿元，可带动就业人数约900人。成果五：组建海南省充换电一张网服务有限公司，推动实现"一个App畅行全省"。积极打造新能源汽车充换电全岛"一张网"的运营模式，组建海南省充换电一张网服务有限公司，由海南电网公司牵头联合海南交控公司共同建设平台。"一张网"平台将深化数字化技术应用，服务电动汽车全产业链，打造一张网运营服务体系，推动实现全岛公共充换电基础设施互联互通，进一步实现"一个App畅行全省"，全面提升公共服务水平。

三、《海南特别措施》的影响与示范效应

（一）打造成汇聚全国乃至全球要素和市场资源的"活力之岛"

《海南特别措施》针对海南过往发展存在的瓶颈对症下药，整合土地等传统要素，激活数据等新型要素，建设具有中国特色的自贸港市场准入标准体系和市场环境，吸引全球农业种业、医疗健康、文化演艺、商务航天、新能源汽车等行业龙头和金融机构奔赴海南，汇聚国际知名高校教学资源和"一带一路"沿线国家和地区的海外优质生源，极大地促进全球优质资本、人才、技术等资源高效汇聚，形成进一步推动改革发展的强大动能。在海南自身发展活力增强的同时也将会对全国产生积极的外溢效应，从而以海南自贸港为依托激发和培育国内市场潜力，切实将超大规模的国内市场资源禀赋转化成全球市场竞争优势。

（二）打造锐意创新、敢闯敢拼创业创新企业聚集的"勇气之岛"

创业创新企业是最了解现实产业与市场运行中阻碍、循环畅

通的梗阻与堵点的市场主体，每打通一个堵点、破除一项梗阻，对于它们而言都可能是难得的市场机遇。企业"勇气所指"正是特别措施"所及之处"，《海南特别措施》抓住羁绊各类市场主体活力的"牛鼻子"和"硬骨头"，在"管得住"的前提下，切实放宽文化、医疗、教育等行业准入准营门槛，千方百计破除壁垒，打造真正的"创业乐园"与"创新家园"，鼓励各领域各类企业将自身发展愿景与资源积极投入海南自贸港建设的滚滚洪流之中，为海南自贸港打造现代产业体系激发强大内生发展动力。

（三）打造实现新能源汽车与各类智慧服务全覆盖的"未来之岛"

《海南特别措施》在指引未来产业发展，促进"人工智能+5G""工业互联网+物联网"加速应用方面也做出了细致筹划和超前部署，如支持开展互联网处方药销售、统一布局新能源汽车充换电基础设施建设和运营等系列具体措施，将充分激活包括药品销售、智慧驾驶、智慧教育、智慧文旅在内的所有消费应用场景，加快智慧服务网络与智慧港岛、智慧城市建设深度融合，为打造"未来之岛"提供更多产业方案。

（四）打造充分激发国内市场潜力和财富效应的"富裕之岛"

《海南特别措施》的制定和实施坚持以人民为中心，注重增强民生福祉，持续夯实发展基础，细致谋划基础性制度改革，扎实推动共同富裕。例如，在文件制定过程中充分考虑到海南底子薄、农业人口占比高、制约高质量发展的矛盾仍较多的现状，一些农民和基层农垦职工生活困难，土地等资源要素盘活障碍多、难度大，需要推动基础性、制度性改革来逐步解决。《海南特别措施》统筹谋划促进农业增效、农民增收、农村繁荣，破解农业金融支持难题，引入地理信息系统、卫星遥感技术、无人机信息采集技术等信息化手段，在完善农业产业链、推动乡村旅游等方面做出一系列制度性安排，进一步缩小区域和城乡发展差距，让普通民众共享《海南特别措施》实施红利。

全面落实放宽市场准入特别措施
赋能自贸港拓展开放发展新格局

海南省委省政府对贯彻落实《海南特别措施》高度重视，成立由省长任组长、四位副省级领导任副组长的海南自由贸易港放宽市场准入工作专班，围绕措施落实全面部署、压实责任。国家发展改革委积极协调国家有关部门、中央企业对《海南特别措施》重点事项做专题研究，体改司主要负责同志赴琼为全省干部进行专题授课，明晰政策制定背景意义、政策目标亮点以及落地途径。部省两级加强上下沟通，以改革思路破解难题，最大限度做到"减少中间环节、问题直达顶层、快速协调解决"。

海南省发展改革委围绕《海南特别措施》落实，谋划形成《海南自由贸易港放宽市场准入工作建设项目清单（2021—2022）》，共计建设项目32个，2021年前三季度已开工项目13个，占项目总数的40.63%，文昌商业航天发射场、中国海南国际文物艺术品交易中心、国家体育训练南方基地、国家级（康养）高技能人才培训基地等建设项目有序推进。2021年前三季度,海南省主要经济指标历史性走在全国前列。全省实现地区生产总值同比增长12.8%,增速位居全国第二,两年平均增长6.8%,增速位居全国第一;实际利用外资和消费同比增速分别位居全国第一,财政收入增速位居全国第二,货物贸易增速位居全国第三。市场主体方面,全省新增现代服务业、高新技术产业、旅游业三大主导产业285 759户,同比增长50.47%。中国种子集团总部落户三亚。在外资利用方面,实际使用外资同比增长3.9倍,增速位居全国第一,其中现代服务业吸引外资占比超九成。民生方面,城镇常住居民人均可支配收入增长9.1%,农村居民收入增长12.1%,消费价格下降0.1%,实现了经济较快增长、民生明显改善、物价稳控有力的优化组合。

第三节

深圳建设中国特色社会主义先行示范区放宽市场准入若干特别措施

在深圳建设中国特色社会主义先行示范区，是党中央科学谋划、统筹考虑做出的重大战略决策部署。按照《中共中央 国务院关于支持深圳建设中国特色社会主义先行示范区的意见》《深圳建设中国特色社会主义先行示范区综合改革试点实施方案（2020—2025年）》和《建设高标准市场体系行动方案》部署要求，经党中央、国务院同意，2022年1月，《国家发展改革委 商务部关于深圳建设中国特色社会主义先行示范区放宽市场准入若干特别措施的意见》印发实施，为进一步支持深圳建设中国特色社会主义先行示范区，持续推动放宽市场准入，打造市场化、法治化、国际化营商环境，牵引带动粤港澳大湾区在更高起点、更高层次、更高目标上推进改革开放提供重要制度保障和政策支撑。

一、《深圳特别措施》出台的重大意义

深圳是我国深化改革开放的前沿阵地。党中央对深圳改革开放、创新发展寄予厚望。党中央、国务院在关于新时代加快完善

社会主义市场经济体制的意见中提出，全面实施市场准入负面清单制度，以服务业为重点试点进一步放宽准入限制，深圳建设中国特色社会主义先行示范区综合改革试点实施方案也明确"制定深圳放宽市场准入特别措施"。按照党中央、国务院部署，国家发展改革委会同商务部及广东省、深圳市等有关方面起草了《深圳特别措施》，这是支持深圳建设社会主义先行示范区的重要基础制度安排，其突破力度大、涉及领域广、内容含金量足，对深圳建设好中国特色社会主义先行示范区、创建社会主义现代化强国的城市范例和助推粤港澳大湾区建设具有重要意义。

（一）是全面增强投资信心、激发创新活力、保障经济稳定增长的重要举措

在新冠肺炎疫情的冲击下，百年变局加速演进，面对诸多前所未遇的挑战，我国正在加快构建新发展格局，推动高质量发展。中央经济工作会议提出要坚持稳字当头、稳中求进，各方面要积极推出有利于经济稳定的政策，政策发力适当靠前。在这一背景下出台《深圳特别措施》，充分突出深圳产学研深度融合的创新优势，提出了一系列放宽市场准入的重磅措施，强化了对科技创新、基本民生、新型基础设施建设、保障产业链供应链稳定等市场准入方面的支持力度，引导财政及社会资本加大对制造业、医疗、教育、养老等领域的投入，这是注入市场主体的一剂强心针，保障经济实现稳定发展。

（二）是全面完善行业准入与监管机制的重要探索

当前我国已进入新发展阶段，正在加快构建新发展格局，新形势需要特区继续以一往无前的奋斗姿态、风雨无阻的精神状态，在更高起点上推进改革开放，推动经济特区工作开创新局面。必须以更大的政治勇气和智慧，坚持摸着石头过河和加强顶层设计相结合，深化重要领域和关键环节改革。《深圳特别措施》作为市场准入领域的制度设计，充分发扬经济特区敢闯敢试、敢为人先的精神，紧密围绕中国特色社会主义先行示范区的战略定位，充分考虑深圳既有的创新基础和能力禀赋，找准创新链、产业链融合发展的关键点，打通制约高质量创新发展的中阻梗，为深圳打造高标准市场准入环境提供重要的制度支撑。在"管得住"的前提下，切实放宽科技、金融、医疗、教育等行业准入门槛，对数据产权交易、全空间无人系统建设、电子元器件和集成电路交易等科技创新领域准入机制做出制度性安排，在提高城市更新效能、解决养老托育产业发展等民生领域进行积极探索，全面完善行业准入与监管机制，破除制约市场主体进入的体制机制障碍和各类隐性壁垒，是进一步推动市场准入放宽的重要尝试。

（三）是助力深圳加快汇聚全球高端要素资源，带动激活整个粤港澳大湾区发展动力的关键一招

《深圳特别措施》进一步推动放开市场准入限制，深圳将凭借其创新禀赋和制度优势，形成极具吸引力的市场环境，加快国内外前沿技术创新成果和高端创新要素汇聚，为进一步深化改革开放提供不竭动力。《深圳特别措施》鼓励和支持深圳率先探索完善市场准入制度，率先探索解决办法，为全国建设现代化经济体系先行探路、提供经验，同时，也将进一步发挥深圳在全国改革开放中排头兵的作用和大湾区建设中的核心引擎功能，推动整个粤港澳大湾区在国家改革开放和创新发展方面发挥更突出的作用。

二、制定《深圳特别措施》的主要考虑

（一）坚持中央定位，突出深圳优势

中央要求，深圳要建设体现高质量发展要求的现代化经济体系，加快实施创新驱动发展战略、加快构建现代产业体系、加快形成全面深化改革开放新格局、助推粤港澳大湾区建设。《深圳特别措施》紧密围绕中央对深圳的定位和要求，结合深圳产学研深度融合的创新优势，将先进科学技术转化应用、现代综合交通运输体系建设和金融、医疗、教育、文化等现代服务业作为主要目标领域，试点放宽准入限制、优化准入环境，支持深圳打造市场化、法治化、国际化营商环境，在更高起点、更高层次、更高目标上推进改革开放。

（二）坚持守正创新，突出示范推广

围绕落实新发展格局要求，推动畅通经济循环，《深圳特别措施》充分发扬经济特区敢闯敢试、敢为人先的精神，对数据产权交易、全空间无人系统构建、电子元器件和集成电路交易、卫星通信和新一代信息技术应用等战略性、前瞻性新兴产业的准入机制做出制度性安排，对解决养老托育产业发展、认证检验检测机制、国际性产业与标准组织设立等长期性问题做出积极探索，力求打造更加灵活高效的市场准入政策体系、监管模式和管理体制，破除制约市场主体进入的体制机制和各类隐性壁垒，为在全

国范围内进一步推动市场准入放宽做出尝试。

（三）坚持高位赋能，突出要素集聚

从国家层面支持深圳打造既具有中国特色，又国际一流的市场准入环境和高标准市场体系。通过优化城市建设用地土地使用方式、促进深圳职业教育改革发展、推动设立国际先进技术应用推进中心、放宽数据要素交易市场准入等方式，着力引导土地、劳动力、资本、技术、数据等要素畅通有序流动，进一步促进优质生产要素在深圳加速聚集，推动完善要素市场化配置体制机制。

（四）坚持系统观念，突出协同配套

《深圳特别措施》对标粤港澳大湾区、深圳建设中国特色社会主义先行示范区、开展综合改革试点等部署安排，围绕促进区域经济协同发展、深化互利合作，在促进通信服务、跨境贸易、保险产品互联互通方面提出一批具体措施，为加快推动建立全国统一大市场提供有力支撑。开展互联网处方药销售、完善深圳珠宝玉石行业准入体系、支持新能源充换电基础设施建设等措施，与海南自由贸易港等其他放宽准入特别措施统筹部署、形成呼应，有利于两地发挥各自优势、充分竞争比较，为全国层面放宽准入探索更加完善的改革路径。

三、《深圳特别措施》的主要内容

《深圳特别措施》内容涉及六大领域 24 条具体措施。六大领域主要为科技领域、金融领域、医疗领域、教育文化领域、交通

领域和其他领域。具体措施如下:

(一) 科技领域共 5 条特别措施

以坚持创新是第一动力,支持深圳建设具有全球影响力的科技和产业创新高地,在全球科技革命和产业变革中赢得主动权为导向,精准选择电子元器件和集成电路交易、数据要素交易、先进技术应用、新一代信息技术应用、国际性标准产业与标准组织设立等领域试点开展市场准入放宽。其中,放宽数据要素交易和跨境数据业务市场准入的措施,提出发挥深圳开展数据交易的立法、区位和平台优势,在条件具备时,研究设立数据要素交易场所。优化先进技术应用市场准入环境的措施,创造性提出在深圳设立国际先进技术应用推进中心,搭建世界级先进技术应用推广平台,打破制约产业发展和创新要素流动的信息壁垒和市场准入限制,有力推动深圳乃至全国先进技术应用和相关产业发展。

(二) 金融领域共 4 条特别措施

以内外贸、投融资、金融创新、保险服务等方面探索更加灵活、科学的政策体系和管理体制为导向,完善供应链金融、粤港澳保险服务、跨境贸易、基础设施 REITs (房地产投资信托基金) 等领域准入方式。其中,提升农产品供应链、产业链金融支持能力的措施,提出鼓励金融机构依托农产品供应链、产业链核心企业,开展存货、仓单、订单质押融资等供应链金融服务,有效解决众多供应链上下游中小微企业融资难题。制定提升贸易跨境结算便利度的措施,提出支持境内银行制定供应链优质企业白名单,优化供应链核心企业对外付款结算流程,研究推动人民币跨境结算，将大幅简化相关企业跨境贸易手续，显著降低交易成本。

（三）医疗领域共4条特别措施

从人民群众普遍关注、反映强烈的医药健康问题出发，着力创新医药和医疗器械、互联网处方药销售、医疗机构资质和业务、人类遗传资源审批等方面的准入机制。其中，放宽医药和医疗器械市场准入限制的措施，降低创新药、医疗器械、AI（人工智能）医疗算法等市场准入门槛，充分激励优秀医药器械企业加强研发创新，提升深圳医疗器械产业核心竞争力。试点开展互联网处方药销售的措施，提出建立深圳电子处方中心，将与已批准试点的海南电子处方中心实现信息互联互通，条件成熟时在全国更大范围内推广处方药互联网销售，让网络购药惠及更多群众。

（四）教育文化领域共2条特别措施

落实社会主义先行示范区物质文明和精神文明全面发展的要求，依法有序推动相关领域准入放宽和环境优化，支持深圳教育和文化产业高质量发展。其中，优化网络游戏、视听、直播领域市场环境的措施，推出一揽子支持政策加速推动深圳网络游戏、视听、直播等新兴领域高质量发展，提升产业创新力和国际竞争力，同时积极引导相关新模式、新业态健康良性发展。

（五）交通领域共4条特别措施

以打造深圳国际性综合交通枢纽、推动交通基础设施智能化无人化转型升级、全面提升城市交通综合服务水平为导向，在无人系统、航空、邮轮游艇和新能源充换电基础设施等领域提出一批创造性、前瞻性的放宽市场准入举措。其中，构建海陆空全空间无人系统准入标准和开放应用平台的措施，全方位支持深圳率先在搭建底层数据体系、探索智能网联无人系统产业化应用、开展多场景运行试点等方面积极开展先行先试。放宽航空领域准入限制的措施，提出进一步加强粤港澳三地低空飞行管理协同，优化调整大湾区空域结构，从整体上提升大湾区和深圳机场的客运、货运保障能力，充分发挥航运优势，拉动大湾区经济增长。

（六）其他领域共 5 条特别措施

包括完善深圳珠宝玉石行业准入体系、放宽通信行业准入限制、开展检验检测和认证结果采信试点、放宽城市更新业务市场准入、推进全生命周期管理、优化养老托育市场发展环境。它们很多是关系民生福祉和社会稳定，努力提升人民群众的获得感、幸福感、安全感的创新举措。在城市治理中，全面践行"人民城市"的理念，统筹考虑深圳城市治理承压明显、发展空间不足等实际问题，提出推动城市更新全生命周期管理的措施，依托信息化、数字化、智能化技术，健全城市信息模型平台，为创造性开展城市更新全生命周期管理提供支撑。支持深圳加快推动城市治理体系和治理能力现代化，率先走出一条符合超大型城市特点和规律的治理新路子。随着老龄化程度日益加深和全面三孩政策的深入落实，老百姓对养老托育服务的需求更加迫切，为妥善解决好"一老一小"问题，《深圳特别措施》提出进一步优化养老托育市场发展环境，在物业获取、设施改造、统一标准、运营监管等方面更好发挥政府和国有企业的作用，在机构运营、服务提供、行业自律等方面更好发挥社会资本和民间力量作用。要求深圳在相关领域积极探索，为普惠型养老托育产业做出示范，减轻家庭养老育幼负担，促进人口长期均衡发展，保障和改善民生。

深圳利用特别措施大力提升数字经济发展水平

深圳数字经济产业发达，2021年数字经济核心产业增加值占全市GDP（国内生产总值）比重约30%，规模和质量均居全国大中城市前列，同时具有毗邻港澳的地缘优势，跨境电商、跨境支付、供应链管理等跨境数据业务应用场景丰富。政策出台有利于深圳在建设数据要素交易场所、建立数据相关基础制度和技术标准等方面先行先试、率先突破，为全国数据要素市场化配置改革探路；有利于激发数据要素交易市场活力，实现数据价值的深度挖掘和增值利用；有利于深圳信息服务业加速对外开放，加快推动数字贸易等新业态发展。深圳将充分利用特别措施建设数据交易场所，加快培育数据要素市场，同时聚焦以下四个方面工作：一是培育高频标准化交易产品和场景。聚焦金融、电信、信用、气象等重点领域，鼓励引导有资质的数据商推出若干需求明确、交易高频和标准化程度高的规范化数据交易产品，拓展深化数据要素在重点领域的应用。二是制定数据交易制度规则和技术标准。创新数据交易规则，面向交易准备期和交易前、中、后各环节，建立完善的确权登记、技术保障、检测认证、风险评估、信息披露和监督审计等制度规范，确保交易平台规范运作，交易行为有序开展。三是构建完善的数据交易服务体系。大力培育新型专业化数据服务商和第三方数据配套服务机构，吸引多元化数据交易主体参与，探索构建高效的标准化交易服务流程和专业的运营管理体系，形成交易平台、技术支撑方、数据商、第三方服务机构等主体"协同作战"的多元数据交易生态体系。四是探索国际数据合作。加快构建数据跨境流动规则体系，推动粤港澳大湾区科技、金融、贸易、医疗等领域数据安全有序流通，打造一批数据跨境应用场景。

四、《深圳特别措施》的影响与示范效应

（一）积极回应创新型企业放宽市场准入呼声，全面增强投资信心和促进企业高质量发展

深圳是我国乃至全球创新型企业集聚度很高的地区之一，它勇立创业创新的新时代潮头。《深圳特别措施》是为深圳建设中国特色社会主义先行示范区量身定制的市场准入支持措施，基于深圳已有的创新基础和能力禀赋，及时回应创新型企业渴望放宽市场准入的呼声，提出了进一步放宽市场准入的具有含金量的若干重磅举措，旨在支持深圳在更高起点、层次和目标上深入推进改革开放。首次提出的打造"全空间无人体系""电子元器件和集成电路交易体系"等，是在全国乃至全球都有示范意义的前沿发展方向与支持举措，精准服务深圳打造高端、高质、高新的现代产业体系需要，有望为我国乃至全球新一轮科技革命提供

实践支撑。

展望后疫情时期,我国经济均衡恢复还面临一些挑战,仍然要依靠激发市场主体活力,不断增强投资者信心和意愿,促进就业、收入、消费循环持续优化均衡,从而强化整个国民经济循环的内生动能机制。《深圳特别措施》向国内外相关领域各类企业展现了巨大的市场潜力和难得商机。尤其鼓励投资者与企业家主动把握机会,充分理解和用好、用活特别措施红利,在"互联网＋医药健康"、高端装备产业化、农业金融、艺术品交易、特色职业教育、商业航天、智慧驾驶等领域参照具体措施方案大胆试验、勇于突破,以自身企业发展战略主动对接国家战略,加大科技创新投入增强新动能,加快转型升级应对外部冲击和挑战,紧紧抓住新机遇拓展国内和海外市场空间,同时也要聚焦《深圳特别措施》涉及的重点区块和重大项目,主动对接各类公共服务平台和国内外要素资源,提出对政府优化服务的具体诉求,全面履行社会责任。

(二)支撑深圳和粤港澳大湾区汇聚全球高端要素资源,在构建新发展格局中发挥更大作用

在全面建设社会主义现代化国家新征程上无论是畅通国内大循环,还是推动国内国际双循环相互促进,都离不开科技自立自强。科技自立自强与开放合作创新是辩证统一的关系,实现科技自立自强,必须汲取开放合作之力。例如,《深圳特别措施》提出的搭建世界级先进技术应用推广平台等切实举措,有助于深圳加快汇聚国内外前沿技术创新成果和高端创新要素,从而进一步改善生产要素质量和配置水平,持续增强深圳在全球产业链、供应链、创新链上的影响力和话语权，进而推动整个粤港澳大湾区在国家科技自立自强方面发挥更突出的作用。

深圳一直是我国深化改革开放的前沿重阵，担负着以高水平对外开放促进国内市场持续强大的使命责任，更加重视以国际循环质量提升国内大循环效率和水平，《深圳特别措施》进一步放开市场准入限制，稳步在拓展规则、管理、标准等方面推进制度型开放。例如，提出加快设立若干科技类急需的国际性产业与标准组织，建立国际性产业与标准组织、设立登记通道等具体措施，将进一步提升我国国际标准话语权，推动标准走出去，筑牢国内超大规模市场的资源禀赋优势向全球市场竞争优势转换的基础规则体系。

（三）先行先试积累成功经验，有望在全国更大范围推广

服务业是亟待进一步放宽市场准入限制的重点领域，现阶段市场主体反映较强烈的准入环节限制，多发频发于金融、医疗、教育等服务业领域。在深圳建设中国特色社会主义先行示范区，需要以问题和目标为导向，从前瞻的视野、更高的站位，在相关现代服务业领域超前谋划，进行一系列大胆尝试。在深圳率先放宽这些领域和环节的市场准入限制，强调系统集成和政策协调，有望作为中国特色社会主义先行示范区综合改革试点取得的重要经验，为未来在更大范围推广实施创造有利条件。

第四节

推动特别措施产生全国示范效应的关键在落实

习近平总书记指出,改革重在落实,也难在落实。要把加强改革系统集成、推动改革落地见效摆在更加突出的位置。要切实把思想和行动统一到党中央的改革决策部署上来,从服务党和国家工作大局出发推动改革,敢于担当、善谋实干、实事求是、锐意进取。要明晰解题思路,明确责任主体、明确关键环节、明确时间节点。要统筹协调各方面改革工作,增强改革定力,加强改革协同,完善抓落实的工作机制和办法,把责任压实、要求提实、考核抓实,推动改革落地见效。

《海南特别措施》和《深圳特别措施》的内涵十分丰富,措施含金量高,充分体现党中央对海南和深圳等区域发展寄予厚望,有些措施如能成功落地,在全世界范围内都是创举。因此,要进一步加深对特别措施的理解和认识,进一步解放思想、敢闯敢干、大胆实践,切实把党中央、国务院赋予海南和深圳的政策要求落实好。

一、形成工作合力，强化落实机制建设

一是建立有力的工作协调机制。针对措施落地过程中出现的问题，央地之间将加强沟通、协调解决。国家发展改革委牵头建立工作机制，协调解决中央和国家机关各有关部门在推动特别措施落地见效过程中出现的重要问题。二是建立有效的工作专班机制。目前海南省、广东省，以及深圳市已经成立了工作专班，不断充实专班和各专项工作小组的力量，实现高位推动和高效运转有机结合，出台若干实施方案，制定任务清单，针对每条措施确定牵头部门，明确时间表、路线图和任务书，进一步压实各方责任，推动各项措施早落地、早见效。三是建设有序的资源整合机制。市场主体对特别措施高度关注，各方面资源资本进入意愿强烈，必须统筹谋划、认真甄别、科学对接，要让真正有能力、有资源的市场主体更好发挥作用。坚决杜绝各唱各调、各弄一套的情况，不能打乱仗，树立一盘棋意识，明确统一的标准和严格的程序。

二、加强法治保障，完善相关法律法规和政策配套机制建设

要充分用足用好地方立法权，对特别措施的实施予以法律保障。例如，《深圳特别措施》落实过程中涉及调整现行法律和行政法规的，要按照《深圳建设中国特色社会主义先行示范区综合改革试点实施方案（2020—2025年）》有关规定来具体操作和办理。涉及港澳服务、服务提供者市场准入开放和单独优惠待遇的措施，要纳入《内地与香港关于建立更紧密经贸关系的安排》，也

就是在《内地与香港关于建立更紧密经贸关系的安排》的框架下实施，确保于法有据、依法行政。

三、央地结合、政企互动，强化部门和地方协力推进的主体责任

特别措施落地实施是一项复杂的系统工程，各部门和地方服从中央重大战略决策部署和深圳建设中国特色社会主义先行示范区、海南建设自由贸易港的大局，敢于担当、不怕艰难险阻，积极推动改革创新实践，尤其是海南省、广东省将为各项措施的出台和落地积极创造有利条件，加强与国家对口部门沟通衔接，在省级事权范围内给予特别措施具体实施区域更多支持。深圳市等具体实施区域要切实承担起主体责任，周密安排部署，积极组织推动，做好具体实施工作，确保取得实效。针对部分突破性较强的措施，需要加大放权力度和协调支持力度，为措施落地营造良好条件。

四、加强特别措施改革创新的监管和安全保障机制建设

特别措施明确放开准入限制的行业领域要同步加强事中事后监管，提升全过程监管治理能力，同时通过优化服务，继续帮助企业解决在实际经营过程中碰到的准入问题。海南和深圳将以目标和问题为导向，发挥主观能动性，不断攻坚克难，按照简政放权、放管结合、优化服务的要求，切实履行监管职责，健全监管规则，创新监管方式，提高监管的精准性、有效性，确保放得下、

接得住、管得好。同时，统筹好发展和安全，兜牢安全底线，加强对风险苗头的监测、识别和预警，对于试点过程中因外部环境或客观条件出现变化而造成的风险隐患要保持高度敏感，做足应对处置预案，及时纠偏纠错。

五、加强顶层设计和不同措施之间的产业链协同机制建设

抓住政策配套，对特别措施明确提出要制定配套政策的，加快完善制度供给、发挥集成创新效能。在放宽清单事项限制之外，针对产业链上下游客观存在的实际问题，从体制机制、机构保障、要素配置、金融支持、信息化支撑、准入后监管等多个角度，强化支持产业发展的配套政策，务求为产业发展营造良好环境，使市场主体真正感受到政策红利。聚焦市场主体反馈意见，对推进各项措施开展全过程动态评估，确保达到既定目标、取得预期成效，形成更多可复制、可推广的重要改革成果。

第五节

引导企业积极把握特别措施发布的重大机遇

一、把握特别措施的重大商机，积极融入国家重大战略

《海南特别措施》和《深圳特别措施》进一步放宽市场准入限制，向国内外企业展现了难得商机，包括但不限于"互联网＋医药健康"、高端医疗设备产业化、高值医疗耗材和创新药研发及产业化、高端医疗美容、农业金融和大数据服务、文物艺术品交易、文化演艺、网络游戏、特色职业教育、商业航天及相关衍生服务、体育训练和竞技、优质种业、新能源汽车充换电基础设施、智慧驾驶（无人驾驶）、乡村旅游和休闲农业等领域。主要企业和投资者可以对照两个特别措施选择擅长的领域，积极投资新项目、勇于追加投资，大胆开展前瞻性科技创新、积极延展市场应用场景。

二、从特别措施当中寻找市场拓展空间，积极促进产业关联畅通和市场循环

海南和深圳都是国内国际双循环的重要节点，特别措施鼓励

产业生态系统内各类企业奔赴海南、深圳投资兴业，企业可以从中极大限度地打通相关行业领域市场循环，获得更广阔的市场空间。比如，高科技原创企业在海南可以获得更多新消费应用场景；从事组网的运营服务公司，在带去全国资源的同时也有更多机会服务全球客流；金融投资等要素支撑企业可以匹配到更多值得投资的潜力项目，这些正是海南自由贸易港和深圳先行示范区在贯通产业与市场循环方面的巨大优势。

三、抓住特别措施涉及的重点区块和重大项目，主动对接政府平台和全国要素资源

特别措施落地实施，要依靠中央各部门和地方政府协同推进，更要倚重有眼光与实力的投资者与企业家主动把握机会，聚焦关键领域和重点项目，主动进行业务布局，绘制商业蓝图。针对项目落地中碰到的困难，企业要充分盘活、利用自身资源和优势，积极对接地方政府和相关部门，主动提出服务诉求，协助推动特别措施更好落地实施。

第五章

违背清单案例归集通报制度的建立与实施

牢固树立市场准入负面清单制度的统一性、严肃性、权威性，保障各类市场主体依法平等进入清单之外领域，是全面实施市场准入负面清单制度的必然要求。这就需要畅通市场主体意见反馈渠道，完善处理回应机制，及时发现和清理废除各种违背清单要求的规定和做法。2021年，国家发展改革委建立违背市场准入负面清单案例归集通报制度，按照"一案一核查，一案一通报"原则，对违反清单要求的典型案例进行定期通报，清单落地实施机制建设取得重要进展。

截至2022年10月，典型案例归集通报已开展四期，公开通报案例65个，覆盖政府违背清单要求进行准入审批、违规另设市场准入条件，以及市场主体违规进入清单禁止或限制进入的领域等多种情形，发现了个别省市强制市场主体通过指定互联网平台交易等新型隐性壁垒形态，回应了部分地方对共享单车变相设定准入限制等市场主体意见集中的突出问题。在案例归集期间，国家发展改革委同步推动地方整改，整改结果与案例同步通报，一批准入壁垒得到清理破除，有效提振了市场主体信心。

违背清单案例归集通报制度建立后，立即得到社会各界的高度关注与广泛认可，被评价为确保清单管用、好用、实用的重要举措。这些案例的发现、通报与破除，为各级政府部门的市场准入管理进一步划清了权力界限，也为下一阶段深化市场准入制度改革积累了大量一手材料与宝贵经验。

第一节

为何开展违背清单案例归集通报

建立违背市场准入负面清单案例归集和通报制度是落实负面清单制度的重要抓手之一，以案例的形式进行通报有利于地方政府、部门和市场主体准确把握政策导向，更清晰准确地理解什么情况是违背清单要求的，什么是不能做的，从而推动负面清单制度更具生命力。从实施情况来看，开展案例归集通报主要有以下几方面意义。

一是通过案例归集掌握信息、动态追踪，研判处理可能违背市场准入负面清单的相关风险。开展市场准入负面清单案例归集制度，畅通市场主体反馈各类市场准入问题的渠道，有利于地方政府及时发现和掌握在落实市场准入负面清单制度过程中存在的问题和线索，形成动态监管，并对可能存在的相关风险进行预研预判、及时疏导、正确决策，确保"全国一张清单"管理模式得到全面落实。

二是从典型案件中以案促改、以案促优，推动重点、薄弱环节制度完善。在每期的案例通报中，不仅会通报案例的基本情况，也会通报案例的具体整改处理情况。各部门、各地方通过学习这些典型案例的处理经验，不断提高对类似案例的整改能力，实现"以案促改"。在对案例进行定期归集研判的过程中，也能够强化各部门、各地方对清单实施要求的理解和认识，提高主动发现问题、主动自查、主动履职的能力，督促各地方进一步查找问题根源、列出问题清单、完善整改制度、强化风险意识、加强队伍建设，实现"以案促优"。

三是有利于加快破除准入壁垒，持续优化市场准入环境。集中通报企业反映强烈、群众反映集中的相关案例，能够有效向社会公众传递政府部门不断优化市场准入环境的努力和决心，以此提升投资者信心，激发市场主体活力，在全社会营造出良好的舆论氛围。群众呼声就是工作目标，社会公众的积极反馈也有利于进一步强化政府监督责任和履职能力，加快推动破除准入壁垒，为各类市场主体营造畅通、公平的市场准入环境。

第二节

违背清单案例归集的范围和工作机制

按照党中央、国务院有关决策部署，为全面深入实施市场准入负面清单制度，2021年11月，国家发展改革委印发《关于建立违背市场准入负面清单案例归集和通报制度的通知》（发改体改〔2021〕1670号），建立典型案例归集和按季度通报制度。此后，按照国务院办公厅印发的《关于进一步优化营商环境降低市场主体制度性交易成本的意见》要求，对通报制度进行了进一步的优化完善。

一、案例归集范围

纳入违背市场准入负面清单案例通报的，主要包括以下几类情况：一是地方政府及有关机构违背市场准入负面清单禁止准入类或许可准入类事项要求进行审批的；二是市场主体违规进入市场准入负面清单禁止或限制进入的行业、领域、业务的；三是地方政府及有关机构设置市场准入隐性壁垒的，如国家层面已放开但地方仍在审批、另设市场准入限制性条件、监管能力不足导致不敢批、行政审批互为前置、同类事项跨区域重复审批等；四是其他违背市场准入负面清单制度的情况。

二、案例排查汇总

采取地方自查和部门协查的方式进行违背清单案例排查和汇总工作。首先是地方自查。由各省发展改革部门牵头，对违背市场准入负面清单有关规定的案例进行定期排查，排查结果报送国家发展改革委汇总。其次是部门协查。中央和国家机关各有关部门根据市场准入负面清单中所涉及的事项，对违背市场准入负面清单有关规定的案例进行定期排查，排查结果报送国家发展改革委汇总。

三、建立典型案例通报机制

按季度对违背市场准入负面清单的典型案例情况进行通报，在国家发展改革委门户网站和"信用中国"网站向社会公示，有关情况同步纳入全国城市信用状况动态监测。

第三节

违背清单案例归集通报成效

违背市场准入负面清单案例归集和通报制度建立以来，国家发展改革委通过地方上报、公开媒体搜集、开展效能评估等方式，多渠道发现案例线索，按照"一案一核查，一案一通报"原则，国家发展改革委会同有关行业主管部门、地方发展改革委对案例及处理情况进行核查，截至2022年10月已公开通报4批共65个典型案例，有效推动各地方对照查摆，破除了一批人民群众关心、市场主体关切的典型准入壁垒。比如，在第4批通报中涉及的15个共享单车行业市场准入相关案例中，有的是地方通过行政手段制造行业垄断，有的是限制外地共享单车企业到本地经营，还有的是违规收取高额费用，这些行为扰乱了共享单车市场准入环境。有关案例通报和整改工作及时响应共享单车行业市场主体的普遍诉求，切实降低市场主体准入成本，进一步规范了相关行业准入秩序。不少地方对这项工作高度重视，福建省、云南省、山东省、河南省发展改革委和有关地市主动开展案例排查和整改工作，取得了积极成效。

为落实国务院关于优化营商环境和深化"放管服"改革有关工作部署，2022年10月，国家发展改革委会同有关部门和地方发展改革委集中开展一批市场准入壁垒排查清理工作，将市场准入壁垒排查清理纳入违背市场准入负面清单典型案例"按月核查，按季通报"范围，建立上下联动的长效工作机制，进一步畅通市场主体对准入壁垒的投诉渠道，健全处理回应机制。

从制度建设来看，目前已基本建成横向到57部门、纵向到32省的工作机制，有关中央部门和各省也分别建立了系统内或省内工作机制。在65项案例中，通过网络搜集、信访、行业协会等渠道归集案例51个，部门或地方主动报送案例13个，部门、地方实施负面清单主动性得到有效激发。不少地方在工作开展过程中建立了滚动发现问题、整改问题的工作机制，建立了市场准入壁垒台账，在政务服务网站或小程序上开辟了面向社会公众和市场主体的问题反馈渠道，对于人民群众反馈的市场准入难题，以钉钉子精神逐项推动整改落实。对于部分地方层面协调难度较大的案例，国家发展改革委会同有关中央部门与地方开展协同督办，确保相关案例摸排、归集、核查工作有序开展。

从案例性质来看，通过通报梳理出一批违背负面清单制度的典型情况，其中案例数量较多的有在市场准入环节滥用行政权力或市场优势妨碍公平准入、设置前置审批变相增设市场准入条件、直接增设行政许可、通过不合理招标条件或要求企业在当地设立分（子）公司等妨碍非本地企业公平准入，以及市场主体违规进入市场准入负面清单禁止或限制进入的行业、领域、业务相关等情况。这些典型的案例形态有些是长期存在但难以被发现的，有些是市场主体反响强烈但长期未予破除的，通过对通报案例的梳理归纳，进一步提高了各地方主动发现准入壁垒的能力，也向社会公众明确了准入壁垒的形态和解决准入困难的途径。随着工作的进一步开展，准入壁垒的性质认定和形态归集也将更加完善准确，从而为地方相关工作的开展提供更准确的参考，为准入壁垒的破除积累了更丰富的工作方法和问题解决方案。

为确保通报情况及时、准确、具有典型代表意义，国家发展改革委将在未来的工作中，密切联系市场准入负面清单案例归集通报制度各相关单位，扎实做好相关案例摸排、归集、核查工作。对于部分地方层面协调难度较大、难以推动解决的案例，将建立有关中央部门与地方协同督办机制，加强对地方工作指导，跟踪办理进展，直至相关问题稳妥解决，形成一批协调督办破除市场准入壁垒的典型经验，进一步优化市场准入环境。

第四节

违背市场准入负面清单典型案例分析

违背市场准入负面清单案例形态复杂多样，从初步梳理的情况看，大致可分为以下几类情况：

一、部分事项国家层面已放开但地方仍在审批

近年来，国务院已取消多项行政许可事项，但地方执行情况不一，有些地方仍然在审批。如，部分县还在对已经改为备案制的机动车维修经营进行审批。

二、行业垄断造成的准入困难

一些行业领域虽然已放开了行政审批，但因行业垄断造成的准入壁垒依然大量存在。如，教材、教辅分销市场销售渠道被有关企业垄断，平台电商和市场主体难以公平进入。部分地方砂石渣土运输行业被建设工程运输车辆协会垄断，违规收费造成准入障碍。

行业垄断造成的准入困难典型案例

案例：广东省深圳市建设工程运输车辆协会实行行业垄断

自2020年1月起，深圳市建设工程运输车辆协会以行业自律名义搞砂石运输垄断，成立砂石车专业委员会，对其他拟进入砂石运输行业的企业进行资质审核，使符合资质的企业无法正常进入当地砂石运输市场。

案例：安徽省合肥市汽车保险市场垄断销售

安徽汽车商会向合肥市地方金融监督管理局反映，合肥市各保险公司在销售商业车险时，将《驾驶员意外险》强制捆绑在一起，统一报价，硬性搭配销售；人保财险合肥分公司等四家保险公司达成了《合肥市保险行业机动车辆保险经营规范共识》，实行统一定价、统一费用比例、统一折扣比例等措施，要求各保险公司必须对汽车4S店和二级经销商实行差异化保险佣金政策。该案例致使合肥地区无法承保外地车辆，而外地大多数省辖市可以承保合肥地区车辆，严重破坏了公平有序的汽车市场准入和经营环境。

案例：宁夏回族自治区石嘴山市安责险涉市场垄断

宁夏回族自治区石嘴山市政务大厅应急管理窗口在受理安全生产许可有关事项时，要求企业提供购买江泰保险经纪股份有限公司宁夏分公司的安责险产品，对购买其他公司产品的不予受理，该做法涉嫌违规设置市场准入门槛。

案例：江西省丰城市预拌混凝土协会及其会员企业涉市场垄断

2012年7月和8月，江西省丰城市闽邑建材有限公司与丰城市政云混凝土有限公司、丰城俊祥建材有限公司、丰城市金基建材实业有限公司、丰城市中港建材有限公司、丰城市丰宇建材有限公司先后签订了《丰城商砼企业行业自律小组协议》和《丰城市商砼自律小组运营管理办法》，共同实施固定及变更混凝土价格、统一原材料采购、限制商品生产数量、分割销售市场、联合抵制交易等垄断行为。2013年9月，丰城市预拌混凝土协会获批社会团体登记注册后，取代原"自律小组"继续实施垄断行为。2013年、2017年，丰城市晨峰建材有限公司和江西强胜建筑材料有限公司先后加入丰城市预拌混凝土协会，实施垄断行为的会员数量企业达到了8家。

涉案8家企业系具有竞争关系的经营者，通过垄断协议，提高了当地预拌混凝土的价格，使各家企业市场份额相对固化，直接限制了该市预拌混凝土市场其他市场主体的公平准入。

案例：宁夏回族自治区银川市贺兰县住房和城乡建设局在辖区有线电视工程建设方面制造垄断经营

2021年11月，宁夏回族自治区市场监管厅开展公平竞争审查时发现，银川市贺兰县住房和城乡建设局于2017年5月9日印发的《关于明确贺兰县有线电视工程建设和验收主体的通知》（贺建发〔2017〕127号）中明确规定"凡贺兰县境内的有线电视工程，均由某公司建设"。其指定某公司作为贺兰县辖区内有线电视工程建设和验收单位的行为，变相禁止了其他同行业经营者在当地相关市场准入经营，违反了市场准入负面清单制度有关要求。

三、监管能力不足导致不敢批

此类问题主要集中在风险性较高、监管难度大或监管规则缺乏的金融领域以及新兴行业。

部分行业长时间不予准入审批典型案例

案例：云南省西双版纳傣族自治州、丽江市文化和旅游部门因旅游市场净化整治，未按相关规定开展审批，影响当地旅行社准入经营

云南省发展改革委在全省范围内开展违背市场准入负面清单案例线索收集工作期间，发现因云南省旅游市场净化整治，对存量旅行社开展整顿工作，西双版纳、丽江两地文化和旅游部门已暂停旅行社业务审批。有关州（市）范围内，已注册工商营业执照且已通过县（市、区）文化旅游局初审合格的部分旅行社，在全国旅游监管服务平台上提交设立旅行社申请后，长期不能通过有关州（市）文化和旅游部门的审批，导致无法开展经营。

四、审批权下放形成区域间市场壁垒

近年来，一些事项审批权下放地方，反而造成跨区域经营需多地多次审批，且各地审批标准不尽一致的情况时有发生。如，营业性演出经营活动审批权于 2013 年下放到各省，相同内容的演出活动，异地演出均须重复审批。

五、地方保护设置的准入"潜规则"

一些地方为了保护本地企业发展，或明或暗设置了一些准入门槛。如，部分地方在招投标环节通过要求在本地注册公司、本地业绩要求、信用等级等设置不合理准入条件，阻碍外地企业进入本地市场。

因地方保护限制外地企业在本地准入经营典型案例

案例：安徽省怀远县变相要求企业在当地设立分（子）公司

安徽省怀远县为将企业税收留在当地，责成税务、住建等部门开展联合督导行动，变相要求企业在当地设立分（子）公司。怀远县在美丽乡村建设排水工程等项目招标文件中明确要求企业于合同签订前成立分（子）公司，否则取消中标人资格。各乡镇参照县政府做法，要求建筑企业在本乡镇设立分（子）公司，导致当地企业在多个乡镇设立分（子）公司。违反了国务院印发《关于在市场体系建设中建立公平竞争审查制度的意见》中关于"不得排斥、限制或者强制外地经营者在本地投资或者设立分支机构"等规定。

案例：福建省漳州市诏安县违规设置市场准入门槛

福建省漳州市诏安县人民政府办公室于2018年12月27日印发通知，要求进入县财政投资评审中介库的外省社会中介审核机构必须提供入闽登记证明材料，工程造价咨询企业非漳州市本辖区企业的，必须在漳州市设立分公司并在诏安县有固定的办公场所，从而限制外地企业进入本地市场。

案例：湖北省黄冈市有关部门违规限制外地经营者参与本地招投标活动

2021年3月，湖北省黄冈市城市管理执法委员会在政府网发布《2021年度项目招标代理机构遴选公告》，要求招标代理机构在黄冈市区设有固定经营场所，提供自有房产证、租用房产协议或其他房产证明材料，限制外地企业进入本地市场。

六、新业态监管空白形成的准入难题

一些新兴行业，因暂无统一规范的审批监管措施，不少地方索性不予审批，也不保障各类市场主体依法平等进入清单之外的领域。如，"蹦趴馆""玻璃水滑梯""玻璃平台"等经营业态难以获批，部分市场主体无证经营导致处罚。也有部分地方探索建立监管制度，但在具体措施中违规设置特许经营权、强制与第三方企业签订合作协议等违规现象频发，不但提高了市场主体的准入成本，也形成了新的准入障碍。

新业态监管不完善导致市场主体难以公平准入典型案例

案例：山东省滨州市城市管理局与共享单车企业签订独家战略合作协议，限制其他共享单车企业准入经营

2017年12月18日，滨州市城市管理局通过招投标方式，确定上海钧正网络科技有限公司为滨州市城区唯一一家共享

单车经营企业，并在双方签订的《战略合作协议》中约定："为避免单车同行无序投放，控制城市车辆总数，甲方不再引进乙方以外的共享单车品牌。如有其他品牌的单车未经甲方许可就随意投放，甲方将联动相关部门进行车辆管控。"协议有效期5年。滨州市城市管理局有关行为限制了其他共享单车企业进入当地市场开展经营，违反了市场准入负面清单制度有关要求。

案例：山东省高密市综合行政执法局滥用行政权力排除其他共享单车企业准入经营

2019年11月，山东省高密市综合行政执法局委托山东诚德信项目管理有限公司，通过潍坊市公共资源交易中心高密分中心以公开招标方式，确定潍坊快跑网络科技有限公司为中标单位。高密市综合行政执法局于2019年12月18日与潍坊快跑网络科技有限公司签订《共享助力自行车运营合同》，合同有效期5年。以此指定潍坊快跑公司为高密市区域内唯一一家共享单车运行企业，涉及变相限制共享单车企业市场准入，排除、限制其他具有合格资质和服务能力的共享单车企业进入当地市场。

案例：云南省昆明市城市管理局通过"招标＋协议"的方式变相增设市场准入条件

2021年9月，昆明市城市管理局在昆明市公共资源交易平台公共服务系统发布《昆明市共享单车运营管理服务项目招标公告》，对昆明市共享单车运营管理服务进行公开招标。根据该公告，昆明市五华区等7区共享单车（含共享自行车和共享助力车）前期拟投放12万辆，先期准入运营企业3家，经营期限3年，具体时间以合同为准，合同实行一年一签，经当年考核合格后续签。昆明市城市管理局依据排名核定运营企业共享单车投放数量，后期再根据城市道路交通承载能力、人口数量和市民出行、市场需求，调整准入运营企业，所调整运营企业必须为参与本次投标的企业，原则上将按照此次投标企业排名顺序予以确定。且强制要求中标企业与昆明公交集团有限责任公司（包括其全资子公司昆明城市服务管理有限公司）合作，签订停放秩序管理服务合同并支付服务费。

案例：云南省瑞丽市住房和城乡建设局以特许经营权公开拍卖方式限制共享电单车企业准入经营

2020年，云南省瑞丽市住房和城乡建设局以特许经营权拍卖方式，将瑞丽市城区、姐告城区2 500辆共享电单车5年特许经营权及瑞丽市城区、畹町城区2 300辆共享单车5年特许经营权分为两个标的进行拍卖，起拍价格分别为228万元和209万元，未中标企业退出当地市场。其中，城区、姐告城区2 500辆共享电单车5年期特许经营权成交价高达6 500万元。瑞丽市住房和城乡建设局无法律依据违规设置特许经营权，限制其他共享单车企业准入经营，违反了市场准入负面清单制度有关要求。

案例：云南省宣威市住房和城乡建设局以招租采购方式变相设置市场准入条件，限制共享单车企业准入经营

2022年5月，云南省宣威市住房和城乡建设局（宣威市城市综合管理局)发布《宣威市城区共享(电)单车经营权进行公开招租采购项目》招标公告,就宣威市范围内城区9街道的1万辆共享(电)单车6年经营权进行公开招标,预算金额为7000万元。宣威市住房和城乡建设局以"出租城市街面道路"名义进行招租采购,中标共享单车企业将独占招标范围内共享单车经营权,限制其他共享单车企业市场准入,违反市场准入负面清单制度有关规定。

案例:云南省大理市变相转让特许经营权,限制共享单车企业准入经营

2021年2月,云南省大理市发布《大理市共享单车、助力车项目招标文件》,明确由大理市城市更新置业有限公司就共享单车企业的准入进行公开招投标。在招标文件中明确由招标人统一调配共享单车配额,并收取市政基础设施特许经营权合作服务费,要求共享单车企业按共享单车、助力车营业流水的10%上缴给大理市城市更新置业有限公司。该公司由大理市城乡建设投资有限责任公司100%持股,而后者由大理市国有资本投资开发集团有限公司100%持股,大理市国有资本投资开发集团有限公司则由大理市财政局100%持股。从以上持股关系来看,大理市财政局是实质上的收费主体。

七、互为前置条件的准入要求依然存在

"放管服"改革以来,各地破除了很多互为前置条件的审批事项,但在个别地方,此类事项在具体审批过程中依然存在。如,

个别地方在办理快递业务经营许可过程中，市场监管和邮政部门审核过程互为前置条件，相关手续无法办理。

八、承诺制改革不彻底导致的准入困难

一些地方承诺制审批事项缺乏公开透明的核准标准和审批要求，给企业准入造成更大的不确定性和经营风险。如，某市有企业按照告知承诺制投资农药生产项目，项目建成后，按规定办理经营手续遇到困难，有关部门不予审批，企业数亿资产全部闲置，经营陷入困境。又如，某省有关部门依托信息化平台，联合对承诺制审批事项近两年的审批办件量进行梳理排查，发现部分采用告知承诺制办理的政务服务事项办件量少或较上年度有大幅下降，疑似存在核准标准和审批要求不明确，对企业准入不确定性大的问题。

九、机构改革职能划转产生的新问题

部分审批权调整到新部门管理，新的管理体制仍在磨合，尚未高效运转，导致准入标准不统一、透明度不高等问题，影响行业发展。

十、准入标准过高、流程过长的壁垒形态仍然存在

一些市场准入事项审批权在地方，市场准入标准较高，地方相关主管部门专业人员缺乏，导致审批难、流程长。如，个别与

消防相关的手续审批难、验收流程长、成本高，影响企业按期开业经营，甚至个别地区已出现宁愿交罚款代替许可证办理的乱象。

十一、变相设置市场准入前置条件，形成准入壁垒

个别地方在行政审批中违规增设不在标准审批要求中的准入前置条件，增加了市场主体的准入成本。甚至设置不合理准入前置条件，限制外地市场主体或小型企业准入经营，从而形成准入壁垒。

变相设置市场准入前置条件形成准入壁垒的典型案例

案例：云南省落实市场准入效能评估试点工作，及时发现地方政府变相前置审批设市场准入壁垒

2021年，云南省发展改革委开展市场准入效能评估时发现，德宏州于2018年7月13日印发《关于加强行业监管严格执行二手车交易市场和经营主体市场准入标准的通知》，把工商登记备案等实施为变相前置审批，违规设置二手车交易和二手车交易经营主体市场准入条件，有关申请需经商务部门核实后，工商行政管理（市场监管）机关根据商务主管部门的意见，对符合条件的予以发放营业执照，不符合条件的不予发放营业执照。

案例：河北省邯郸市永年区以治理大气污染为名，变相增设餐饮业个体工商户营业执照申领条件

2019年邯郸市永年区大气污染防治工作领导小组办公

室印发《邯郸市永年区大气污染防治示范区精细化管控暂行方案》，在缺少法律法规依据的情况下，擅自划定区域限制餐饮行业进入，明确以3个大气环境监测省控点（其中1个后来调整为国控点）为中心、临近道路为边界，划定示范区，并对省控点周边一定范围行业准入提出明确要求。在实际操作中，邯郸市生态环境局永年区分局对涉及油烟排放的餐饮企业核查是否符合环保要求时，主要核查其是否位于3个省控点周边半径500米区域内，对在控制范围内的，一律不予办理或认可。

案例：湖北省随州市有关部门违规设置土地估价机构准入前置条件

2021年4月，湖北省随州市自然资源和规划局在政府网上发布《关于开展2021年土地估价机构备案工作的通知》，要求"在我市行政辖区内从事评估业务的土地估价机构，应事先向我局申请备案，凭备案证明开展土地估价业务。申请备案的土地估价机构，须已经省自然资源厅同意予以备案"。

第五节

破除市场准入隐性壁垒的难点

市场准入壁垒等违背市场准入负面清单情况客观长期存在，市场主体对进一步破除市场准入障碍、畅通市场准入环节有较高呼声，梳理、核查、整改违背市场准入负面清单案例有三方面难点需要解决。

一是发现难。目前发现的违背市场准入负面清单案例以点上问题居多、相对零散，大量问题还未充分暴露。主要原因在于：市场主体行为倾向于适应现有的市场规则和管理规定，对反映问题存在顾虑。更重要的是，目前地方各级政府对于核查和整改违背市场准入负面清单案例的工作机制尚不健全，缺乏主动发现、梳理和破除壁垒的动力，市场主体也缺乏能真正解决问题的反映渠道。

二是甄别难。由于各地区市场差异较大，目前尚未完全形成科学准确的违背市场准入负面清单案例形态特征、判定原则、分类标准，也缺乏典型事例作为参考，各级政府市场对于违背市场准入负面清单案例的甄别能力有待加强。

三是破除难。违背市场准入负面清单案例形态多样、成因复杂。有的涉及中央事权，有的是地方管理权限，有的需要对现有法律法规进行修订，有的需要上级推动破除，有的需要多部门联动解决，更多的是需要对相关利益进行调整，破除程序复杂，协调难度大，难以一蹴而就，需要久久为功。

对违背市场准入案例进行归集通报、协调督办破除市场准入壁垒工作刚刚启动，还有诸多问题需要进一步研究。从目前梳理的情况来看，市场主体感受最大、感知最直接的事项大部分在省级以下，而破除市场准入壁垒对地方政府来说是一项较新的工作，需要给予指导，加强上下联动，稳步推进，逐步建立市场准入隐性壁垒发现、破除机制。国家发展改革委将加强研究归纳市场准入隐性壁垒判定原则和分类标准，逐步建立省、市、县三级市场准入隐性壁垒台账，形成成熟稳定联动的破除机制，进一步推动破除一批反响强烈、具有典型意义的准入壁垒事项。

第六章

开展市场准入效能评估的探索与实践

全面实施市场准入负面清单制度需要立足全国统一大市场和高标准市场体系建设要求,围绕是否落实平等准入要求、准入审批是否便捷、市场主体意见反馈渠道是否通畅、市场准入壁垒能否有效破除等方面,科学创新市场准入政策落实评估手段,开展市场准入效能评估,加快推动市场准入环境不断优化、准入效能持续提升。

为稳妥推进市场准入效能评估工作,2021年起国家发展改革委选取福建、云南、宁夏三省(区)开展效能评估试点工作,率先在评估工作机制、工作方案、指标设计、结果运用等方面进行探索,为在全国范围开展市场准入效能评估做出了良好示范。同年底国家发展改革委印发《关于建立违背市场准入负面清单案例归集和通报制度的通知》(发改体改〔2021〕1670号),扩大市场准入效能评估试点范围至10个省份,按照国务院印发《关于开展营商环境创新试点工作的意见》(国发〔2021〕24号)中确定的,将北京、上海、重庆、杭州、广州、深圳6个试点城市所在省份纳入效能评估试点范围,同时建立按季度对违背市场准入负面清单的典型案例情况进行通报的工作制度,将其作为市场准入效能评估的重要内容,通过评估试点,持续探索市场准入效能评估经验,不断完善市场准入制度建设。

第一节

什么是市场准入效能评估制度

　　市场准入负面清单制度是一项逐步深入、不断完善的系统性工程。在清单的实施过程中，我们发现部分地区、领域仍存在清单之外增设准入门槛、市场主体违规进入限制或禁止准入领域、准入隐性壁垒等清单未得到有效落实、市场准入效能不高的问题，急需进一步丰富完善清单实施监管手段，扎实提升清单实施成效。简单来讲，开展市场准入效能评估就是考察各级行政主体实际落实市场准入负面清单制度的情况，是否真正"积极行动起来"以及"行动是否准确"。具体来说，就是要评估各级行政主体到底有没有按照清单要求办事，建立的服务渠道是否畅通完备，对应的审批途径是否便捷，实施的监管手段是否精准及时，制度的宣传保障力度是否到位，通过常态化、动态化的评价机制，达到"以评促改"的目的，切实推进市场准入负面清单制度有序全面落地。

　　开展市场准入效能评估，是党中央、国务院对完善市场准入制度建设做出的重要部署，是不断完善清单监管体系、有效落实清单制度要求的重要举措，对于不断提升市场准入效能、构建公平有序的市场准入环境具有重要意义。2022年4月，中共中央、国务院印发《关于加快建设全国统一大市场的意见》，明确提出"研究完善市场准入效能评估指标，稳步开展市场准入效能评估"，中共中央办公厅印发的《建设高标准市场体系行动方案》也对"制定市场准入效能评估标准并开展综合评估"做出明确部署。国务院在营商环境创新试点工作中要求"建立健全市场准入评估制度"，进一步细化工作任务，提出要"围绕市场准入负面清单制度落实情况、市场准入审批服务效能、市场准入隐性壁垒破除等方面，对市场准入效能进行综合评估。对违反市场准入负面清单制度情况进行监测、归集、通报。进一步畅通市场主体对隐性壁垒的投诉渠道和处理回应机制"。

为落实好党中央的决策部署，2021年以来，国家发展改革委建立并不断完善市场准入效能评估机制，科学研究市场准入效能评估指标体系，稳步开展效能评估试点，增强各级行政主体落实市场准入负面清单制度的积极性和准确性，让制度推起来、让清单动起来、让市场活起来，进一步促进"有效市场"与"有为政府"更好结合。

为稳妥推进市场准入效能评估工作，2021年起国家发展改革委选取福建、云南、宁夏三省（区）开展效能评估试点工作。指导各试点地区重点围绕是否落实平等准入要求、准入审批是否便捷、市场主体意见反馈渠道是否畅通、市场准入壁垒能否有效破除等方面，选取部分市、县，对市场准入负面清单落实成效开展试评估。三个首批试点地区在评估工作机制、工作方案、指标设计、结果运用等方面为在全国范围开展市场准入效能评估做出了重要探索和良好示范。2021年11月，国家发展改革委印发

《关于建立违背市场准入负面清单案例归集和通报制度的通知》，扩大市场准入效能评估试点范围至10个省份。相关试点地区积极落实评估任务，立即着手建立评估工作机制，结合地方实际对评估指标体系建设进行深入研究和验证，市场准入效能评估指标体系得以进一步完善。

第二节

市场准入效能评估遵循的主要原则

市场准入效能评估遵循"政策为导向、市场为中心、效能稳提升"的原则，基于市场准入负面清单制度落实要求，从行政主体执行和市场主体感受两个角度进行评估。主要注重以下几方面。

全面性。要站在政策落实、市场发展和效能提升的角度，采用定量和定性两方面的评估方法，采用数据采集自动评估和佐证材料、佐证评判等方式，对市场准入效能的提升、市场准入负面清单的落实等方面，进行全面系统的评估，充分反映市场准入效能提升和准入制度落实情况。

科学性。评估以中共中央、国务院发布《关于加快建设全国统一大市场的意见》、国务院印发《关于实行市场准入负面清单制度的意见》、《建设高标准市场体系行动方案》和《市场准入负面清单（2022年版）》等文件要求为基础开展，推动全国市场准入效能评估标准制定，通过评估发现市场准入环节中存在的问题，进一步推进市场准入负面清单制度的落实执行。

持续性。基于市场准入负面清单制度开展效能评估，是引导行政主体和市场主体贯彻落实中共中央、国务院关于全面实施市场准入负面清单制度的重要举措，也有利于行政主体自身确立以市场主体需求为导向，不断提升市场准入管理的人民性、公共性及公信力。通过评估可以进一步建立健全准入措施持续性改进的闭环管理机制，促进市场准入效能向更高层次跃升。

客观性。为保证评估结果实时、客观、公正，鼓励充分利用现有信息化建设基础，将信息技术作为开展评估的重要手段，让市场准入负面清单管理、违规案例归集、问题处置等工作更加标准化、规范化、便利化，尽量减少人为干预和基层数据填报负担，提高数据采集质量，让"数据说话"，实现"无感评估"。

市场准入效能评估指标设计遵循以下原则：

一、科学合理原则

指标的设定总体上符合市场准入负面清单制度的基本条件与要求，并能够在整体上反映出市场准入效能的内涵，从全面、真实、客观的角度，充分反映清单制度贯彻落实、准入效能提升的实际情况。

二、独立性和发展性原则

指标设置应尽可能相对独立，增强纵向、横向可比对的相对指标设计，避免指标表达相同或相似内容，以增加评估的准确性和科学性。评估指标制定应充分考虑市场准入变化与发展因素，在评估过程中要对市场准入的过去和现在做全面分析，根据过去的基础和现实表现,揭示市场准入效能未来发展趋势,激励各地区通过发展,逐步缩小与先进地区的差距。

三、可量化性和动态性原则

选择定义准确、内容明确、能够量化的指标,以具体数值的形式进行统计、计算评估结果。选择全面且具有逻辑关系的指标,构建评估指标常态化、动态化、标准化的管理指标库,依据工作重点和制度要求动态调整评估指标。

四、可操作性和可比性原则

选择定义准确、内容明确、能够量化或佐证的指标并赋予不同的权重,确保评估具有较强的可操作性和可比性。力争实现系统自动获取考核数据并进行横向比较,迅速准确地给出评估结果。

五、层次性与系统性原则

指标设计既应该从不同层次反映出清单覆盖、服务成效、审批效能、准入保障等相关特征和状态,也应该系统地反映出市场准入效能的整体状况、特性及发展趋势。

第三节

评估成效

经过两批试点先后探索，市场准入效能评估取得了阶段性成果。

一是工作机制基本成熟。福建、云南、宁夏等第一批试点地区已基本建成横向到省直各部门，纵向覆盖省市县三级的效能评估工作机制，形成并不断完善适合省情的评估方案。如，云南省创新采用"实时动态评估＋年度综合评估"工作机制，采取奖励加分和批评扣分相结合的考核方式，进一步加强各地区实施清单的主动性。

二是指标体系基本建立。在指标体系框架基础上，充分总结和吸纳试点经验和意见，初步形成市场准入效能评估指标体系和地方信息化平台建设有关标准。为了既保证全国开展效能评估的一致性，又兼顾地方特色，市场准入效能评估指标体系中包括不低于 80% 的全国统一性指标和不超过 20% 的地方特色性指标。试点地区可根据目前信息化建设基础条件，因地制宜开展评估工作。

三是评估工作成果显著。第一批试点地区在实践中形成内容翔实全面、重点突出的系列评估成果。云南、宁夏已经实现省、市、县三级的全覆盖效能评估；福建建立工作专班，对须重点提升市场准入效能的地区和部门，开展点对点精准整改优化；云南加强对评估结果的分析，从不同行政层级、不同行业对清单实施规范性、有效性等规律进行总结，推动各部门进一步完善行业管理方式，不断加强政策体系建设。

四是准入壁垒有效破除。第一批试点地区通过评估发现并梳理出一批违背市场准入负面清单要求的典型案例，会同各主管部门成立专案小组，协同联动，切实推动问题整改到位。宁夏建立覆盖自治区、地级市、县（区）三级的市场准入隐性壁垒台账，全方位开辟隐性壁垒反馈渠道。福建对有关创新举措和典型经验进行全省推广，积累了破除市场准入壁垒工作的经验。

五是实施方案不断完善。福建、宁夏依托数字政府建设成果探索形成自动化评估方案，以自动化数据采集方法实现"无感评估""客观评估"，有效减轻基层填报负担，提高数据质量和评估时效，为在全国开展市场准入效能评估打下良好基础。

第四节

2021年第一批试点地区评估推进情况

2021年2月底,国家发展改革委会同国家信息中心及相关试点省份发展改革委成立市场准入效能评估研究工作组,对市场准入效能评估工作机制、指标体系框架进行深入研究,各试点省份在指标体系框架基础上,结合本省实际工作情况细化形成了本省的市场准入效能评估指标体系,选取部分市县开展试评估。

在这一阶段主要解决的问题有以下三方面:一是初步建立市场准入效能评估指标体系框架,实现评估指标体系"从无到有";二是明确评估定义和评估范围,探索建立市场准入效能评估机制;三是推进市场准入效能评估试点工作尽快开展,不断验证机制设计的科学性、可行性。

一、市场准入效能评估指标体系(2021框架版)

市场准入效能评估指标体系(2021框架版)主要内容包括效能评估定义、评估范围、评估指标等。

1. 市场准入效能评估定义

市场准入效能评估是对市场主体从事商品生产经营活动的条件和程序进行资格认定时，对各级行政主体的工作效率、管理效益、服务质量，在行政过程中发挥效能的程度及产生的效率、效益、效果等进行科学的综合评估。

2. 评估范围

评估范围包括清单所列事项主管部门、有关市场主体。

3. 评估指标

评估指标包括行政主体评估和市场主体评估两个一级指标、15个二级指标。考虑到三省（区）作为第一批试点，评估的基础条件尚不明确，为便于工作开展，市场准入效能评估指标体系（2021框架版）主要设计了两级指标，由试点地区在此基础上细化形成三级指标。

（1）行政主体评估：结合市场准入实际工作中经验的成果和发现的问题，制定与行政主体在清单工作落实、服务开展、消除违规、许可准入措施联动等四个方面切实相关的指标。包含13个二级指标。其中，清单覆盖情况、清单对应情况、清单好差评情况等三个二级指标针对的是清单工作落实情况；清单专题服务、清单多渠道服务、市场准入好差评服务、专项宣传服务等四个二级指标，针对的是服务开展方面；建立解决机制情况、追溯壁垒解决情况、壁垒公开服务情况、壁垒共享服务情况等四个二级指标，针对的是消除违规方面；许可准入措施审批情况和许可准入措施好差评情况等两个二级指标，针对的是许可准入措施联动方面。

a. 清单覆盖情况：评估该地区向社会公开的政务服务事项覆盖市场准入负面清单措施情况。

b. 清单对应情况：评估该地区向社会公开的政务服务事项对应市场准入负面清单措施情况和市场准入负面清单措施匹配比例。

c. 清单好差评情况：评估该地区市场准入负面清单措施执行过程中市场主体的评价情况。

d. 清单专题服务：评估该地区市场准入负面清单热点问题问答情况以及该地区开展咨询投诉、监督投诉情况。

e. 清单多渠道服务：评估该地区清单服务渠道的多样化情况。

f. 市场准入好差评服务：评估该地区市场准入好差评开展情况。

g. 专项宣传服务：评估该地区市场准入深入市场主体座谈调研情况。

h. 建立解决机制情况：评估该地区是否针对隐性壁垒建立完整解决机制、宣传机制。

i. 追溯壁垒解决情况：评估对发现的隐性壁垒解决情况和追溯回访机制。

j. 壁垒公开服务情况：评估隐性壁垒在线反馈情况，包括壁垒公开、查询、统计等。

k. 壁垒共享服务情况：评估隐性壁垒线索、经验横向分享情况。

l. 许可准入措施审批情况：评估该地区许可准入措施对应政务服务事项的审批情况，包括单个事项是否出现反复审批、给市场主体带来困扰等。

m. 许可准入措施好差评情况：评估该地区许可准入措施对应政务服务事项好差评的综合情况，判别该措施在该地区的运行情况。

（2）市场主体评估：结合以评促改的理念，将评估权交由市场主体，由市场主体对行政主体贯彻落实市场准入负面清单工作的情况进行评估。包含两个二级指标，分别为主体体验评估和政府信用评估。

a. 主体体验评估：评估市场主体对市场准入负面清单制度的体验情况，包括市场主体是否知晓本地区开展的市场准入负面清单制度宣传活动，是否知晓对市场准入负面清单制度的宣传手段和宣传渠道；市场主体对市场准入负面清单制度的认知度，深度了解市场准入负面清单贯彻情况；市场主体对本地区市场准入好差评情况。

b. 政府信用评估：评估该地区在进行隐性壁垒处理时政府的服务信用情况，评估该地区在提供市场准入服务时政府的服务信用情况，评估该地区的政府信用持续优化改进情况。

二、试评估情况

福建、云南、宁夏作为第一批试点地区，分别结合本地实际情况开展了各有特色和侧重的市场准入效能试评估工作，评估成果内容翔实全面、重点突出，分析方法科学，客观反映了实际情况，促进本地形成对于违背市场准入负面清单制度问题的发现和破解机制，并为在其他地区开展市场准入效能评估提供了很好的示范。

1. 福建省

（1）评估特点。福建省作为东部地区代表，数字化建设基础情况较好，充分利用"数字福建"建设成果，以客观数据为基础，进行自动或半自动采集数据。

（2）评估指标。基于市场准入效能评估指标体系框架，结合福建省实际情况，围绕清单覆盖度、服务成效度、审批效能度、壁垒破除度、准入保障度5个方面构建福建省市场准入效能评估指标体系，共包含5个一级指标，7个二级指标，25个三级指标（其中22个指标通过"数字福建"的政务服务系统自动获取数据）。详见表6-1。

表6-1 福建省市场准入效能评估指标

一级指标	二级指标	三级指标	三级指标评估内容
清单覆盖度	措施覆盖情况	政务服务事项目录对许可准入类措施覆盖度	评估试点地区向社会公开的市场准入类行政许可事项覆盖许可准入类措施情况
		政务服务事项办事指南对许可准入类措施覆盖度	评估试点地区向社会公开的行政许可事项与许可准入类措施是否实现信息关联
	措施对应情况	许可准入类措施类型对应（县本级）	评估县本级（试点地区）许可准入措施覆盖政务服务事项类型情况
		禁止准入类措施匹配执行情况	评估试点地区禁止准入类措施的历史存量审批结果文件信息是否存在禁止准入类措施规定情形
服务成效度	清单多渠道服务情况	12345热线	评估试点地区是否以统一热线形式提供市场准入的信息咨询服务
		政务服务网（网上办事大厅）信息服务	评估试点地区是否以计算机端网页形式提供市场准入的信息咨询服务
		闽政通	评估试点地区是否以掌上移动端形式提供市场准入的信息咨询服务

第六章 开展市场准入效能评估的探索与实践　　163

（续表）

一级指标	二级指标	三级指标	三级指标评估内容
服务成效度	清单多渠道服务情况	窗口适老服务	评估试点地区是否在实体大厅为老年人提供市场准入的信息咨询服务（佐证材料不限于以下内容，例如窗口照片、咨询过程照片等）
审批效能度	准入措施审批情况	准入措施超时审批	评估试点地区市场准入负面清单许可准入类事项超时审批情况
		准入措施时限压缩	评估试点地区市场准入负面清单许可准入类事项办理法定时限与承诺时限比较情况
		准入措施审批提效情况	评估试点地区市场准入负面清单许可准入类事项（承诺件）办理平均时限与法定时限比较情况
		准入措施网上可办率	评估试点地区市场准入负面清单许可准入类事项网上可办率情况
		准入措施全程网办	评估试点地区市场准入负面清单许可准入类事项全程网办情况
		准入措施审批电子证照应用情况	评估试点地区市场准入负面清单许可准入类事项收件材料电子证照应用情况
		准入措施审批电子证照生成情况	评估试点地区市场准入负面清单许可准入类事项电子证照生成情况
		准入措施批准通过率	评估试点地区市场准入负面清单许可准入类事项审批通过的办件数量占已受理办结、办件总量的比例

（续表）

一级指标	二级指标	三级指标	三级指标评估内容
审批效能度	准入措施好差评情况	对应许可事项开展占比	评估试点地区市场准入负面清单许可准入类事项开展好差评的占比
		对应许可事项好评	评估试点地区市场准入负面清单许可准入类事项办件好评情况
		对应许可事项差评	评估试点地区市场准入负面清单许可准入类事项办件差评情况
		对应许可事项差评整改追溯评估	评估试点地区市场准入负面清单许可准入类事项办件差评解决率
壁垒破除度	在线服务情况	隐性壁垒在线反馈	评估试点地区是否向社会提供隐性壁垒在线反馈渠道
		隐性壁垒统一公开	评估试点地区是否向社会提供隐性壁垒统一公开
		隐性壁垒统一查询	评估试点地区是否向社会提供隐性壁垒统一查询
准入保障度	制度保障措施情况	市场准入制度建立	评估试点地区是否建立基于本地区情况的市场准入负面清单管理制度（提供佐证材料包括地方政策文件、相关市场准入管理办法等）
		破除隐性壁垒制度建立	评估试点地区是否建立基于本地区情况的隐性壁垒管理制度［包括政策文件、管理办法（投诉、监督、回访、追溯）等］

（3）评估范围。在福清市、长乐区、德化县、晋江市4个地区开展试点评估工作，实现试点地区间市场准入效能量化对比。

（4）评估成效。主要包括以下 5 点。

一是全面落实负面清单制度。福建省各级按照工作部署，全面落实市场准入负面清单制度，提升行政审批服务效能，做好市场准入效能评估指标数据的汇总上报，积极宣传市场准入负面清单与隐性壁垒相关制度，增设多类咨询、投诉及意见反馈渠道。

二是全省统筹实施一套标准。从省级层面明确工作机制，落实"全国一张清单"的管理模式，全面推动"五级十五同"落地实施，实现政务服务许可事项各要素在全省规范统一，实现同一事项同一标准。

三是合理构建评估指标体系。以行政主体为中心，从行政主体执行的角度出发，充分运用指标可量化、可落地的特性，合理构建具有福建特色的市场准入效能评估指标体系。按照清单覆盖度、服务成效度、审批效能度、壁垒破除度、准入保障度 5 个方面构建的指标体系分别体现审批事项与市场准入负面清单的"关联性"、市场准入负面清单制度服务渠道的"多样性"、市场准入负面清单许可准入类事项在审批过程中的"便捷性"、破除市场准入隐性壁垒的"可见性"、市场准入建章立制方面的"保障性"。

四是强化组织保障。福建省发展改革委联合数字中国研究院（福建）及有关专家成立了评估工作小组，工作小组与福州市发展改革委、福州市行政服务中心、泉州市发展改革委、泉州市行政服务中心及试点地区进行了多次沟通讨论，确保合力推进评估工作。

五是依托信息化基础支撑。充分利用福建省"数字福建"成熟完善的信息化基础，实现试点地区间市场准入效能量化对比，较客观地反映了福建省市场准入负面清单制度实施工作效能。

2. 云南省

（1）评估特点。云南省作为中西部地区的代表，结合省情创新评估方式，依托现有信息化基础，形成"第三方专业机构共同参与＋研究评估模型＋科学建立指标体系＋合理构建评估机制＋自行开发系统＋结果反馈督促整改落实"的评估工作方式。

（2）评估指标。基于市场准入效能评估指标体系框架，结合云南省实际情况，围绕宏观政策统筹实施、微观政策协调配合、制度贯彻落实、长效机制保障4个方面构建云南省市场准入效能评估指标体系，包含4个一级指标、9个二级指标、25个三级指标（含22个参评指标、3个观察指标）。详见表6-2。

表6-2 云南省市场准入效能评估指标

一级指标	二级指标	三级指标	三级指标评估内容
准入效能	清单措施透明情况	禁止准入措施覆盖率	评估该地区向社会公开的政务服务事项中是否有禁止准入措施
		许可准入措施覆盖率	评估该地区对应权限的市场准入负面清单许可类事项措施审批服务纳入政务服务事项的覆盖比例
		许可准入措施细化率	评估该地区制定的对应权限的市场准入负面清单许可类事项措施审批的办事指南及流程
	隐性壁垒工作情况	隐性壁垒工作机制	评估该地区隐性壁垒工作机制建立的有效和完善程度
		隐性壁垒工作成效	评估省内隐性壁垒试点地区的工作开展成效
	网上办理便捷情况	许可准入网上办理率	评估该地区对应权限的市场准入负面清单许可类事项措施审批服务能够在线网上办理的便利快捷成效

（续表）

一级指标	二级指标	三级指标	三级指标评估内容
准入效能	网上办理便捷情况	许可准入一网通办率	评估该地区对应权限的市场准入负面清单许可类事项措施审批服务能够一网通办、全程网办的便利快捷成效
服务效能	服务方式完备情况	清单公开便捷查询	评估该地区清单公开查询便捷程度
		清单咨询方式完备率	评估该地区清单咨询服务的多样方式及便捷程度
		专题培训调研服务	评估该地区行政机关向市场主体提供市场准入专题培训调研座谈服务方式的次数
	清单宣传完成情况	宣传工作开展	评估该地区政府及行业主管部门提供的市场准入负面清单制度及新出台政策宣传工作开展形式的多样性、丰富性情况
		宣传地区覆盖率	评估该地区政府及行业主管部门提供的市场准入负面清单制度及新出台政策宣传工作覆盖的地区数量
		市场主体知晓度	评估市场主体对该地区市场准入负面清单制度贯彻执行的认知程度
保障效能	制度机制完成情况	制度实施办法	评估该地区是否出台与市场准入负面清单制度实施相适应的实施管理办法及有效执行程度
		监管机制建设	评估该地区是否建立与市场准入负面清单制度相适宜的事中事后监管机制及有效执行程度
		相关机制建设	评估该地区建立与市场准入负面清单制度相适宜的其他保障机制
	问题机制完善情况	问题反馈渠道	评估该地区建立有市场准入负面清单制度问题反馈专项渠道

（续表）

一级指标	二级指标	三级指标	三级指标评估内容
保障效能	问题机制完善情况	问题台账统计	评估该地区建立有市场准入负面清单制度问题统计台账
		问题追溯回访	评估该地区建立有市场准入负面清单制度问题追溯回访机制
发展效能	市场主体感受情况	工作落实满意度	评估该地区实施市场准入负面清单制度后，市场主体对行政机关工作落实的满意程度
		政府信用满意度	评估该地区实施市场准入负面清单制度后，市场主体对政府信用的满意程度
		市场公平满意度	评估该地区实施市场准入负面清单制度后，对本地公平发展的满意程度
	市场主体发展情况	市场主体增长率	评估该地区实施市场准入负面清单制度促进市场主体增长取得的发展成效
		非公经济发展增长率	评估该地区实施市场准入负面清单制度对非公有制经济发展的促进作用
		服务业发展贡献增长率	评估该地区实施市场准入负面清单制度促进服务发展对地区经济发展的贡献作用

（3）评估范围。按照全覆盖要求，对省本级、全省16个州（市）和129个县（市、区）开展试评估工作。

（4）评估成效。主要包括以下5点。

一是提高对市场准入制度的认识。在国家发展改革委的指导下，云南省发展改革委先行先试，组织开展市场准入效能评估。在前期调研、征求意见和试评估阶段，全省范围内各级政府部门和各领域市场主体广泛参与、积极配合，共回收了1 955份问卷。其中，政府版问卷860份，企业版问卷1 095份；评估指标体系共征求20条意见，采纳9条，做出明确说明7条；各级政府部门填报数据超过3 500条，上传佐证材料超过8 700条，参与满意度问卷调查的各类市场主体超过3 000家。通过上述工作，各级政府部门的重视程度切实提高，各类市场主体学习和了解市场准入负面清单制度及相关政策的主动性、积极性普遍提高，全社会广泛参与的良好环境和舆论氛围逐步形成，实现了"以评促学"的工作目标。

二是评估了市场准入效能。通过前期开展全省贯彻落实市场准入负面清单制度情况调研工作和组织实施市场准入效能试评估，从清单制度贯彻落实情况了解掌握了全省政府主体贯彻落实的方式方法，以及市场主体了解咨询清单的渠道途径和运行运用制度的感受体会。从市场准入效能方面，评估出了全省16个州（市）和129个县（市、区）的实际效能。开展4个维度下的25个评估指标结果横向比较和纵向比较，能够较为全面、准确地分析出各地区在市场准入效能方面取得的成绩和存在的问题。云南省发展改革委联合第三方机构开展全面总结和梳理各类问题情况，对存在的不足和问题及时通报各州（市）督促落实，对共性问题协同省级部门共同解决。

三是检验了评估指标体系。在评估指标体系研究阶段，最初的市场准入效能评估指标体系（云南试点方案）分为4个一级指标，12个二级指标，34个三级指标。后经市场准入效能评估研究工作组研究讨论，将不具备评估工作条件的9个三级指标单独梳理出来，共4个一级指标，9个二级指标，25个三级指标被纳入试评估指标。在试评估工作中，根据各地反馈意见中较为集中的部分意见，将3个纳入评估范围的指标调整为观察指标，不参与计算效能指数。在试评估工作结束后，根据核查数据和统计得分，进一步检验评估指标存在的不足。

四是建立了评估工作流程。引入第三方专业服务机构共同参与市场准入效能试评估工作，根据评估指标体系，明确对象范围、评估年度、评估工作次数和结果运用等机制，专门开发"市场准入负面清单制度效能评估数据及资料填报系统"和"市场准入负面清单制度市场主体满意调查系统"，通过线上填报、核验数据、指标计分，得到最终评估结果。经过此次完整的工作流程和实践操作，形成了"明确评估机制＋自行开发系统＋第三方专业服务机构共同参与＋评估流程标准化＋结果反馈督促整改落实"的评估管理工作流程，为其他与云南省情况类似的省（区）提供了一套切实可行的"云南方案"。

五是总结了典型经验做法。分析核查试评估阶段各地上传的佐证材料，结合前期调研全省贯彻落实市场准入负面清单制度反馈的情况，从清单制度贯彻落实的重点工作方面，如清单制度公开、清单制度宣传培训、清单咨询渠道、清单制度落实实施、清单保障机制建设、隐性壁垒工作机制等，总结出一系列可复制推广的典型经验做法。

3. 宁夏回族自治区

（1）评估特点。宁夏回族自治区作为自治区代表，结合区域面积小、地级市数量相对少等实际情况，率先开展包括自治区本级部门在内的全覆盖评估。依托现有信息化基础，使用"无感"评估方式，进行自动或半自动数据采集。

（2）评估指标。基于市场准入效能评估指标体系框架，结合宁夏回族自治区实际情况，围绕清单覆盖度、服务成效度、审批效能度、壁垒破除度、准入保障度 5 个方面构建宁夏市场准入效能评估指标体系，包含 5 个一级指标、10 个二级指标、37 个三级指标。详见表 6-3。

表 6-3　宁夏回族自治区市场准入效能评估指标

一级指标	二级指标	三级指标	三级指标评估内容
清单覆盖度	措施覆盖情况	政务服务事项目录对许可准入措施覆盖度	评估该地区向社会公开的市场准入类行政许可事项覆盖许可准入措施情况
		政务服务事项办事指南对许可准入措施覆盖度	评估该地区向社会公开的行政许可事项与许可准入措施是否实现信息关联
		许可准入措施细化率	评估该地区市场准入相关政务服务事项办事指南的规范性
	措施对应情况	许可准入措施类型对应情况	评估县本级许可准入措施覆盖政务服务事项类型情况
		禁止准入类措施匹配执行情况	评估该地区禁止准入类措施的历史存量审批结果文件信息是否存在禁止准入类措施规定情形
服务成效度	市场主体感受	市场主体知晓度	评估市场主体对该地区市场准入负面清单制度贯彻执行的认知程度
		工作落实满意度	评估该地区实施市场准入负面清单制度后市场主体对行政机关工作落实的满意程度
		政府信用满意度	评估该地区实施市场准入负面清单制度后市场主体对政府信用的满意程度

（续表）

一级指标	二级指标	三级指标	三级指标评估内容
服务成效度	市场主体感受	市场公平满意度	评估该地区实施市场准入负面清单制度后市场主体对本地市场公平发展的满意程度
	市场主体便利度	统一身份认证情况	市场主体通过统一身份认证平台实现跨部门、地区、系统的统一登录和统一操作模式
		统一数字签章情况	评估该地区市场准入负面清单许可准入类事项收取材料数字签章的应用情况
		市场主体数据共享情况	市场主体申报许可准入类事项时，通过数据共享实现减材料、减填报的情况
		电子证照生成情况	评估该地区市场准入负面清单许可准入类事项电子证照生成情况
		电子证照应用情况	评估该地区许可准入类事项中运用电子证照收取办件材料的情况
	清单多渠道服务	12345热线情况	评估该地区是否以统一热线形式提供市场准入负面清单制度的信息咨询服务
		政务服务网信息服务情况	评估该地区是否以计算机端网页形式提供市场准入负面清单制度的信息咨询服务
		政务服务掌上App情况	评估该地区是否以掌上移动端形式提供市场准入负面清单制度的信息咨询服务
		窗口适老服务情况	评估该地区是否在实体大厅为老年人提供市场准入负面清单制度的信息咨询服务（佐证材料不限于以下内容，例如窗口照片、咨询过程照片、制度宣传材料）

（续表）

一级指标	二级指标	三级指标	三级指标评估内容
审批效能度	准入措施审批情况	准入措施超时审批率	评估该地区市场准入负面清单许可准入类事项超时审批情况
		准入措施要件简化率	评估该地区实施市场准入负面清单制度后减少市场主体办结许可准入类事项所需审批要件数量提升的审批效能
		准入措施环节压缩率	评估该地区实施市场准入负面清单制度后减少市场主体办结许可准入类事项措施审批环节数量提升的审批效能
		准入措施时限压缩率	评估该地区市场准入负面清单许可准入类事项办理法定时限与承诺时限比较情况
		准入措施审批提效率	评估该地区市场准入负面清单许可准入类事项（承诺件）办理平均时限与法定时限比较情况
		准入措施网上可办率	评估该地区市场准入负面清单许可准入类事项网上可办率情况
		准入措施全程网办率	评估该地区市场准入负面清单许可准入类事项全程网办情况
		准入措施批准通过率	评估该地区市场准入负面清单许可准入类事项审批通过的办件数量占已受理办结、办件总量的比例
	准入措施好差评情况	对应许可事项开展占比	评估该地区市场准入负面清单许可准入类事项开展好差评的占比
		对应许可事项好评率	评估该地区市场准入负面清单许可准入类事项办件好评情况
		对应许可事项差评率	评估该地区市场准入负面清单许可准入类事项办件差评情况

（续表）

一级指标	二级指标	三级指标	三级指标评估内容
审批效能度	准入措施好差评情况	对应许可事项差评整改追溯率	评估该地区市场准入负面清单许可准入类事项办件差评解决率
壁垒破除度	在线服务情况	隐性壁垒在线反馈情况	评估该地区是否向社会提供隐性壁垒在线反馈渠道
		隐性壁垒统一公开情况	评估该地区是否向社会提供隐性壁垒统一公开
		隐性壁垒统一查询情况	评估该地区是否向社会提供隐性壁垒统一查询
准入保障度	制度保障措施情况	市场准入负面清单制度建立情况	评估该地区是否建立基于本地区情况的市场准入负面清单管理制度，开展宣传工作（提供的佐证材料包括地方政策文件、相关市场准入管理办法以及宣传活动资料、照片等）
		破除隐性壁垒工作机制建立情况	评估该地区隐性壁垒工作机制建立的有效和完善程度。评估是否通过区市县三级12345热线后台建立工作台账，识别疑似隐性壁垒，并反馈到发展改革委
	清单宣传服务情况	市场准入负面清单制度宣传情况	评估该地区是否开展市场准入负面清单制度宣传服务，宣传方式包括：座谈、官方媒体（电视、电台、报纸、网站、媒体App、媒体小程序、媒体公众号）、实体大厅展示（大屏、宣传资料、易拉宝）
		破除隐性壁垒宣传情况	评估该地区是否开展隐性壁垒宣传服务，宣传方式包括：座谈、官方媒体（电视、电台、报纸、网站、媒体App、媒体小程序、媒体公众号）、实体大厅展示（大屏、宣传资料、易拉宝）

（3）评估范围。完成了涵盖宁夏回族自治区本级、5个地级市及宁东基地、22个县（区）政府部门以及各类市场主体的评估工作。

（4）评估成效。主要包括以下5点。

一是形成了科学全面的市场准入效能评估指标体系。主要特点为：第一，指标体系既符合国家要求，又兼顾宁夏特色。以党中央、国务院各项决策部署为依据，基于市场准入效能评估指标体系框架，综合借鉴福建、云南试点省份指标，且充分结合宁夏各行政层级统建政务服务信息化平台、政务服务事项"四级四同"、电子签章运用等方面的特点；第二，指标体系经过了充分检验。评估以市场准入负面清单制度全过程为研究对象，按行业、领域、地域等不同维度，制定全领域、全过程、全方位的效能评估指标体系，弥补了福建在市场主体感受方面的缺失，以及云南缺乏信息化系统获取指标的不足，指标具有全面性、可获得性、可操作性和本地适配性，通过数据核查与得分统计，表明该指标体系能客观反映宁夏市场准入效能情况，具有科学性、典型性、差异性特征。

二是打造了高度自动化的市场准入效能评估"宁夏方案"。依托数字政府建设成果探索出一套兼顾行政主体和市场主体的省级市场准入效能自动化程度高的评估方案，具备如下特点：第一，以自动化数据采集方法实现"无感评估""客观评估"。建立评估指标体系与政务审批事项映射关系，从宁夏政务服务网、电子证照库平台、"我的宁夏"App等系统自动抽取，实现90%以上的指标数据自动获取、实时采集，实现市场准入效能"无感评估"；数据的自动化采集有效减轻了基层工作人员负担，提高了数据质量和数据归集时效，达到了让数据直接反映问题的效果，实现了"客观评估"。第二，从行政主体和市场主体两个视角评估效能。在对行政主体评估的基础上，引入市场主体参与评估。通过设计并开发问卷调查微信小程序，向企业收回有效调查问卷近3 000份，增强了评估的时效性和完备性。第三，全方位开辟隐性壁垒反馈渠道。建立覆盖自治区、地级市、县（区）三级的市场准入隐性壁垒台账，通过12345政务服务热线、宁夏政务服务网、宁夏企业公共服务平台、"我的宁夏"App等多个渠道提供市场准入隐性壁垒反馈渠道，并通过《宁夏日报》、各级政府网站等多个渠道发布隐性壁垒征集公告、宣传隐性壁垒反馈渠道。

三是检验了宁夏市场准入效能现状。通过此次评估，对宁夏回族自治区5个地级市与宁东基地、22个县（区）的实际准入效能进行了摸底，并从5个维度，对34个评估指标结果进行横向比较和纵向分析，全面、客观、准确地分析出了宁夏各地区在市场准入效能方面存在的问题。一是清单许可准入措施覆盖度需要进一步提高。目前自治区各行政层级政务服务事项所覆盖的许可准入措施数量占本层级许可准入措施总量的比例与福建等沿海发达省份持平，但仍有较大提升空间，下一步需要重点对各级政务服务事项未覆盖的措施进行认真梳理、深入研究，并在国家发展改革委的指导下，加快实现对有关措施的全面覆盖，切实做到"一张清单"管到底。二是许可准入类事项办理需要进一步融合。宁夏回族自治区市场主体各级许可准入类事项，除可在宁夏政务服务网办理外，自治区各行业主管部门还增设了13套专业系统实现所管辖的许可准入类事项办理。存在信息孤岛和体外循环的情况，不利于"互联网+政务"改革的推进和市场准入服务的便利化。

四是摸清了企业主体对市场准入负面清单制度的直观感受。评估面向全自治区不同区域、行业、领域的市场主体发放问卷，倾听市场主体对市场准入负面清单制度实施成效的感受体会，从市场主体对政府工作满意度、许可准入类事项办理便捷性与市场环境预期等维度，检验市场准入负面清单制度实施成效。通过评估发现市场准入负面清单制度的实施明显减轻了对市场准入的地方保护影响，激发了市场主体活力，大部分市场主体认为市场准入负面清单制度的实施提振了企业信心，增强了市场预期，帮助规范市场主体的经营。同时评估还发现，市场主体了解市场准入负面清单的渠道比较单一，许可准入类事项审批时，政府部门服务水平有待提升等问题仍然存在。市场主体是市场准入负面清单制度实施的直接受益者，通过倾听市场主体感受体会，有利于政府部门出台更有针对性的配套政策。

五是宣传了市场准入负面清单制度。在行政主体层面，同步开发市场准入效能评估展示系统，及时将宁夏回族自治区评估结果反馈给各级部门，各级部门对照评估结果，充分认识自身存在的短板，学习借鉴先进经验，精准施策，从而提高本地区市场准入效能。在市场主体层面，发布征集隐性壁垒公告，面向社会公众征集隐性壁垒线索，在宁夏政府服务网页面挂接隐性壁垒在线填报模块，提高了社会公众举报隐性壁垒、参与市场准入效能评估的积极性，增进了社会公众对市场准入负面清单制度的了解，同时在工业园区、政务服务大厅等涉企公共场所摆放、张贴、宣传市场准入效能评估问卷二维码，进一步宣传市场准入负面清单制度。

三、第一批试点发现的问题

通过福建、云南、宁夏三地的第一批市场准入效能试点评估工作,初步探索了市场准入效能评估工作机制,为提高市场准入效率和发现问题发挥了重要作用。同时,通过第一批市场准入效能试评估工作,主要发现了以下问题。

一是市场准入负面清单制度宣传机制有待完善。部分地方对市场准入负面清单制度尚未建立有效的宣传机制和宣传途径,导致市场主体对市场准入负面清单制度了解不足,给制度落实带来了难度。

二是市场准入负面清单事项全覆盖有待加强。全国统一的市场准入负面清单根据市场环境每年进行动态调整,部分地方对市场准入负面清单措施尚未进行关联和清理,无法及时与政务服务事项联动。

三是禁止准入类事项"应禁必禁、应改尽改"仍需加强。部分地方落实市场准入负面清单制度存在禁止准入类措施历史数据尚未清理、新颁证照尚未完全禁止,尚未做到"应禁必禁、应改尽改"。

四是市场准入违规情况搜集深度有待加深。市场准入隐性壁垒等违规情况发现途径较为单一,地方针对违规情况尚未建立有效反馈渠道,缺乏信息化手段,无法对多层级、多渠道进行全面管控。

五是地方性配套制度有待完善。依法依规是市场准入效能持续提升的根本性保障,地方对市场准入负面清单制度改革的支撑力度略显不足,缺乏涉及市场准入负面清单制度的配套制度。

六是事项审批效能有待提升。政务服务事项审批应坚持以市场主体为核心的发展意识，促进市场健康发展，但部分地方尚未做到所有许可准入措施实现网上可办、全程网办，导致市场主体获得感、满足感明显不足。

七是事项电子证照共享应用有待提高。部分地方电子证照信息处于分散状态，电子证照生成和电子证照使用程度略显不足，电子共享应用尚未全面推广。

第五节

2022 年第一批和第二批试点地区评估推进情况

2021 年 11 月,国家发展改革委印发《关于建立违背市场准入负面清单案例归集和通报制度的通知》(发改体改〔2021〕1670号),建立案例归集和定期通报制度作为市场准入效能评估的重要内容。文件提出要"完善市场准入效能评估指标体系",将北京、河北、上海、浙江、安徽、广东、重庆纳入第二批试点范围,进一步扩大试点范围至 10 省(区、市),并对第一、二批试点工作进行进一步部署。对于福建、云南、宁夏等第一批试点地区,要求在现有工作基础上,进一步完善市场准入效能评估指标体系,将案例归集情况作为评估的重要内容,注重将信息技术作为重要工作手段,开展效能评估的信息化平台建设,进一步探索效能评估结果的应用;对于北京、河北、上海、浙江、安徽、广东、重庆等第二批试点地区,要求在第一批试点地区经验的基础上,加强工作协调,结合各省实际情况,验证评估指标的科学性和可操作性,不断完善案例归集和通报制度,积累市场准入效能评估方式,开展全省试评估。

在这一阶段主要解决的问题有以下 3 方面:一是督促各省(区、市)发展改革委落实建立违背市场准入负面清单案例归集和通报机制，鼓励各地方借助效能评估发现违背市场准入负面清单（以下统称"违规"）情况，并及时整改到位，增强违规情况处置透明度，防止同类情况再次发生，避免引发重大违规事件；二是督促地方加大市场准入负面清单制度落实力度，促使各级、各部门不断增加负面清单管理意识，落实"一单尽列、单外无单"的管理要求，不断提升市场准入负面清单管理水平；三是鼓励地方积极开展市场准入效能评估，推动评估结果的广泛应用，充分发挥以评促改，不断完善清单体系建设的作用。

一、市场准入效能评估指标体系（2022试点版）

由于第一批试点地区各自的试评估指标体系都是基于市场准入效能评估指标体系（2021框架版）[以下简称"指标体系（2021框架版）"]进行的细化设计，所以存在很多共性指标。第一批试点已在试评估中对指标进行了充分验证，在此基础上完善并整合其中的共性指标，尊重不同地区个性化评估需求，初步形成市场准入效能评估指标体系（2022试点版）[以下简称"指标体系（2022试点版）"]，用于指导全部试点地区开展评估，以期进一步验证指标设计，不断探索总结经验，逐步建成全国统一的市场准入效能评估指标体系。

指标体系（2022试点版）的评估定义和评估范围与指标体系（2021框架版）相同，此处主要对评估指标进行介绍。

指标体系（2022试点版）共包括措施覆盖度、审批便捷度、清查成效度、效能保障度、主体感受度、市场活力度等6个一级指标，以及12个二级指标和24个三级指标。

1. 措施覆盖度

措施覆盖度旨在评估市场准入负面清单制度落实的基本情况，包括事项关联动态化、事项关联标准化2个二级指标。

（1）事项关联动态化：该项二级指标是用来评估该地区市场准入负面清单措施与政务服务事项动态关联情况。下设3个三级指标，分别为政务服务事项基本目录与许可准入措施关联情况、地方许可措施运行情况、政务服务事项基本目录与禁止准入措施关联情况。

（2）事项关联标准化：该项二级指标是用来评估该地区市场准入负面清单措施与政务服务事项关联的标准化情况。下设2个三级指标，分别为政务服务事项动态管理情况、许可准入措施对应情况。

2. 审批便捷度

审批便捷度旨在评估行政主体为市场主体提供办理许可准入措施对应的行政许可审批服务的便捷情况，包括许可准入措施审批效能、许可准入措施电子证照便利化2个二级指标。

（1）许可准入措施审批效能：该项二级指标是用来评估该地区市场准入措施的审批效能情况。下设3个三级指标，分别为许可准入措施网上可办、许可准入措施全程网办、许可准入措施时效性。

（2）许可准入措施电子证照便利化：该项二级指标是用来评估该地区市场准入措施使用电子证照的情况。下设2个三级指标，分别为证照带有禁止类信息证照情况、许可准入措施电子证照生成情况。

3. 清查成效度

清查成效度旨在评估行政主体对市场主体违背市场准入负面清单行为的清查处置情况，包括违规情况处置效能、违规情况自查整改情况2个二级指标。

（1）违规情况处置效能：该项二级指标是用来评估该地区违背市场准入负面清单案例归集、处置的有关情况。下设5个三级指标，分别是违规情况归集情况、违规情况处置情况、违规情况上报情况、违规情况统一公开情况、违规情况处理回应情况。

（2）违规情况自查整改情况：该项二级指标是用来评估该地区违背市场准入负面清单案例对照自查情况。下设1个三级指标，是违规情况对照整改情况。

4. 效能保障度

效能保障度旨在评估行政主体为确保市场准入实施效能所建立的保障机制情况，包括服务保障、宣传保障2个二级指标。

（1）服务保障：该项二级指标是用来评估该地区行政主体建立准入服务渠道情况。下设1个三级指标，是准入服务及反馈投诉渠道建立。

（2）宣传保障：该项二级指标是用来评估该地区市场准入制度和违背市场准入负面清单案例归集制度宣传情况。下设1个三级指标，是市场准入负面清单制度和违规情况制度宣传。

5. 主体感受度

主体感受度旨在评估市场主体对行政主体贯彻落实市场准入制度的体验感和满意度。包括主体体验、政府满意度2个二级指标。

（1）主体体验：该项二级指标是用来评估该地区市场主体对市场准入负面清单制度的体验情况。下设2个三级指标，分别是市场准入负面清单知晓度、市场准入好差评。

（2）政府满意度：该项二级指标是用来评估该地区市场主体

对市场准入差评整改的满意度情况。下设1个三级指标,是市场准入差评整改满意度。

6. 市场活力度

市场活力度旨在评估实行市场准入负面清单制度对激发市场活力、促进资本增长的作用。包括主体活跃情况、资本吸引情况2个二级指标。

（1）主体活跃情况：该项二级指标是用来评估该地区在市场准入制度实施后市场主体的增长情况。下设2个三级指标,分别是市场主体数量增长率、非公经济市场主体数量增长率。

（2）资本吸引情况：该项二级指标是用来评估该地区在市场准入制度实施后吸引投资的增长情况。下设1个三级指标,是直接投资额3年平均增长率。

二、第一批试点地区评估进展

福建、云南、宁夏作为第一批试点地区,基于已有评估工作基础,积极总结经验,进一步探索并完善市场准入效能评估指标体系,逐步将案例归集情况纳入评估范畴,同时,加快推进效能评估信息化平台建设,为更加科学便捷开展效能评估工作提供数字化支撑。作为评估试点的"排头兵",3省（区）逐步探索效能评估结果应用,不断深化效能评估成效,持续为市场准入效能评估工作贡献宝贵经验。

1. 福建省

（1）评估特点。福建在2021年评估工作基础上,进一步优化完善效能评估指标体系,依托省一体化政务服务平台建成市场准入效能评估平台，当前已实现对省、市、县三级市场准入情况的实时动态评估。

（2）评估指标。基于市场准入效能评估指标体系（2022试点版），结合福建省第一次试点评估经验，围绕清单覆盖度、壁垒破除度、审批效能度、准入保障度、主体体验度、政府信用度6个方面构建福建省市场准入效能评估指标体系，共包含6个一级指标，11个二级指标，30个三级指标。详见表6-4。

表6-4 福建省市场准入效能评估指标体系

一级指标	二级指标	三级指标	三级指标评估内容
清单覆盖度	禁止准入措施覆盖情况	禁止准入措施执行情况	是否存在违反市场准入负面清单对禁止准入事项的规定
	许可准入措施覆盖情况	行政许可事项目录清单对许可准入措施覆盖度	行政审批服务事项标准化目录中的行政许可事项覆盖市场准入负面清单许可准入措施情况
		行政许可事项办事指南对许可准入措施覆盖度	行政许可事项办事指南与市场准入负面清单许可准入措施是否实现信息关联
		许可准入措施对应行政许可事项办事指南情况	许可准入措施对应行政许可事项办事指南，是否落实全国一张清单和单外无单
壁垒破除度	制度保障措施情况	破除隐性壁垒制度建立	是否建立基于本地区情况的隐性壁垒管理制度和重点案例督办协调机制，开展宣传工作［包括政策文件、管理办法（投诉、监督、回访、追溯）以及宣传活动资料、照片等］

（续表）

一级指标	二级指标	三级指标	三级指标评估内容
壁垒破除度	在线服务情况	隐性壁垒在线反馈	是否向社会提供隐性壁垒在线反馈渠道
		隐性壁垒统一公开	是否向社会提供隐性壁垒统一公开渠道
		隐性壁垒统一查询	是否向社会提供隐性壁垒统一查询渠道
	隐性壁垒线索发现	12345热线认定隐性壁垒的诉求量	通过市场准入效能评估平台归集认定为隐性壁垒的12345热线诉求数量判定
		政企直通车认定隐性壁垒的诉求量	通过市场准入效能评估平台归集认定为隐性壁垒的政企直通车诉求数量判定
	案例通报解决情况	典型案例季度通报情况	是否存在国家"典型案例季度通报"的案例
		重点案例督察督办情况	是否存在国家"重点案例督察督办"的案例
		典型案例季度通报解决情况	是否存在国家"典型案例季度通报"未解决案例
		重点案例督察督办解决情况	是否存在国家"重点案例督察督办"未解决案例
审批效能度	准入措施审批情况	准入措施超时审批	市场准入负面清单许可准入类事项超时审批情况
		准入措施时限压缩	市场准入负面清单许可准入类事项办理法定时限与承诺时限比较情况
		准入措施审批提效情况	市场准入负面清单许可准入类事项（承诺件）实际办理平均时限与法定时限比较情况

（续表）

一级指标	二级指标	三级指标	三级指标评估内容
审批效能度	准入措施审批情况	准入措施网上可办率	市场准入负面清单许可准入类事项网上可办率情况
		准入措施全程网办	市场准入负面清单许可准入类事项全程网办情况
		准入措施审批电子证照应用情况	市场准入负面清单许可准入类事项收件材料电子证照应用情况（事项产生办件并且要求应用电子证照）
		准入措施审批电子证照生成情况	市场准入负面清单许可准入类事项电子证照生成情况
		准入措施批准通过率	市场准入负面清单许可准入类事项审批通过的办件数量占已受理办结办件总量的比例
准入保障度	清单多渠道服务情况	12345热线	是否以统一热线形式提供市场准入的信息咨询服务
		政务服务网（网上办事大厅）信息服务	是否以计算机端网页形式提供市场准入的信息咨询服务
		闽政通	是否以掌上移动端形式提供市场准入的信息咨询服务
		窗口服务	是否在实体大厅为老年人提供市场准入的信息咨询服务（佐证材料不限于以下内容，例如窗口照片、咨询过程照片、制度宣传材料）
主体体验度	准入措施好差评情况	对应许可事项开展占比	市场准入负面清单许可准入类事项开展好差评的占比
		对应许可事项差评整改追溯评估	评估该地区市场准入负面清单许可准入类事项办件差评解决率

（续表）

一级指标	二级指标	三级指标	三级指标评估内容
主体体验度	主体体验评价	问卷调查中市场主体体验评价得分情况	问卷调查中市场主体对市场准入办事体验评价得分情况
政府信用度	主体体验评价	问卷调查中市场主体对政府信用评价得分情况	问卷调查中市场主体对政府信用评价得分情况

（3）评估范围。在福建省、市、县三级开展全范围试点评估工作，实现对各级市场准入情况的实时动态评估。

（4）评估成效。主要包括以下2点。

一是建立了信息化评估平台。福建作为全国第一批市场准入效能评估试点省份，积极探索将效能评估工作与数字福建建设相结合，依托省一体化政务服务平台建成市场准入效能评估平台，完成"2个门户＋3类应用"建设。通过系统平台建设应用，更加科学有效推动市场准入效能评估工作开展。特别是采用机器学习技术，对接福建省12345便民服务平台数据，自动筛选其中涉及市场准入方面的53条投诉建议，作为隐性壁垒线索分发至各相关层级发展改革部门进行人工判定和处置，截至目前全省已认定并处置涉及招投标、交通运营、校外培训、企业办税等领域市场准入隐性壁垒12条，有效维护公平有序的市场准入环境。

二是形成了常态化评估机制。可面向全省范围内各市县开展综合试评估，提升各级政府对于市场准入效能评估工作的重视程度，有力推动市场准入负面清单制度在各地得到落实。可随时查看评估数据，针对数据反映的问题对省、市、县提出改进措施。

2.云南省

（1）评估特点。云南作为中西部地区的代表，按照国家、云南省全面实施市场准入负面清单制度的工作要求，在2021年评估工作的基础上，调整优化了评估指标体系，形成了《云南省市场准入效能评估指标体系（2022年版）》，升级了云南省市场准入效能评估工作系统，实现了一站式"查政策、管业务、报材料、做评估"。通过信息化手段的应用，切实提高了评估效能，同时组织开展覆盖省、州（市）、县（市、区）三级的试评估工作，编制完成《云南省市场准入效能评估报告（2022年版）》。

（2）评估指标。按照工作组提出的"在试点基础上，进一步完善市场准入的效能评估指标体系，建立中西部地区市场准入效能评估指标体系"工作要求和"指标全覆盖、统分相结合、数据易获取、结果可对比"的工作建议，结合2021年试评估工作反馈的问题，云南省开展了指标体系优化调整工作，形成了《云南省市场准入效能评估指标体系（2022年版）》[以下简称"《云南指标体系（2022年版）》"]。

《云南指标体系（2022年版）》对比旧版有较大的调整。为了更好地突出评估结果的客观性、准确性和科学性，《云南指标体系（2022年版）》将指标根据功能与评估方式划分为参评指标、调整指标和观察指标3类，按照评估工作机制，采用不同的评估方式。其中参评类评估指标能够自动收集数据，采取实时动态的评估方式，掌握各地市场准入效能情况；调整类评估指标纳入年度综合评估，以奖励加分和批评扣分相结合的方式形成考核机制，进一步加强各地对市场准入效能评估工作的重视程度；观察类评估指标用于观察重点行业发展情况，监测全省各地制度落实及运行情况。优化调整后形成的《云南指标体系（2022年版）》共包括6个一级指标、12个二级指标、32个三级指标。其中，参评指标含4个一级指标、8个二级指标、16个三级指标，采取实时动态评估；调整指标含1个一级指标、2个二级指标、6个三级指标，根据年度总体情况综合评估；观察指标含1个一级指标、2个二级指标、10个三级指标，观察重点行业发展情况和监测制度年度运行情况。详见表6-5。

表6-5 云南省市场准入效能评估指标体系

指标类别	一级指标	二级指标	序号	三级指标评估内容
参评类	保障效能	基础体系支撑情况	1	许可准入措施覆盖率
			2	政务服务事项衔接率
		机制体制保障情况	3	保障机制建设完善率
			4	案例归集机制运行率
	审批效能	审批效率提升情况	5	审批服务办结准时率
			6	电子证照审批应用率
		网上办理便捷情况	7	许可准入网上办理率
			8	许可准入全程网办率
	服务效能	宣传服务完成情况	9	服务方式完备率
			10	市场主体知晓度
		反馈问题解决情况	11	反馈问题落实率
			12	问题解决满意度
	发展效能	制度总体发展情况	13	准入审批通过率
			14	电子证照生成率
		市场主体发展情况	15	市场主体增长率
			16	市场主体满意度

（续表）

指标类别	一级指标	二级指标	序号	三级指标评估内容
调整类	加分扣分考核机制	加分调整项	17	创新经验应用
			18	通报表扬加分
			19	评估结果加分
		扣分调整项	20	案例整改不力
			21	通报批评扣分
			22	评估结果扣分
观察类	重点行业和制度运行监测	重点行业发展情况	23	非公经济发展增长率
			24	服务业市场主体增长率
			25	服务业发展贡献增长率
		制度运行监测情况	26	禁止准入措施数量
			27	历史证照清理数量
			28	地方许可措施运行情况
			29	临时性准入措施
			30	"双随机、一公开"督查情况
			31	撤销原发放许可情况
			32	未审批通过主要原因

（3）评估范围。按照全覆盖要求，对省本级、全省16个州（市）和129个县（市、区）开展试评估。

（4）评估成效。主要包括以下3点。

一是全方位提升市场主体政策获得感。试点以来，云南各级政府部门高度重视，通过多种形式，增强各类市场主体了解市场准入负面清单制度的主动性和积极性。通过试评估小程序，建立与市场主体沟通的机制；在云南网开设专栏，拓宽宣传渠道；制作市场准入负面清单制度宣传视频,强化宣传效果,营造全社会广泛参与的良好环境和舆论氛围。各种举措切实增进各类市场主体对市场准入负面清单制度的知晓度,评估期内,省会昆明市所辖县(市、区)市场主体知晓度达到 95.22%。

二是优化准入环境促进市场主体倍增。云南牢牢抓住"放管服"改革这个关键,着力优化市场准入环境,推进登记注册便利化,构建完善、便捷的市场准入体系。同时,扎实推进作风革命、效能革命,准确掌握市场主体的诉求和期盼,聚焦市场主体反映的疑点、难点、堵点问题,在促进市场主体倍增工作上出实招、做实功、求实效,为推进市场主体倍增工作发挥了积极作用。截至 2022 年 4 月底,全省实有市场主体 428.29 万户,同比增长 13.31%,较 2021 年底净增 17.32 万户,净增同比增长 29.99%,创历史新高。2022 年 1—4 月,全省新增城镇就业 19.73 万人,时序进度高于全国平均水平。

三是突出试点优势,扎实做好政策保障。云南充分利用试点工作成效,发挥试点先发优势,参照《关于支持海南自由贸易港建设放宽市场准入若干特别措施的意见》《关于深圳建设中国特色社会主义先行示范区放宽市场准入若干特别措施的意见》,深入对照市场准入负面清单,围绕云南基本省情、区域定位、发展规划和重大战略,研究以特别措施放宽市场准入的可实施性,做好以特别措施放宽准入限制的政策保障工作。

3. 宁夏回族自治区

宁夏 2022 年正在推动市场准入效能评估信息化平台立项建设工作,效能评估指标研究和试评估工作随同平台建设一并开展。

三、第二批试点地区评估进展

第二批试点地区认真贯彻落实发改体改〔2021〕1670号文的部署精神,积极落实评估任务,建立评估工作机制,结合地方实际对评估指标体系建设进行深入研究和验证,市场准入效能评估指标体系进一步完善。目前,所有试点地区正在以完善后的市场准入效能评估指标体系(2022试点版)为指导,推动评估工作开展。

1. 北京市

(1)评估特点。北京作为直辖市代表,数字化建设基础情况较好,充分利用"一体化平台"建设成果,以客观数据为基础,结合直辖市特点,充分发挥创新优势,融入条线部门参评,形成"第三方机构+市场主体+条线部门"三位一体的评估方式,进行自动或半自动采集数据。

(2)评估指标。基于市场准入效能评估指标体系框架,结合北京实际情况,优化的指标,围绕清单覆盖、服务成效、审批效能、壁垒破除、准入保障5个方面构建市场准入效能评估指标体系,包含7个一级指标、14个二级指标、52个三级指标。详见6-6。

表6-6 北京市市场准入效能评估指标体系

一级指标	二级指标	三级指标	三级指标评估内容
措施覆盖度	事项关联动态化	政务服务事项基本目录与许可准入措施关联情况	评估区县实际认领政务服务事项基本目录中本级行使的行政许可事项对应许可准入措施情况
		政务服务事项办事指南与许可准入措施关联度	评估区县本级行使的许可准入措施对应的行政许可事项办事指南编制情况

（续表）

一级指标	二级指标	三级指标	三级指标评估内容
措施覆盖度	事项关联动态化	政务服务事项动态管理	评估区县政务服务事项指南是否按照调整要求做好落实衔接情况
		许可准入措施与"互联网+监管事项"关联度	评估区县本级行使的许可准入措施与监管事项关联情况
	事项关联标准化	政务服务事项名称与许可准入措施名称一致性	评估区县编制本级行使的许可准入措施对应的行政许可事项名称与市场准入负面清单的许可准入措施名称一致性情况
		许可准入措施类型对应	评估区县许可准入措施关联政务服务事项类型情况
服务完备度	线上清单渠道服务	线上服务引导	评估区县是否提供市场准入负面清单制度主要服务引导，能够按照事项类型、行业分类、措施类型、主管部门等方式提供引导
		线上渠道建立情况	评估区县是否提供违背市场准入负面清单制度案例问题投诉举报渠道和公开渠道
	线下清单渠道服务	线下服务引导	评估区县是否提供线下市场准入负面清单制度服务引导
		线下渠道建立	评估区县是否提供违背市场准入负面清单制度案例问题线下投诉举报渠道和公开渠道
审批便捷度	许可准入措施审批效能情况	许可准入措施全程网办	评估区县许可准入措施对应的行政许可事项全程网办情况。重点评估对应的行政许可事项零跑动情况
		许可准入措施即办占比	评估区县许可准入措施对应的行政许可事项的即办事项占对应行政许可事项总体情况

（续表）

一级指标	二级指标	三级指标	三级指标评估内容
审批便捷度	许可准入措施审批效能情况	许可准入措施网上受理占比	评估区县许可准入措施对应的行政许可事项实现网上受理情况
		许可准入措施单点登录占比	评估区县许可准入措施对应的行政许可事项实现计算机端单点登录情况
		许可准入措施对应行政许可事项好评占比	评估区县许可准入措施对应的行政许可事项好评占对应行政许可事项评价情况
		许可准入措施对应行政许可事项差评整改	评估区县许可准入措施对应的行政许可事项差评占对应行政许可事项差评情况
		许可准入措施"智能办理"	评估区县许可准入措施对应的行政许可事项纳入"智能办理"情况
		许可准入措施"告知承诺"	评估区县许可准入措施对应的行政许可事项纳入"告知承诺"情况
		许可准入措施"移动办理"	评估区县许可准入措施对应的行政许可事项纳入"移动办理"情况
		许可准入措施"统一受理"	评估区县许可准入措施对应的行政许可事项纳入"统一受理"情况
	许可准入措施电子证照便利化	增量证照带有禁止类信息证照情况	评估区县增量电子证照面信息中存在禁止准入措施中规定内容情况
		存量数据禁止类信息清理情况	评估区县存量电子证照按照禁止准入措施中规定内容进行清理情况
		许可准入措施电子证照生成情况	评估区县许可准入措施对应的行政许可事项电子证照生成情况

（续表）

一级指标	二级指标	三级指标	三级指标评估内容
审批便捷度	许可准入措施电子证照便利化	许可准入措施加盖电子印章的电子证照情况	评估区县许可准入措施对应的行政许可事项产生的电子证照加盖电子印章或电子签名情况
清查成效度	违规情况服务渠道建立	违规情况统一在线反馈	评估区县面向社会提供违规情况信息统一在线反馈情况
		违规情况统一在线公开	评估区县面向社会提供违规情况信息统一在线公开情况
		违规情况统一在线查询	评估区县面向社会提供违规情况信息统一在线查询情况
	违规情况处置效能情况	违规情况归集情况	评估区县开展违规情况搜集工作情况
		违规情况处置情况	评估区县已处置违规情况占归集总量的占比
		违规情况汇总核查情况	评估区县违规情况上报汇总核查情况占比
		违规情况覆盖类型	评估区县违规情况覆盖的违规类型范围（目前归纳为10类：国家层面已放开但地方仍在批的事项、行业垄断造成准入难、监管能力不足导致不敢批、审批权下放形成区域间市场壁垒、地方保护设置的准入"潜规则"、新业态监管空白造成无法准入、互为前置条件的准入要求依然不少、承诺制改革带来的新困惑、机构改革职能划转产生的新问题、准入标准过高流程过长的壁垒形态仍然存在）
		违规情况处置缩短时限	评估区县违规情况处置时限平均时间在规定处置时限基础上缩减时限情况

（续表）

一级指标	二级指标	三级指标	三级指标评估内容
清查成效度	违规情况处置效能情况	违规情况处置满意度	评估区县处置满意的违规情况占违规情况总量的比例情况
		违规情况经验分享	评估区县违规情况线索、经验分享占违规情况总量的比例情况
效能保障度	实施保障	市场准入制度建立	评估区县是否建立基于本地区情况的市场准入管理制度
		违规情况管理制度建立	评估区县是否建立基于本地区情况的投诉、甄别、归集、办理、反馈、通报、追溯、联动等环节的违规情况管理工作机制
	宣传保障	市场准入负面清单制度宣传	评估区县是否开展市场准入负面清单制度宣传工作
		违规情况制度宣传	评估区县是否开展违规情况制度宣传工作
主体感受度	主体体验	市场准入负面清单知晓度	评估区县市场主体是否知晓本地区开展的市场准入负面清单宣传活动，是否建立有效的宣传手段和宣传渠道
		市场准入负面清单制度认知度	评估区县市场主体对市场准入负面清单制度的认知度，深度了解市场准入负面清单贯彻情况
		市场准入好差评	评估区县市场主体对本地区市场准入好差评情况
	政府满意度	违规情况处置满意度	评估区县隐性壁垒处理时，政府的服务满意度情况
		市场准入服务满意度	评估区县市场准入服务时，政府的服务满意度情况
		服务优化改进	评估区县政府服务持续优化改进情况

（续表）

一级指标	二级指标	三级指标	三级指标评估内容
业务执行度	效能执行情况	许可准入措施实际全程网办	评估区县许可准入措施对应的行政许可事项实际全程网办情况
		许可准入措施实际减时限	评估区县许可准入措施对应的行政许可事项承诺办结时限的准时办结情况
		许可准入措施审批通过率	评估区县许可准入措施对应的行政许可事项审批通过情况
		许可准入措施未通过审批原因	评估区县许可准入措施对应的行政许可事项未通过审批情况
	条线满意度	条线许可准入措施执行满意度	评估区县条线许可准入措施执行的满意度情况
		条线违规情况案例规避满意度	评估区县条线行政主管部门是否主动规避违规案例的满意度情况
		条线"办不成事"制度执行满意度	评估区县条线行政主管部门对"办不成事"的汇总、分析，清除隐性壁垒，完善修补政策漏洞工作执行满意度情况
		条线政策解读执行满意度	评估区县条线行政主管部门在政策解读工作方面执行满意度情况

（3）评估范围。在朝阳区、顺义区开展试点评估工作，实现试点地区间市场准入效能量化对比。

2. 河北省

（1）评估特点。河北作为华北地区代表，数字化建设基础较好，充分利用"智慧燕赵"建设成果，以客观数据为基础，融入地方特色改革举措，形成"323"评估工作模式，即：工作"发改牵头＋部门协同＋第三方支撑"、指标"标准导向＋特色改革"、数据"指标引领＋模型映射＋采集任务"，进行自动或半自动化采集数据。

（2）评估指标。基于市场准入效能评估指标体系框架，结合河北实际情况，围绕清单覆盖、服务成效、审批效能、壁垒破除、准入保障5个方面构建市场准入效能评估指标体系，包含5个一级指标、10个二级指标、25个三级指标。详见表6-7。

表6-7 河北省市场准入效能评估指标体系

一级指标	二级指标	三级指标	三级指标评估内容
措施覆盖度	事项关联动态化	政务服务事项基本目录与许可准入措施关联情况	评估地市实际认领政务服务事项基本目录中本级行使的行政许可事项对应许可准入措施情况
		政务服务事项基本目录与禁止准入措施关联情况	评估政务服务事项基本目录中的行政许可事项是否涉及禁止准入措施
		政务服务事项办事指南与许可准入措施关联情况	评估审批事项办事指南与市场准入负面清单是否实现信息关联
	事项关联标准化	禁止准入措施衔接落实情况	通过重点事项抽查禁止准入措施的方式，评估市场主体注册信息中是否存在禁止准入措施中规定的信息
审批便捷度	许可准入措施审批效能情况	许可准入措施网上可办	评估许可准入措施对应的行政许可事项网上可办情况
		许可准入措施网上受理占比	评估许可准入措施对应的行政许可事项实现网上受理情况
		许可准入措施减时限	评估许可准入措施对应的行政许可事项承诺办结时限总和在法定办结时限基础上减时限的情况

（续表）

一级指标	二级指标	三级指标	三级指标评估内容
审批便捷度	许可准入措施审批效能情况	许可准入措施即办占比	评估各市许可准入措施对应的行政许可事项的即办事项
		许可准入措施单点登录占比	评估许可准入措施对应的行政许可事项实现计算机端单点登录情况
		"证照联办"套餐改革落实情况	评估各市落实"证照联办"套餐改革，各市落实的数量情况
	许可准入措施电子证照便利化	增量证照带有禁止类信息证照情况	评估增量电子证照照面信息中存在禁止准入措施中规定内容情况
		存量数据禁止类信息清理情况	评估存量电子证照按照禁止准入措施中规定内容进行清理情况
		许可准入措施电子证照生成情况	评估许可准入措施对应的行政许可事项电子证照生成情况
		许可准入措施加盖电子印章的电子证照情况	评估许可准入措施对应的行政许可事项产生的电子证照加盖电子印章或电子签名情况
服务完备度与清查成效度	服务成效度	线上线下服务引导	评估该地区是否提供线上线下市场准入负面清单制度服务引导
	违规情况处置效能情况	违规情况归集情况	评估开展违规情况搜集工作情况
		违规情况处置情况	评估已处置违规情况占比
效能保障度	实施保障	市场准入负面清单制度贯彻落实情况	评估是否建立本级落实市场准入负面清单工作机制，并开展相关工作
		市场准入服务问题解决率	评估该地区每千家市场主体中通过12345热线投诉市场准入服务问题的数量和办结率
效能保障度	专项宣传服务	市场准入负面清单制度宣传	评估是否开展市场准入负面清单制度宣传工作

（续表）

一级指标	二级指标	三级指标	三级指标评估内容
效能保障度	专项宣传服务	违规情况制度宣传	评估是否开展违规情况制度宣传工作
市场主体感受度	市场主体体验	市场准入负面清单知晓度	评估市场主体是否知晓市场准入负面清单制度
		市场准入负面清单制度认知度	评估该地区市场主体对市场准入负面清单制度的认知度
	市场主体对政府满意度	违规情况处置满意度	评估该地区隐性壁垒处理时，市场主体对政府的服务满意度情况
		市场准入服务满意度	评估该地区市场准入服务时，市场主体对政府的服务满意度情况

（3）评估范围。在石家庄市、唐山市、衡水市、定州市4个市开展试点评估工作，实现试点地区间市场准入效能量化对比。

3. 上海市

（1）评估特点。上海基于国家市场准入效能评估指标体系，结合本市实际进一步完善形成上海市评估指标体系，并逐步开展评估工作。

（2）评估指标。上海充分结合电子证照推广改革、两个免于提交、好差评工作、证照分离改革等工作，在国家市场准入效能评估指标体系的基础上，结合实际进一步完善形成上海市评估指标体系。指标体系涵盖措施覆盖度、服务完备度、审批便捷度、机制完善度、主体感受度、准入开放度等6个方面，共包括6个一级指标、12个二级指标、24个三级指标。

（3）评估范围。选取青浦区和浦东新区两个区进行试点评估。

4. 浙江省

（1）评估特点。浙江的体制改革遵循"一地创新、全域推广"模式，主要依托杭州市开展效能试评估工作，待杭州形成较为成熟的评估机制及成果应用后，再逐步在全省推广评估工作。

（2）评估指标。待杭州市评估工作取得阶段性成果后，结合浙江省实际情况，对杭州市的指标体系进行优化整合，形成一版适用于浙江省的市场准入效能评估指标体系。

（3）评估范围。杭州市开展了两轮试评估，共覆盖13个试点区县。

5. 安徽省

（1）评估特点。安徽创新运用大数据技术，并充分依托"数字安徽"信息化基础，实现指标数据的自动获取、自动甄别、自动比对，高效"减负"推进市场准入效能评估工作。

（2）评估指标。基于国家市场准入效能评估指标体系框架，结合安徽省实际情况，围绕准入效能、服务效能、保障效能、社会效能、参考指标5个方面构建安徽省市场准入效能评估指标体系，共包含5个一级指标，9个二级指标，29个三级指标。详见表6-8。

表6-8　安徽省市场准入效能评估指标体系

一级指标	二级指标	三级指标	评估要点
准入效能	清单措施覆盖度	许可准入措施覆盖率	评估该地区政务服务事项基本目录中市场准入负面清单许可类事项措施审批服务的对应比例
		禁止准入措施覆盖率	评估该地区政务服务事项中市场准入负面清单禁止类事项措施的对应比例
		许可准入措施细化率	评估该地区制定对应权限的市场准入负面清单许可类事项措施审批办事指南的对应比例

（续表）

一级指标	二级指标	三级指标	评估要点
准入效能	清单措施覆盖度	许可准入措施标准化率	评估该地区政务服务事项基本目录中的市场准入类行政许可事项办事指南与许可准入措施名称一致性比例
	审批便捷度	许可准入网上办理率	评估许可准入措施对应的行政许可事项网上可办情况
		许可准入全程网办率	评估许可准入措施对应的行政许可事项全程网办情况
		许可准入电子证照生成率	评估许可准入措施对应的行政许可事项电子证照生成情况
		许可准入加盖电子印章的电子证照覆盖率	评估许可准入措施对应的行政许可事项产生的电子证照加盖电子印章或电子签名情况
服务效能	服务完备度	清单查询便捷程度	评估该地区清单公开查询便捷程度
		清单咨询方式完备率	评估该地区清单咨询服务多样方式及便捷程度
		专题培训调研服务	评估该地区行政机关向市场主体提供市场准入服务方式
	清单宣传度	宣传工作开展	评估市场准入负面清单制度及新出台政策宣传工作的开展情况
		宣传区域覆盖率	评估市场准入负面清单制度及新出台政策宣传工作的完成情况
	清查成效度	违规情况统一在线反馈	评估市场准入负面清单制度问题反馈专项渠道完备情况
		违规情况统一在线公开	评估市场准入负面清单制度违规情况公开情况
		违规情况归集情况	评估开展违规情况搜集工作成效

（续表）

一级指标	二级指标	三级指标	评估要点
服务效能	清查成效度	违规案例上报情况	评估是否按时上报违规案例
保障效能	效能保障度	制度实施情况	评估该地区是否出台与市场准入负面清单制度实施相适应的实施管理办法及执行有效程度
		违规情况处置联动制度建设情况	评估该地区是否建立违规情况处置联动制度
	问题机制完善情况	问题台账统计	评估该地区建立有市场准入负面清单制度问题统计台账
		问题追溯回访	评估该地区建立有市场准入负面清单制度问题追溯回访机制
社会效能	市场主体体验	市场准入负面清单知晓度	评估市场主体是否知晓该地区开展的市场准入负面清单宣传活动，是否建立有效的宣传手段和宣传渠道
		市场准入负面清单制度认知度	评估该地区市场主体对市场准入负面清单制度的认知度，深度了解市场准入负面清单贯彻情况
		市场准入好差评	评估该地区市场主体对该地区市场准入好差评情况
	市场主体对政府的满意度	市场公平满意度	评估该地区市场主体对市场公平满意程度
		政府信用满意度	评估该地区市场准入服务时，政府的服务信用情况
		政府政务诚信度	评估该地区政府政务失信记录情况
参考指标	政务服务综合情况		评估该地区2021年度政务服务综合情况
	政务公开综合情况		评估该地区2021年度政务公开综合情况

（3）评估范围。首次试评估涉及3个市（合肥市、六安市、芜湖市）和9个县区（肥东县、瑶海区、包河区、金寨县、舒城县、裕安区、南陵县、湾沚区、繁昌区）。

（4）评估成效。

一是科学设置评估指标，全面"诊断"市场准入效能。首先是从5个维度科学设置评估指标。按照国家评估指标体系总体要求，安徽省发展改革委在国家发展改革委体改司、国家信息中心指导下，结合实际，聚焦市场准入负面清单制度是否全面有效落实、许可准入事项办理是否便捷高效、违规问题投诉举报渠道是否畅通、落实情况是否满意等市场主体重点关切问题，建立"准入效能""服务效能""保障效能""社会效能""参考指标"5个维度29项指标体系，并合理设置各指标评估权重。其次是举一反三衔接相关评价机制。综合考虑多项评价机制，全方位准确评估市场准入效能，在"社会效能"评估中引入信用评价机制，将政府政务守信情况作为评估的一项重点内容。同时，设置"参考指标"，将评估地区政务公开、政务服务工作的综合落实情况作为评估的参考指标，旨在提升评估"诊断"结果的准确性。

二是强化市场主体地位，主动"关切"企业直观感受。首先是线上发放问卷，摸清市场主体"急难愁盼"。面向评估地区各行业市场主体发放调查问卷，注重市场主体"体验"，倾听市场主体对市场准入负面清单制度实施成效的感受体会，从市场主体对政府工作满意度、许可准入类事项办理"便捷性"与市场环境预期等维度，检验市场准入负面清单制度实施成效，共回收调查问卷1 684份，通过问卷结果分析发现，大部分市场主体认为市场准入负面清单制度的实施提振了企业信心，增强了市场预期。

其次是畅通违规情况反馈渠道。安徽省多地区建立负面清单咨询反映渠道，市场主体可选择门户网站、热线电话、线下窗口和微信公众号等多种方式咨询市场准入负面清单制度相关内容，提供市场准入领域违规情况问题线索。高频次开展有关市场准入负面清单制度培训座谈，例如六安市发展改革委、市场监管局、应急管理局等单位以市场准入效能评估为契机，结合"安全生产月""千名干部联万企"活动，深入行业领域内具有代表性的市场主体开展调研，充分听取各类市场主体意见建议，指导企业办理行政许可，解答企业疑难问题。

三是营造浓厚宣传氛围，精准"滴灌"负面清单制度。首先是多种方式解读《市场准入负面清单（2022版）》。《市场准入负面清单（2022版）》发布后，安徽省发展改革委、各市发展改革委及各县市区发展改革委及时通过门户网站、微信公众号、政务服务大厅等渠道向社会公开《市场准入负面清单（2022版）》，并通过解读材料、解读视频、培训调研等多种方式，立足各地区实际，向社会公众解读《市场准入负面清单（2022版）》。其次是多区域宣传市场准入负面清单制度。根据三级指标"宣传区域覆盖率"的评估结果，合肥、六安、芜湖3市已开展宣传工作的行政地区达91.3%，例如芜湖市发展改革委网站开设"市场准入负面清单"专题，发布相关文件制度和违规案例，提供市场准入负面清单查询，开展隐性壁垒和不合理限制问题征集以及市场主体调查问卷等板块，方便县区、市级部门和广大市场主体便捷查询反馈，不断提升市场准入负面清单制度知晓度。

四是多措并举夯实保障，高效"减负"推进评估工作。首先是加强组织保障，成立市场准入效能评估工作组。安徽省发展改革委成立市场准入效能试评估工作组，建立与各部门、各级发展改革委的沟通协调机制，保障评估工作落细落实。其次是利用信息技术，减轻评估地区填报负担。充分利用"数字安徽"信息化基础，实现"准入效能"模块 8 项指标数据自动获取、自动对比。最后是拓展采集渠道，创新违规案例归集方式。针对违规案例甄别难、收集难问题，安徽省发展改革委委托第三方开展违规案例收集，运用大数据技术，汇聚人民网、安徽省各级政府官方网站、12345 政务服务便民热线等渠道用户留言，运用大数据技术甄别、分析、记录与违规案例相关的线索，并形成违规案例报告。

6. 广东省

（1）评估特点。广东作为全国第二批市场准入效能评估试点省市，结合本省实际情况，指定暂以广州市和深圳市为市场准入效能评估试点展开工作。

（2）评估指标。待广州市和深圳市评估工作取得阶段性成果后，结合广东省实际情况，参考广州市和深圳市的评估情况，对两个试点市的指标体系进行优化整合，形成一版适用于广东省的市场准入效能评估指标体系。

（3）评估范围。评估范围为广州市和深圳市。

7. 重庆市

（1）评估特点。重庆作为全国首批营商环境创新试点城市和第二批市场准入效能评估试点省市，立足重庆市行政管理体制机制特点和"一区两群"区域协调发展布局，依托"渝快办"一体化在线政务服务平台功能、"信用重庆"网站以及各类相关违规问题线索投诉举报渠道，以客观数据为基础，进行自动或半自动化采集数据。

（2）评估指标。基于市场准入效能评估指标体系框架，结合重庆实际情况，围绕清单覆盖、服务成效、审批效能、壁垒破除、准入保障 5 个方面构建市场准入效能评估指标体系，包含 5 个一级指标、27 个二级指标。详见表 6-9。

表 6-9 重庆市市场准入效能评估指标体系

一级指标	二级指标	二级指标评估内容
制度落实覆盖度	市场准入负面清单动态调整衔接	本地区、本部门是否依据国家统一修订发布的新版市场准入负面清单，调整对应权限的政务服务事项内容并做好落实衔接
	市场准入负面清单禁止准入措施落实	本地区、本部门已办理的政务服务事项是否出现禁止准入措施
	违规审批禁止准入措施	本地区、本部门是否违规审批禁止准入措施
	增量电子证照是否带有禁止准入措施信息	全面实施市场准入负面清单制度（2019 年 1 月 1 日）之后，增量电子证照是否带有禁止准入措施信息
	按照禁止准入措施清理存量电子证照	全面实施市场准入负面清单制度（2019 年 1 月 1 日）之前的存量电子证照，按照禁止准入措施进行清理情况
	许可准入措施对应政务服务事项的覆盖度	本地区、本部门对应权限的市场准入负面清单许可准入措施，纳入政务服务事项的比例
	许可准入措施与政务服务事项办事指南的信息关联度	评估市场准入负面清单许可准入措施是否有对应的政务服务事项办事指南

（续表）

一级指标	二级指标	二级指标评估内容
制度落实覆盖度	市场准入负面清单之外违规设立准入措施或环节	本地区、本部门是否在市场准入负面清单之外违规设立准入审批事项，许可准入事项是否违规增加审批环节和额外提供证明材料
	市场准入负面清单公开查询	本地区、本部门是否将市场准入负面清单事项对外公开，实现市场主体便捷查询。新版清单发布后是否更新
	市场准入负面清单制度宣传	本地区、本部门定期开展市场准入负面清单制度宣传工作情况
准入办理便捷度	许可准入措施网上可办率	本地区、本部门对应权限的市场准入负面清单许可准入措施，能够在线办理的情况
	许可准入措施全程网办率	本地区、本部门对应权限的市场准入负面清单许可准入措施，实现全程网办和零跑动的事项比例
	许可准入措施办理时效性	本地区、本部门对应权限的市场准入负面清单许可准入措施，是否在承诺时限内办理
	许可准入措施即办程度	本地区、本部门对应权限的市场准入负面清单许可准入措施即办件的数量占比
	许可准入事项生成电子证照的比例	本地区、本部门市场准入负面清单许可准入措施对应的行政许可事项生成电子证照的比例
	许可准入措施好差评	本地区、本部门对应权限的市场准入负面清单许可准入事项办理获得好差评的比例

（续表）

一级指标	二级指标	二级指标评估内容
问题清查成效度	市场准入违规问题清查工作机制建立	本地区、本部门是否建立统一的市场准入违规问题清查工作机制，包括但不限于：投诉受理、办理反馈、归集通报等
	投诉渠道建立和公开	本地区、本部门市场准入违规问题投诉举报渠道建立和公开情况
	违规问题处置联动制度建立	本地区、本部门是否建立违规问题纵向或横向处置联动制度
	违规问题追溯整改制度建立	本地区、本部门根据查实的违规案例，是否建立违规问题追溯制度，是否对准入环节对应问题进行整改
	违规问题办结率	本地区、本部门已办结违规问题占归集总量的比例
	违规问题反馈率	本地区、本部门已反馈的违规问题处置情况占已处置的违规问题总量的比例
	违规问题处置工作满意度	本地区、本部门违规问题处置满意评价数量占已处置的违规问题总量的比例
市场主体感受度	市场主体知晓度	评估市场准入负面清单制度贯彻实施过程中，各类市场主体对市场准入负面清单制度和相关政策、政府贯彻落实开展的工作的知晓度
	工作落实满意度	评估市场主体对本地区行政机关贯彻落实市场准入负面清单制度的满意度
	政府信用满意度	评估市场主体对本地区行政机关提供市场准入服务及处理隐性壁垒过程中的诚信满意度

（续表）

一级指标	二级指标	二级指标评估内容
市场主体感受度	市场公平满意度	评估市场主体对本地区实施市场准入负面清单制度后市场公平发展的满意度

（3）评估范围。覆盖重庆市38个区县以及两江新区、重庆高新区、万盛经开区，共41个被评估地区。此外，选取10个准入审批事项较多的市级部门，重点评估制度落实覆盖度和准入办理便捷度两个一级指标，以期为后续市级部门评估全覆盖积累经验。

（4）评估成效。主要包括以下4点。

一是建立了系统高效的市场准入效能评估工作机制。引入第三方专业服务机构共同参与，专门开发评估数据填报和问卷调查系统，通过自动提取、线上填报、核验数据、指标计分，得到最终评估结果，形成了"明确评估工作机制+发挥指标导向作用+依托自动化评估平台+第三方机构共同参与+评估流程标准化+强化评估结果应用"的评估工作流程。制定印发《重庆市全面提升市场准入效能工作推进机制（试行）》，围绕准入规范管理、对标调整公开、准入效能提升、案例归集通报、市场效能评估、组织实施保障等6个方面明确具体工作规则，建立市场准入负面清单制度实施全链条工作机制，为常态化开展市场准入效能评估提供了坚实的制度保障。

二是打造了具有重庆特点的市场准入效能评估路径。首先，数据获取实现了自动化采集。充分利用"渝快办"政务服务平台优势和数据归集功能，建立市场准入负面清单许可准入事项与行政许可事项的一一映射关系，依托"重庆信用"平台建立市场准入负面清单及效能评估专题，27项评估指标中有21项通过"渝快办"实现数据自动采集，市场主体感受度等6项指标通过网络小程序采集归集，切实提高了数据归集的时效和质量。其次，与政务服务改革趋势充分融合。建立与政务服务第三方评价应用衔接机制，对许可准入措施网上可办率、全程网办率、办理时效性、即办程度等指标，根据政务服务能力评估结果采集指标数据。最后，全方位开辟了隐性壁垒反馈处理渠道。设立不合理准入限制和隐性壁垒问题征集投诉专栏，各区县建立违规问题清查工作机制，通过多种方式发布隐性壁垒征集公告、公布隐性壁垒反馈渠道，着力破除市场准入隐性壁垒，保障各类市场主体依法平等参与市场竞争。

三是评估了市、区县两级市场准入效能。在构建指标体系的基础上，对38个区县、两江新区、重庆高新区和万盛经开区以及10个市级部门市场准入效能开展全面评估，根据评估结果分区域、分领域、分指标深入分析市场准入服务效能，特别是存在的问题和短板，反馈给各区县及相关部门，督促指导其针对性完善制度机制，提升市场准入服务效能。对共性问题，市级相关部门加强协同联动，认真研究解决路径。通过评估的全面开展，切实提高了各级政府部门的重视程度，推动市场准入负面清单制度有效落实。

四是营造了全社会广泛参与的良好氛围。搭建评估工作信息化平台，定期发布相关文件制度、解读文章和违规案例，制作专题宣传视频，线上线下相结合开展形式多样的宣讲解读活动，仅评估开展前后，各区县、各部门就组织开展各类宣传活动100余次。全市范围内各级政府部门和各领域市场主体广泛参与、积极配合，评估指标体系共征求20条意见，采纳9条，做出明确说明7条；各级政府部门上传佐证材料超过200个，参与满意度问卷调查的各类市场主体近3 000家。通过上述工作，切实增强了各类市场主体学习了解市场准入负面清单制度及相关政策的主动性、积极性，营造了全社会广泛参与的良好环境和舆论氛围。

四、其他试点城市评估进展

按照国发〔2021〕24号文件部署，除北京、上海、重庆等直辖市外，广州、深圳、杭州等试点城市作为国家首批营商环境创新试点城市，将建立市场准入效能评估制度作为重要改革任务积极落实，积极建立评估工作机制，结合地方实际对评估指标体系建设进行深入研究和验证，市场准入效能评估指标体系进一步完善。目前，试点城市正在以完善后的市场准入效能评估指标体系（2022试点版）为指导，推动评估工作有序开展。

1. 广州市

（1）评估特点。广州作为全国首批营商环境创新试点城市和第二批市场准入效能评估试点省市，信息化建设基础较好，立足广州持续"放管服"改革的市场基础，依托广州"一照通行"系统、好差评体系、网厅统一服务入口、电子证照系统等，形成了"制度引领＋指标导向＋部门协同＋问题溯因"的评估机制。

（2）评估指标。基于市场准入效能评估指标体系框架，结合广州实际情况，重点围绕许可准入措施与政务服务事项关系建立、许可准入措施相关审批效能提升、违规情况归集工作机制建立、市场准入效能保障机制和市场主体感受分析等5个方面制定。指标体系包含5个一级指标，10个二级指标，27个三级指标，对市场准入效能进行综合评估。具体见表6-10。

表6-10　广州市市场准入效能评估指标体系

一级指标	二级指标	三级指标	三级指标评估内容
措施覆盖度	事项关联动态化	政务服务事项基本目录与许可准入措施关联情况	适用于评估市、区县实际认领政务服务事项基本目录中本级行使的行政许可事项对应许可准入措施情况
		政务服务事项越级行使情况	适用于评估市、区县各业务部门认领政务服务事项基本目录中非本级行使的行政许可事项的情况
		政务服务事项办事指南与许可准入措施关联度	适用于评估市、区县本级行使的许可准入措施对应的行政许可事项办事指南编制情况
		政务服务事项动态管理	适用于评估市、区县政务服务事项办事指南是否按照调整要求做好落实衔接情况
	事项关联标准化	政务服务事项名称与许可准入措施名称一致性	适用于评估市、区县编制本级行使的许可准入措施对应的行政许可事项名称与市场准入负面清单的许可准入措施名称一致性情况
		许可准入措施类型对应	适用于评估市、区县许可准入措施关联政务服务事项类型情况
审批便捷度	许可准入措施审批效能情况	许可准入措施全程网办	适用于评估市、区县许可准入措施对应的行政许可事项全程网办情况。重点评估对应的行政许可事项零跑动情况

（续表）

一级指标	二级指标	三级指标	三级指标评估内容
审批便捷度	许可准入措施审批效能情况	许可准入措施即办占比	适用于评估市、区县许可准入措施对应的行政许可事项的即办事项占对应行政许可事项总体情况
		许可准入措施网上受理占比	适用于评估市、区县许可准入措施对应的行政许可事项实现网上受理情况
		许可准入措施单点登录占比	适用于评估市、区县许可准入措施对应的行政许可事项实现计算机端单点登录情况
		许可准入措施对应行政许可事项好评占比	适用于评估市、区县许可准入措施对应的行政许可事项好评占对应行政许可事项评价比例情况
		许可准入措施对应行政许可事项差评整改	适用于评估市、区县许可准入措施对应的行政许可事项差评占对应行政许可事项差评整改比例情况
		许可准入措施一窗式受理占比	适用于评估市、区县许可准入措施对应的行政许可事项实现一窗式受理情况
		许可准入措施跨省通办占比	适用于评估市、区县许可准入措施对应的行政许可事项实现跨省通办情况
	许可准入措施信息便利化	许可准入措施电子证照生成情况	适用于评估市、区县许可准入措施对应的行政许可事项电子证照生成情况
清查成效度	服务渠道建立	违规情况归集渠道建立	适用于评估市、区县开展案例归集渠道建设情况
	违规情况处置效能情况	违规情况归集情况	适用于评估市、区县违规情况搜集工作开展情况
		违规情况处置情况	适用于评估市、区县违规情况处置工作开展情况

（续表）

一级指标	二级指标	三级指标	三级指标评估内容
效能保障度	实施保障	市场准入制度建立	评估区县是否建立基于本地区情况的市场准入管理制度
		违规情况管理制度建立	评估区县是否建立基于本地区情况的投诉、甄别、归集、办理、反馈、通报、追溯、联动等环节的违规情况管理工作机制
	宣传保障	市场准入负面清单制度宣传	评估区县是否开展市场准入负面清单制度宣传工作
		违规情况案例管理制度宣传	评估区县是否开展违规情况案例管理制度中关于案例收集、案例处置、案例公示、案例溯源等内容的宣传工作
主体感受度	主体体验	市场准入负面清单知晓度	根据调查问卷直接算分
		市场准入负面清单制度认知度	根据调查问卷直接算分
		市场准入满意度	根据调查问卷直接算分
	政府满意度	违规情况处置满意度	根据调查问卷直接算分
		市场准入服务满意度	根据调查问卷直接算分

（3）评估范围。评估范围为广州市本级、下辖的11个区及11个市级部门。

（4）评估成效。通过本次评估，对广州市市场准入实施效能进行了全面检验，并形成了一整套广州市创新改革的典型做法。

一是构建了具有广州特色的市场准入效能评估模式。引入第三方专业服务机构共同参与，通过文献分析、部门调研、借鉴先进地区经验，充分兼顾国家和地方的评估要求，形成了具有广州特色的、科学合理的《广州市市场准入效能评估指标体系（试点版）》。同时，分别从行政主体、市场主体两个角度，依托政务系统、问卷调查、佐证材料等多元化方式，通过数据采集、数据复核、指标计分，得到最终的评估结果。形成了"制度引领+指标导向+部门协同+问题溯因"的评估工作机制，为全面开展市场准入效能评估工作提供有力支撑。

二是评估覆盖市、区两级，全面检验市场准入效能。本次市场准入效能试评估工作全面深入分析广州市本级、下辖11个区及11个市级部门的市场准入效能评估结果，对于评估中取得成效的方面继续保持，同时正视存在的不足和问题，对须重点提升的指标，强化"点对点"精准提升；对各级指标层层解读，归纳总结工作推进经验，完善评估工作机制，为推广市场准入效能评估工作贡献"广州力量"。

三是政企联动，推动市场准入负面清单制度落地。通过评估，推动各级部门畅通市场准入服务渠道，提高面对市场主体的服务质量，进一步推动了市场准入负面清单制度落实，提升市场主体对市场准入负面清单制度的认知度。全面掌握市场主体对市场准入负面清单的知晓与应用情况，便于政府部门精准施策。

四是积累了广州市创新改革的典型做法，助力后续工作优化。评估过程中，各区相关部门认真落实市场准入负面清单制度，积极探索创新。各区善于发现在为市场主体减负担、破堵点、解难题时的经验积累，形成了一批试点改革的典型经验与创新举措。

对后续评估工作的持续优化,各区可结合自身发展实际,认真学习先进经验,持续放宽市场准入。

2. 深圳市

(1)评估特点。深圳作为全国首批营商环境创新试点城市和第二批市场准入效能评估试点城市,信息化建设基础较好,立足深圳市持续"放管服"改革的市场基础,依托"数字市民""i深圳""秒报秒批一体化服务"等,形成了"系统数据+佐证材料+调查问卷"的评估方法。

(2)评估指标。基于市场准入效能评估指标体系框架,结合深圳实际情况,重点围绕许可准入措施与政务服务事项基本目录关系、许可准入措施审批效能提升和隐性壁垒破除工作机制建立等3方面进行重点评估,指标体系包含5个一级指标,10个二级指标,29个三级指标(其中16个三级指标依托系统数据,7个三级指标根据试点地区提供佐证材料,5个三级指标依据试点地区调查问卷)。详见表6-11。

表6-11 深圳市市场准入效能评估指标体系

一级指标	二级指标	三级指标	三级指标评估内容
措施覆盖度	事项关联动态化	政务服务事项基本目录与许可准入措施关联情况	评估区县实际认领政务服务事项基本目录中本级行使的行政许可事项对应许可准入措施情况
		政务服务事项办事指南与许可准入措施关联度	评估区县本级行使的许可准入措施对应的行政许可事项办事指南编制情况

（续表）

一级指标	二级指标	三级指标	三级指标评估内容
措施覆盖度	事项关联动态化	政务服务事项越级行使情况	评估区县各业务部门认领政务服务事项基本目录中非本级行使的行政许可事项的情况
		政务服务事项动态管理	评估区县政务服务事项办事指南是否按照调整要求做好落实衔接情况
	事项关联标准化	政务服务事项名称与许可准入措施名称一致性	评估区县编制本级行使的许可准入措施对应的行政许可事项名称与市场准入负面清单的许可准入措施名称一致性情况
		许可准入措施类型对应	评估区县许可准入措施关联政务服务事项类型情况
		禁止准入措施衔接落实情况	重点评估对应的行政许可事项零跑动情况
审批便捷度	许可准入措施审批效能情况	许可准入措施全程网办	评估区县许可准入措施对应的行政许可事项全程网办情况
		许可准入措施即办占比	评估区县许可准入措施对应的行政许可事项的即办事项占对应行政许可事项总体情况
		许可准入措施网上受理占比	评估区县许可准入措施对应的行政许可事项实现网上受理情况
		许可准入措施进驻大厅办理占比	评估区县许可准入措施对应的行政许可事项进驻大厅提供办理服务的情况
		许可准入措施单点登录占比	评估区县许可准入措施对应的行政许可事项实现计算机端单点登录情况

（续表）

一级指标	二级指标	三级指标	三级指标评估内容
审批便捷度	许可准入措施审批效能情况	许可准入措施对应行政许可事项好评占比	评估区县许可准入措施对应的行政许可事项好评占对应行政许可事项评价比例情况
		许可准入措施对应行政许可事项差评整改	评估区县许可准入措施对应的行政许可事项差评占对应行政许可事项差评整改比例情况
		"一照多址"改革落实情况	评估区县落实"一照多址"改革，办理分支机构登记在隶属商事主体营业执照的数量情况
		外商投资企业准入平均办理时长	评估区县向港澳投资者提供外商投资企业准入的行政许可事项办理用时情况
	许可准入措施信息便利化	许可电子证照信息共享情况	评估区县调用许可准入相关的许可电子证照共享数据情况
清查成效度	服务渠道建立	线上线下服务引导	评估区县是否提供线上线下市场准入负面清单制度服务引导
		违规情况归集渠道建立	评估区县开展案例归集渠道建设情况
	违规情况处置效能情况	违规情况归集情况	评估区县违规情况搜集工作开展情况
		违规情况处置情况	评估区县违规情况处置工作开展情况
效能保障度	实施保障	市场准入制度建立	评估区县是否建立基于本地区情况的市场准入管理制度
		违规情况管理制度建立	评估区县是否建立基于本地区情况的投诉、甄别、归集、办理、反馈、通报、追溯、联动等环节的违规情况管理工作机制

（续表）

一级指标	二级指标	三级指标	三级指标评估内容
效能保障度	宣传保障	市场准入负面清单制度宣传	评估区县是否开展市场准入负面清单制度宣传工作
		违规情况制度宣传	评估区县是否开展违规情况制度宣传工作
主体感受度	主体体验	市场准入负面清单知晓度	评估区县市场主体是否知晓本地区开展的市场准入负面清单宣传活动，是否建立有效的宣传手段和宣传渠道
		市场准入负面清单制度认知度	评估区县市场主体对市场准入负面清单制度的认知度，深度了解市场准入负面清单贯彻情况
		市场准入好差评	评估区县市场主体对本地区市场准入好差评情况
	政府满意度	违规情况处置满意度	评估区县市场准入服务时，政府的服务满意度情况
		市场准入服务满意度	评估区县实际认领政务服务事项基本目录中本级行使的行政许可事项对应许可准入措施情况

（3）评估范围。评估范围选取了12个试点地区（南山区、龙华区、罗湖区、龙岗区、福田区、宝安区、光明区、盐田区、坪山区、大鹏新区、前海蛇口自贸区和深汕特别合作区）。

（4）评估成效。主要包括以下4点。

一是评估范围广，结果具有整体性。深圳市本次市场准入效能评估工作针对包括综合功能区在内的12个区进行了评估，能较好反映深圳市市场准入负面清单落实情况。各区评估指数不一，便于市级直观感受各指标的"症结"所在，统筹全局，以评促改，着力提升深圳市市场准入负面清单落实效果。

二是以评促优，推动各区工作落实。从措施覆盖度评估指数来看，政务服务事项与许可准入措施在关联性、一致性上仍存在较大提升空间，政府主体对于负面清单制度认知度不高。本次市场准入效能评估工作对各区、各部门均进行了一定程度的普及和宣传，提升了各区、各部门对于市场准入负面清单制度的了解和重视。各区根据评估结果及时发现工作中存在的短板，及时调整，着力改善本地区市场准入效能评估情况。

三是联动市场主体，检验市场准入效能。深圳市市场准入效能评估工作设置"主体感受度"指标，向不同行业、不同领域的市场主体发放调查问卷，了解市场主体对于市场准入负面清单的知晓度、认知度，对本地区市场准入好差评情况，对违规情况处置和市场准入服务的满意度。全面了解市场主体对于市场准入负面清单制度推行情况的直观感受，一方面有利于在市场主体中间宣传负面清单制度，另一方面便于政府主体倾听民意、精准施策。

四是结合深圳市现状，构建具有深圳特色的指标体系。经过充分调研，借鉴先进地区经验，形成了一套先进科学的、具有深圳特色的市场准入效能评估体系。深圳市在国家提出的市场准入效能评估指标体系框架内，选取调整了24个国家指标，结合深圳市现状融入了5个深圳特色指标，充分兼顾了国家和地方的评估要求，形成了具有深圳特色的、科学合理的市场准入效能评估指标体系。

3. 杭州市

（1）评估特点。杭州肩负国家首批营商环境创新试点城市及浙江省效能评估代表的双重任务，高位谋划、积极推进，结合本地政务服务优势，创新审批便捷类指标设计，充分依托浙江省"数智政府"建设成果，搭建形成杭州市市场准入效能评估平台，实现大部分数据的自动采集。

（2）评估指标。基于国家版市场准入效能评估指标体系框架，结合杭州市实际情况，围绕措施覆盖、服务完备、审批便捷、清查成效、效能保障、主体感受6个方面构建杭州市市场准入效能评估指标体系，共包含6个一级指标，13个二级指标，50个三级指标。详见表6-12。

表6-12 杭州市市场准入效能评估指标体系

一级指标	二级指标	三级指标	评估要点
措施覆盖情况	事项关联动态化	政务服务事项基本目录与许可准入措施关联情况	评估实际认领政务服务事项基本目录中本级行使的行政许可事项对应许可准入措施情况
		政务服务事项办事指南与许可准入措施关联情况	评估实际认领政务服务事项基本目录中本级行使的编制办事指南的行政许可事项对应许可准入措施情况
		政务服务事项动态管理衔接	评估政务服务事项与市场准入负面清单措施衔接情况
	事项关联标准化	政务服务事项名称与许可准入措施名称一致性	评估本级行使的行政许可事项名称与市场准入负面清单的许可准入措施名称一致性情况
		许可准入措施类型对应	评估许可准入措施关联政务服务事项类型是否标准，即许可准入类措施是否对应政务服务事项的行政许可类事项

（续表）

一级指标	二级指标	三级指标	评估要点
服务完备情况	清单多渠道服务情况	清单公开服务情况	评估行政主体是否通过计算机端、线下实体大厅等途径提供与市场准入制度相关的信息咨询公开服务渠道
		网页端服务情况	评估市场准入负面清单制度是否在计算机网页端（政务服务平台或市场准入效能评估综合信息平台）提供市场准入负面清单制度、清单内容、违规情况的查询、咨询、投诉等内容的服务
		"浙里办"服务情况	评估市场准入负面清单制度是否在移动端提供市场准入负面清单制度、清单内容、违规情况的查询、咨询、投诉等内容的服务
		统一咨询投诉情况	评估通过各种渠道（信访办、市监局、政务服务平台等）获得的市场准入及违规情况统一咨询投诉的有效数量
	清单好差评工作机制与渠道建立情况	好差评机制建立情况	评估市场准入负面清单好差评工作机制建立情况，重点评估评价、核实、整改、反馈的清单好差评闭环情况
		好差评评价覆盖范围情况	评估市场准入负面清单好差评覆盖情况，重点评估评价覆盖业务范围，推动措施、主管部门、违规情况反馈等业务全覆盖
		好差评渠道建立情况	评估是否能够多渠道开展市场准入负面清单好差评服务（12345热线、计算机端、掌上移动端、短信、实体大厅）

（续表）

一级指标	二级指标	三级指标	评估要点
审批便捷情况	许可准入措施审批效能情况	许可准入措施网上可办	评估许可准入措施对应的行政许可事项网上可办情况，重点评估对应的行政许可事项最多跑一次情况
		许可准入措施实际网上可办	评估许可准入措施对应的行政许可事项实际网上办理情况
		许可准入措施全程网办	评估许可准入措施对应的行政许可事项全程网办情况，重点评估对应的行政许可事项零跑动情况
		许可准入措施实际全程网办	评估许可准入措施对应的行政许可事项实际全程网办情况
		许可准入措施减时限	评估许可准入措施对应的行政许可事项承诺办结时限总和在法定办结时限基础上减时限的情况
		许可准入措施实际减时限	评估许可准入措施对应的行政许可事项实际减时限情况
		许可准入措施"一窗受理"	评估许可准入措施对应的行政许可事项纳入"一窗受理"情况
		许可准入措施即办占比	评估许可准入措施对应的行政许可事项的即办事项占对应行政许可事项总体比例情况
		许可准入措施对应行政许可事项好评占比	评估许可准入措施对应的行政许可事项好评占对应行政许可事项评价比例情况
		许可准入措施对应行政许可事项差评整改情况	评估许可准入措施对应的行政许可事项差评整改占行政许可事项差评比例情况
	许可准入措施落实创新情况	许可准入措施"24小时不打烊"	评估许可准入措施对应的行政许可事项纳入"24小时不打烊"使用自助服务终端办理情况

（续表）

一级指标	二级指标	三级指标	评估要点
审批便捷情况	许可准入措施落实创新情况	许可准入措施"一件事"	评估许可准入措施对应的行政许可事项纳入"一件事"的情况
		许可准入措施"告知承诺"	评估许可准入措施对应的行政许可事项实现"告知承诺"的情况
		许可准入措施"就近办"	评估许可准入措施对应的行政许可事项实现"就近办"的情况
	许可准入措施电子证照便利化	增量证照带有禁止类信息证照情况	评估增量电子证照（即2019年1月1日之后的）照面信息中存在禁止准入措施中规定内容情况
		存量证照禁止类信息清理情况	评估存量电子证照（2019年1月1日之前的）按照禁止准入措施中规定内容进行清理情况
		许可准入措施电子证照生成情况	评估许可准入措施对应的行政许可事项电子证照生成情况
		许可准入措施加盖电子印章的电子证照情况	评估许可准入措施对应的行政许可事项产生的电子证照加盖电子印章或电子签名情况
		许可准入措施电子证照共享情况	评估许可准入措施对应的电子证照，能够通过数据共享为其他审批事项使用情况
清查成效情况	违规情况服务渠道建立情况	违规情况统一在线归集情况	评估面向社会提供违规情况信息统一在线归集情况
		违规情况统一在线公开情况	评估面向社会提供违规情况信息统一在线公开情况
		违规情况统一在线查询情况	评估面向社会提供违规情况信息统一在线查询情况
	违规情况处置效能情况	违规情况处置情况	评估已处置违规情况占归集总量的比例情况

（续表）

一级指标	二级指标	三级指标	评估要点
清查成效情况	违规情况处置效能情况	违规情况覆盖类型	评估违规情况覆盖的违规类型范围（目前归纳为10类：国家层面已放开但地方仍在批的事项、行业垄断造成准入难、监管能力不足导致不敢批、审批权下放形成区域间市场壁垒、地方保护设置的准入"潜规则"、新业态监管空白造成无法准入、互为前置条件的准入要求依然不少、承诺制改革带来的新困惑、机构改革职能划转产生的新问题、准入标准过高流程过长的壁垒形态仍然存在）
		违规情况处置缩短时限	评估违规情况处置时限平均时间在规定处置时限基础上缩减时限情况
		违规情况处置满意度	评估处置满意的违规情况占违规情况总量比例情况
效能保障情况	实施保障情况	市场准入制度建立	评估是否建立基于本地区情况的市场准入管理制度，包括但不限于建立清单公开服务、建立与市场准入制度实施相适应的管理办法或操作指南等
		违规情况管理制度建立	评估是否建立基于本地区情况的违规情况管理制度，包含但不限于投诉、研判、归集、处置、督查督办、整改、公开、通报等环节
		违规情况解决追溯制度建立	评估是否建立基于本地区情况的违规情况解决追溯制度，即依照违规案例情况，追溯准入环节等情况

（续表）

一级指标	二级指标	三级指标	评估要点
效能保障情况	实施保障情况	违规情况处置联动制度建立	评估是否建立基于本地区情况的违规情况处置联动制度，即各部门根据违规情况线索，联合协调展开调查等情况
	专项服务宣传情况	市场准入负面清单制度宣传	评估是否开展市场准入负面清单制度宣传工作
		违规情况制度宣传	评估是否开展违规情况制度宣传工作
主体感受情况	主体体验	市场准入负面清单知晓度	评估市场主体是否知晓本地区开展的市场准入负面清单宣传活动，是否建立有效的宣传手段和宣传渠道
		市场准入负面清单认知度	评估该地区市场主体对市场准入负面清单制度的认知度，深度了解市场准入负面清单贯彻情况
		市场准入好差评情况	评估该地区市场主体对本地区市场准入的好差评情况
	政府信用	政府违规情况处置信用情况	评估该地区隐性壁垒处理时，政府的信用情况
		政府市场准入服务信用情况	评估该地区市场准入服务时，政府的信用情况
		政府信用优化改进情况	评估该地区政府信用持续优化改善情况

（3）评估范围。首轮试评估选取了5个试点区县，分别为富阳区、拱墅区、钱塘区、上城区、桐庐县。第二轮试评估选取了8个试点区县，分别为西湖区、滨江区、萧山区、余杭区、临平区、临安区、建德市、淳安县。

（4）评估成效。主要包括以下 4 点。

一是高位谋划、科学设定指标。杭州市被确定为国家首批营商环境创新试点城市以来，市委、市政府高度重视，把"探索建立市场准入效能评估制度"作为重要任务高位谋划。在体改司和国家信息中心的共同指导帮助下，深刻领会国家推进市场准入效能评估工作总思路，充分汲取第一批试点省份经验，结合杭州市实际情况，构建了涵盖措施覆盖、服务完备、审批便捷、清查成效、效能保障、主体感受等 6 个方面的效能评估指标体系，于 2022 年 5 月初，经过 8 轮修订完善，形成了涵盖 13 个二级指标、50 个三级指标的"全量版"评估指标体系。

二是数智支撑、合理搭建平台。杭州市在指标研究的同时积极落实效能评估平台建设，依托浙江省"数智政府"建设成果，打通与浙江政务服务 2.0 平台、浙江省"民呼我为"12345 投诉举报、浙江省政务服务好差评等平台的数据互通共享，区分治理端和服务端搭建起了涵盖负面清单管理、违规情况归集通报、市场准入效能评估、市场准入好差评 4 个管理系统的杭州市市场准入效能评估平台，平台于 2022 年 6 月底正式上线。平台的建成为高效开展效能评估工作提供有力支撑，评估指标中涉及措施覆盖、审批便捷、清查成效的全部 31 个指标数据可依托平台实现"自动化"采集。

三是健全机制、常态落实评估。建立专项工作机制：落实专班工作制度，开展协调、评估、督导等工作。落实专职联络员制度，由市级部门，区、县（市）发展改革部门指定牵头处室（科室）负责本单位市场准入效能评估试点工作的总体协调、数据对接、评估开展、问题整改及经验梳理等；建立评估晾晒机制：落实月评估自查报告制度,由各区、县(市)每月重点围绕本地区市场准入效能评估指标评估结果,分析薄弱指标、发现困难矛盾、查清问题原因、明确整改措施及时限、提出需市级部门协调解决的事项等方面,完成评估结果自查。落实季评估通报制度,由市发展改革委负责,于每季完成评估通报并对整改不到位的发放《提醒告知单》,对经督促提醒仍不力的提请市政府予以督办。落实年度评估分析报告制度。由市发改委负责,依据全市市场准入效能评估结果,全面分析市场准入负面清单制度落实情况;靶向定位分析各区、县(市)市场准入负面清单制度落实情况。将半年、年度评估结果通报各区、县(市)人民政府,并纳入营商环境综合考评工作。建立整改协调机制:落实季整改协调会制度。由市发展改革委牵头负责,每季组织市级相关部门召开一次协调推进会,主要针对各区、县(市)提请市级部门协调解决的事项进行推进落实。落实市场准入隐性壁垒整改协调制度。由各区、县(市)发展改革部门牵头负责,会同有关部门动态抓好整改协调工作。主要围绕国家通报的违背市场准入负面清单案例和本地区市场主体反应的隐性壁垒线索进行分析协调、组织整改。建立动态管理机制:落实市场准入负面清单动态管理制度。由市发展改革委牵头负责,市审管办会同各区、县(市)审管部门具体实施。结合国家政务服务事项清单动态调整,动态认领市、区两级政务服务事项;结合国家市场准入负面清单动态调整,梳理匹配市、区两级行政审批事项,确保市场准入负面清单制度与行政审批制度有序衔接。

四是全域检验、实现以评促改。杭州市于2022年8月、10月分两个批次组织全市13个区、县(市)开展了试评估。各试点地区认真对待试评估工作，自查评估结果为市级层面统筹分析评估结果、精准发现问题提供参考。通过先后两轮试评估工作，杭州市已基本掌握当前区县级市场准入制度落实情况，摸清市场准入效能现状，以"以评促改"为导向，全面总结评估结果，找准市场准入过程中的薄弱环节，督促地方及时落实整改，并协调改进地方集中反映的问题，持续完善效能评估手段，不断优化效能评估机制。截至目前，全市"服务完备、清查成效、效能保障、主体感受"4个指标评估结果均在98分以上；"措施覆盖"指标除因区域无自然条件、无相关职能部门等客观因素外，准入措施与政务服务事项关联度已实现全覆盖；"审批便捷"指标因杭州自主设定创新性指标，如"24小时不打烊""告知承诺""就近办""一件事"等市场准入服务措施还有很大进步空间，后期将会不断优化指标，以确保评估的科学性、公平性。

第六节

市场准入效能评估制度的未来展望

通过两个批次试点，指标体系（2022试点版）得以不断验证和完善，初步建立起市场准入效能评估工作机制，为及时发现准入问题、不断优化准入环境发挥了重要作用。随着"放管服"改革的不断深入，市场主体将会对市场准入效能提出更高要求。下一步，各试点地区要加强交流学习经验做法，继续深化效能评估工作开展，着重做好以下工作。

一是稳妥扩大市场准入效能评估范围。福建要将评估范围扩大至全省各市，云南、宁夏等在首轮评估实现全覆盖的基础上，要形成常态化评估机制，并对多轮评估结果进行比对分析，形成更为系统、完善的评估报告。第二批试点省份将尽快选取省内条件适合的地区开展试评估，建立评估工作机制，形成工作方案，适时稳步推进市县两级全覆盖。各试点地方要把违背市场准入负面清单案例归集通报作为效能评估的重要内容，加强对地市工作的指导，依托效能评估平台、网络数据抓取、行业协会等渠道，加大对违背市场准入负面清单案例排查和协调督办的力度，切实解决市场主体关切问题。

二是完善效能评估指标体系建设。通过不断开展试点评估，进一步验证指标体系（2022试点版）中的全国统一性指标的科学性、合理性，不断调整完善指标项及指标权重设置。鼓励有条件的试点地区结合本地区重点产业、重要行业发展要求和重点工作任务，加快地方特色指标制定。参与试点的地区也可以直接用全国统一性指标开展评估，不单独制定地方特色指标。

三是深化效能评估结果运用。各试点地区要在评估中加强对市场准入环节苗头性、趋势性问题分析，进一步深化评估结果运用，以评促改，梳理一批效能评估中发现的市场准入问题，逐项研究制定推动解决方案，建立滚动发现问题、整改问题的机制，推动市场准入体系不断完善。

四是强化效能评估信息化支撑。福建、宁夏等第一批试点地方通过搭建信息化平台开展评估，客观反映了实际情况，建立起有效的智能化协同和动态反馈机制，为各地方更客观、高效地开展效能评估、指导工作整改和政策制定提供良好示范。各试点地区要充分利用现有信息化建设基础，根据开展效能评估工作的实际情况，加强信息化应用支撑能力。

各试点地区在开展评估过程中，将以激发市场主体活力、提振市场主体信心、稳定经济大盘、促进经济稳定向好为目标，以积极响应市场主体诉求为导向，摸清市场准入环境的基本情况，抓准问题，解决问题，科学创新市场准入管理和服务方式，实现精准化政策供给和服务，切实解决市场主体准入难题，不断优化市场准入环境，充分释放市场主体活力。坚决杜绝违规搞评比达标，避免"一窝蜂""大扎堆"式评估。

第七章

全球主要经济体完善市场准入制度建设的主要经验及对我国的启示

市场准入负面清单制度的全面实施,标志着我国市场准入管理模式从以"正面清单"为主全面转向以"负面清单"为主,成为市场准入制度改革的引领者与先行者。一些开放程度较高的经济体的做法,能够为我国未来持续完善市场准入管理制度、加快建设全国统一市场提供有益经验和借鉴。

世界各国的市场准入制度形式多样:正面清单、负面清单、敏感行业管理、安全审查等。其中,负面清单制度是国际上发达经济体较为广泛采用的外商投资准入管理模式。从国际经验来看,负面清单常见于国与国签署的自由贸易协定(FTA)或者双边投资协定(BIT)当中的相关章节,是国际投资服务承诺的重要方式,也存在于众多经济体的外资准入制度中。

目前仅我国全面实施了内外资一致适用的市场准入负面清单制度,这是基于中国实践与需要而形成的推动我国市场高水平开放的重要制度,在未来也将为我国对外开放水平的不断提升做出重要贡献。同时,国际主要经济体的市场准入制度经验表明,我国未来的市场准入制度可在提升法律位阶、缩减清单长度,推进制度的衔接与融合,加强清单分类标准与国际接轨,提升透明度,持续扩大服务业开放等方面,纵深推进我国的高标准市场准入体系建设。

本章首先梳理了国际主要经济体的市场准入制度特征,将各国市场准入制度与我国市场准入制度进行对比,其次,从法律依据、负责机构、所需程序、监督与争端解决机制等方面归纳了美欧日韩澳新等14个世界主要经济体市场准入制度的具体管理模式,最后提炼了国际市场准入制度的经验对我国的启示。

第一节

世界主要经济体市场准入制度的主要特征

世界主要经济体的市场准入制度大多是针对外商投资的管理。而我国在全国统一的市场准入负面清单制度形成之前，还有《外商投资准入特别管理措施（负面清单）（2021年版）》[1]针对外商投资准入列出具体的负面清单。为了理解中国与国际主要经济体的市场准入差异，梳理可为我国借鉴的有益国际经验，本章首先简要阐明在中国的市场准入制度中全国统一的市场准入负面清单制度与外商投资准入特别管理措施的区别，然后总结美欧日韩等世界重要经济体市场准入制度的主要特征。

一、全国统一的市场准入负面清单制度与外商投资准入特别管理措施的区别

市场准入负面清单是适用于境内外所有投资者的一致性管理

---

[1] 《外商投资准入特别管理措施（负面清单）（2021年版）》，自2022年1月1日起施行，由国家发展改革委、商务部会同有关部门负责解释。

措施，而外资准入特别管理措施仅针对境外投资者的来华投资，属于外商投资管理领域的概念。全国统一的市场准入负面清单制度，是指国务院以清单方式明确列出在中华人民共和国境内禁止和限制投资经营的行业、领域、业务等，各级政府依法采取相应管理措施的一系列制度安排，其与《外商投资准入特别管理措施（负面清单）（2021年版）》是两类功能不同的市场准入环节的负面清单制度。《外商投资准入特别管理措施（负面清单）（2021年版）》统一列出股权要求、高管要求等外商投资准入方面的特别管理措施。该负面清单之外的领域，按照内外资一致原则实施管理。负面清单针对的仅是境外投资者的来华投资，属于外商投资管理领域的概念，而市场准入负面清单是适用于境内外所有投资者的一致性管理措施，是对各类市场主体市场准入管理的统一要求，属于国民待遇的一部分。

更加形象地解释两张清单的关系，其实外资准入负面清单和全国统一的市场准入负面清单就是"两道门"的关系。[1] 外商投资到中国来，首先要经过外资准入负面清单，进入国内以后，按照国民待遇原则，还要符合市场准入负面清单。也就是说，境内市场投资主体的投资经营要遵守市场准入负面清单的要求（一张负面清单），而境外市场投资主体的投资经营既要遵守外资准入负面清单的要求，也要按照国民待遇的原则遵守市场准入负面清单的要求（两张负面清单）。而在本章梳理的各经济体的市场准入制度中，均未见到设有内外资一视同仁的负面清单市场准入形

---

[1] 参见国家发展改革委客观经济研究院课题组研究项目：《市场准入负面清单制度国际比较研究》（2018年发改委体改司委托课题）。

式，大多数发达经济体仅通过针对外资的负面清单或国家安全审查机制对外资进行审核。我国的全国统一市场准入负面清单，致力于促进内外资平等待遇，是基于中国现实需求和发展阶段形成的重要的特色制度，理解我国的两张清单的区别，也为了解国际经济体的市场准入制度提供了铺垫。

二、世界主要经济体市场准入制度的主要特征

（一）美国特征：注重追求投资自由化目标

虽然美国是当今世界上最早提出负面清单概念的国家，并实行准入前国民待遇加负面清单的管理模式，但其提倡投资自由化的目标始终没有发生变化，除负面清单和法律法规中明确列出的不符措施及出于国家安全考虑予以限制的领域外，其他所有行业和部门对内资和外资都高度开放。美国的负面清单一般包括三个附件，第一个附件是第一类负面清单，第二个附件是第二类负面清单，第三个附件则列出了与金融服务相关的不符合措施，但是无论是第一类、第二类还是单独的金融服务措施，都采取了"不准入即开放的模式"，根本目标是在确保国家和经济安全的前提下，实现投资自由化。

（二）欧盟特征：注重市场准入制度的关键内容与透明度

尽管欧盟签署的负面清单根据现实情况分别取单独的负面清单或者未单独成文而是放到协定之中等不同的形式，但总体而言，其负面清单的规定比较清晰，透明度较高。例如，在欧盟和加拿大 2016 年 10 月 30 日签署的《综合性经济贸易协定》中，负面

清单不符措施的要求分为政府与行业两方面。其中，从政府方面，该协定将欧盟政府的不符措施列入清单；从行业方面，协定对其适用范围进行了明确的规定，即包括空运、视听和文化服务等不适用市场准入义务和准入阶段非歧视待遇的若干行业；明确的分类方式，有效加快了双边的投资合作速度，也因具有更高的可操作性而有利于各方合作更有效、更便捷地开展。欧盟为协调欧盟内部经济体对外商投资的审核制度，出台了框架条例，说明了具体审查外资的情况和原则，也体现出其市场准入制度的透明度较高。

（三）法国、德国特征：总体较为开放，敏感部门需审核

法国的外国投资管制总体上比较宽松。但出于保护国家利益的需要，政府要求资本流动和外国投资提供通知或获得事先授权。法国实施外国直接投资管理制度，敏感部门的外商投资需要事先批准，这些部门包括：国防、能源、水利、运输、太空、电子通信、警察、卫生、有助于国家食品安全目标的农产品、用于政治和一般信息的印刷和在线新闻服务、量子技术和能量存储。

德国的外国投资管理制度分为特定部门管理制度和跨部门管理制度。特定部门包括国家信息、媒体、软件、医疗等关键基础设施领域。涉及特定部门的投资需要适用强制性通知义务。除特定行业的审查之外，德国针对外资还有跨部门审查制度，对涉及多个部门的投资进行审核。

（四）英国、加拿大、澳大利亚特征：敏感领域有安全审查制度

英国目前没有专门的外国直接投资管理制度，如果有触及公

共利益的交易，英国国务卿将介入审查。新冠肺炎疫情后，英国政府扩大了国务卿可能的审查范围，进一步包括了网络提供商和食品安全领域。除部分国有行业外，其他国内外企业受到同等对待。如果达到相关的司法管辖门槛，外来投资可能会受到欧盟或英国并购控制相关法案的审查。作为一般性建议，当达到欧盟并购控制阈值时，将由欧盟委员会审查交易，而当达到英国阈值（不包括欧盟阈值）时，将由英国竞争与市场管理局审查交易。

加拿大的外资审查制度分为：净利益审查（旨在确定拟议交易是否可能为加拿大带来净利益）和国家安全审查。根据交易的规模、非加拿大投资者的身份和交易结构等，还可将投资分为通知型与审查型。敏感领域投资包括：国有企业投资、军事/国防、加拿大文化遗产、在新冠肺炎疫情大流行期间的公共卫生和重要商品/服务。

澳大利亚实行双重外国直接投资监管程序：强制通知（在达到某些评估阈值的情况下）与自愿提交（交易不符合评估阈值引发了"国家利益"问题）。敏感部门包括媒体、电信、运输、国防、土地、军事相关行业、核相关活动。在澳大利亚的外国投资受到下列框架管制：《1975年（联邦）外国并购与兼并法》《2015年（联邦）外国并购与兼并条例》和联邦政府的外国投资政策。某些行业的外国投资者还可能需要遵守《2018年关键基础设施安全法》的规定。此外，对特殊行业的外商投资（如航空、媒体、银行和机场）也受到特定立法或规定的限制。

（五）日本特征：注重加强负面清单制度建设，采取"停止"和"回转"实施机制

日本在自己需要保护的与农业、林业和渔业相关的第一产业，石油工业，矿业，供水和供水系统行业，铁路运输行业，水路运输行业，航空运输行业，电信行业等产业采取有力的保障和应急机制安排。比如，在日本与韩国双边投资协定中关于"停止"和"回转"机制的安排。其中，"停止"机制是指锁定缔约方现有的不符措施，禁止制定新的或者限制性更强的不符措施；"回转"机制是以现有的不符措施为起点，逐步减少或取消这些措施，而不得采取新的例外措施。"停止"和"回转"机制的制度安排，为日本的负面清单管理承担起更好地保护本国经济产业发展、维护本国经济安全利益的责任发挥了重要作用。

（六）韩国特征：注重在负面清单中突出强调服务业利用外资功能

韩国的负面清单中涉及服务业开放的部分看似非常多，实际上其内容较为简单。绝大部分服务业的内容主要是要求必须有商业存在，这是在法律上使得相关领域的合作模式规范化的体现。而从服务业开放的具体内容看，韩国对外资的限制主要集中于以下几个领域：一是对于内河船运等运输领域存在限制外资进入的要求，与国际管理基本一致；二是在新闻、教育等涉及意识形态的领域对外资企业的高级管理人员的国籍等有一定要求；三是在电信等领域需要有专门针对外资企业的行政许可。分为对外国投资开放、有条件或部分限制、禁止三种情况。

（七）新加坡特征：立法限制与许可制度结合

新加坡的投资市场通常向外国投资者开放，只在某些对国家利益至关重要的领域，对外国投资者和本地投资者进行了区分。

新加坡政府通过两种方式对外国投资进行监督和控制：第一是立法限制，主要在房地产或媒体等特定领域；第二是许可制度，政府通过严格的许可制度控制某些行业。例如，已经在银行和电信部门中建立了许可制度，并且外国投资者和国内投资者都必须寻求各自监管机构的特定批准。在这些特定领域，新加坡政府通常会采取促进外国投资者与监管机构之间的协商方法，在此过程中，将逐案评估每项申请，以确保根据案情进行评估。

（八）印度特征：注重法律法规和政策体系的完善优化

印度对待外资的态度由排斥到逐渐接受再到大幅引进，相应的法律制度和政策也进行了调整，特别是进入负面清单阶段，每一阶段的法律法规和政策都在前一法律法规和政策的基础上做出了调整，有效保证了法律制度和政策的稳定性、连续性、透明性和有效性，为消除各种社会信用风险和投资风险提供了制度保障，既有效地引入外资，缓解了在政府干预过多的市场中存在的准入开放性不足、公平性不够、透明度不够、准入管理程序复杂等问题，同时通过差异化设置了自动路径、事前批准路径和禁止清单，有效保护了涉及弱势产业、国家安全、竞争力不强产业、关系国计民生的有关产业行业领域。另外，负面清单制度及相关法律法规的实施，列明了外商投资市场准入的所有禁止和限制事项，减少了政府的自由裁量权和寻租空间。

（九）印度尼西亚、泰国、马来西亚特征：注重负面清单差异化而非一般性的准入许可

印度尼西亚的负面清单中含有大量的准入许可环节，不仅针

对外资企业，也针对本土企业，例如，在烟草行业，印度尼西亚政府出于宗教目的，严格禁止对新的企业发放烟草生产许可；纸浆工业需要获取森林采伐许可证，等等。但这种准入许可不是一般性的法律规定，如规定"所有企业不得从事犯罪活动"，而是具有明显的行业特殊性的准入许可，往往带有明显的行业特征或民族文化特征。如纸浆工业需要的森林采伐许可证，其他行业就不可能需要；制糖行业需要的食品安全许可证，机械、电子等制造业领域也不可能需要。这种非一般性的准入许可，往往不是出于保护某类企业的目的，而是出于公共安全和文化的因素，因此在清单中特别列出。

泰国是东盟中仅次于印度尼西亚的第二大经济体，在大多数服务领域，外资只能拥有49%的所有权。泰国提供三个清单，清单一不允许外国商人持多数股权。列出的行业是：新闻、广播和电视，水稻种植或农作物种植，畜牧业，伐木，水产，泰国草药，贸易和拍卖泰国古董，制作佛像或僧侣钵，交易土地，等等。清单二出于国家安全以及泰国文化传统与环境保护的原因限制外国投资。清单三列出了许多政府打算保护国民免受外国竞争的行业，如部分农业、养殖业、林业、会计、法律、工程服务、农产品国内贸易、零售批发、广告、饭店、导游、食品销售等。

马来西亚对外资的限制大多集中在服务业。服务业的外国投资，无论是在没有外资股权限制的部门中，还是在受控子行业中，都需要接受对相关部门具有管辖权的政府部门和机构的审查和批准。审批过程的关键功能是确定拟议投资是否符合政府为促进经济发展而设定的目标。受限制行业包括金融、分销交易、电信、油气服务、法律服务等。同时，为保护当地人的利益，在分销贸易等领域需要确保马来人和其他当地人持有该领域 30% 的股权。

为直观展现各经济体市场准入制度与我国的共性与差异，表 7-1 汇总了各经济体的市场准入制度在法律、负责机构、具体程序、监督与争端解决机制方面的差异，在第二节中，将详细介绍具体的管理模式与细节。其中，美国的负面清单常体现在签署的双边投资协定和自由贸易协定中，不符措施较少。欧盟的市场准入制度建立了欧盟各经济体的协调与合作框架，市场机制透明度较高。美国、澳大利亚、英国、法国、德国等国均对敏感部门的外来投资有特定限制或进行单独审查。相比之下，印度市场准入制度较为复杂，设有自动路径、事前批准路径和禁止清单三个清单；马来西亚制造业相对开放，服务业外商投资受限较多；泰国设有三个负面清单，其中清单一不允许任何外国投资，清单二和清单三允许外国企业进入；中国近年来逐步放宽了市场准入限制，主要限制存在于服务业中。总体而言，发达国家对外资准入的限制总体较少，规则较为透明，争端解决机制完善，发展中国家市场准入制度的透明度和争端解决机制尚有完善空间。

表 7-1　各经济体市场准入机制汇总

国家	法律	负责机构	具体程序	监督与争端解决机制
中国	《市场准入负面清单》《外商投资准入负面清单》	国家发展改革委、商务部	许可准入的行业需要申请许可	国家发展改革委、商务部

（续表）

国家	法律	负责机构	具体程序	监督与争端解决机制
美国	双边投资协定中的负面清单、《外国投资风险审查现代化法案》	美国外国投资委员会	国家安全审查过程和特定领域的外国投资限制	国际仲裁法庭、国际投资争端解决中心、联合国国际贸易法委员会
欧盟	《欧盟外国直接投资审查框架条例》	欧盟法院	欧盟法律框架；成员之间的合作机制	欧盟负责协调成员之间的信息交流
法国	《货币和金融法典》	经济部	对敏感部门投资进行审核	由行政法官进行全面审查
德国	《对外贸易和支付条例》	特定领域收购需获得联邦经济事务和能源部的批准	特定部门和跨部门管理制度	可根据行政法的一般原则对此类决定提出异议
英国	并购控制相关法案、公共利益审查制度、欧洲联盟运作条约、黄金股等	欧盟委员会、英国竞争与市场管理局、英国国务卿	超过门槛的需要审查	竞争上诉法庭
加拿大	1985年《加拿大投资法》	创新、科学和经济发展部部长管理大部分投资；文化遗产部部长管理与文化有关的投资；多部门协同进行国家安全审查	净利益审查和国家安全审查	创新、科学和经济发展部部长、文化遗产部部长、公共安全和应急准备部部长

（续表）

国家	法律	负责机构	具体程序	监督与争端解决机制
日本	《外汇和对外贸易法》2019修正案	财政部与具体行业有关部门负责监管	事前申报与事后报告结合	财政部与具体行业有关部门
新加坡	不同部门援引的法律不同，如金融业监管为《银行法》	不同部门不同监管机构	立法限制（主要在房地产或媒体等特定领域）和许可制度（如金融行业）	新加坡国际仲裁中心、新加坡国际调解中心、新加坡国际商事法院和新加坡海事仲裁庭
韩国	1998年《外国人投资促进法》	不同部门不同监管机构	分为对外国投资开放、有条件或部分限制、禁止三种情况	加入国际投资争端解决中心和《纽约仲裁公约》
印度	《统合外国直接投资政策》	商业和工业部、内政部	三个清单：自动路径、事前批准路径和禁止清单	争端解决机制用时较长
印度尼西亚	第44/2016号总统令	投资协调委员会	三个清单：禁止清单、有条件对中小微企业开放清单、其他有条件开放清单	投资协调委员会
泰国	《外国企业法》、1978年《外籍人工作法》和1977年《投资促进法》	部长会议（内阁）和/或交通部商务发展部局长	三个负面清单：清单一不允许任何外国投资，清单二和清单三允许外国企业进入	2008年《金融机构业务法案》加强了中央银行的监督和执行权

（续表）

国家	法律	负责机构	具体程序	监督与争端解决机制
马来西亚	2016年《公司法》	不同部门不同监管机构	敏感行业限制	马来西亚投资发展局
澳大利亚	1975年《（联邦）外国并购与兼并法》、2015年《（联邦）外国并购与兼并条例》和联邦政府的外国投资政策	外国投资审查委员会负责审查外国投资提案，并就此向澳大利亚政府提出建议	"须申报行为"需要强制申报以获批准，"重大行动"建议自愿申报	申请人无权对根据《（联邦）外国并购与兼并条例》或该政策做出的外国投资决定进行行政或司法审查

我国目前在服务业有较多市场准入限制，发达国家虽然对敏感领域的服务业亦有限制，但相比之下限制较少。表7-2总结了各经济体服务业市场准入限制情况。具体而言，我国《市场准入负面清单（2021年版）》中，禁止准入服务业包括金融业、互联网业、与市场准入相关的禁止性规定列明的行业；获得许可方可准入的行业包括：批发和零售业，交通运输业，仓储和邮政业，住宿和餐饮业，信息传输业，软件和信息技术服务业，金融业，房地产业，租赁和商务服务业，科学研究和技术服务业，文化、体育和娱乐业等。相比之下，美国服务业市场准入限制主要体现在对国内航空服务、金融服务的公民身份要求以及对商业和出口促进服务部分的限制；欧盟外资准入的敏感行业在于关键基础设施、关键技术、敏感信息和媒体；日本外资准入敏感行业为网络安全相关服务业、通信业等；新加坡的外资准入限制主要在电信业、金融服务业、法律和会计服务业、机场服务业、港口服务业、公共事业服务业。我国可吸取

发达经济体的经验，在保证国家安全的前提下，逐步深化服务业开放。

表7-2 中国与各经济体服务业主要市场准入规则总结

国家	行业	规定
中国[1]	金融业、互联网业、与市场准入相关的禁止性规定列明的行业	禁止准入部分子行业
	批发和零售业，交通运输业，仓储和邮政业，住宿和餐饮业，信息传输业，软件和信息技术服务业，金融业，房地产业，租赁和商务服务业，科学研究和技术服务业，文化、体育和娱乐业等	未获得许可，不可从事部分子行业
美国	国内航空服务	美国公民身份要求[2]
	金融服务	美国公民身份要求[3]
	商业和出口促进服务	外国人和外国公司申请出口审核证书[4]
欧盟	关键基础设施、关键技术、敏感信息和媒体	属于敏感领域

---

[1] 参考中国《市场准入负面清单（2021年版）》。
[2] 美国公民才能从事国内航空服务并作为美国航空公司提供国际航空服务。外国民用飞机需要交通部的授权才能在美国境内运营。非美国公民还需要授权从事间接航空运输活动，如航空货运代理和客运包机活动。此类授权的授予由交通部决定，美国公民是指身为美国公民的个人；每个成员均为美国公民的合伙企业；或者一家美国公司，其中至少2/3的董事会成员是美国公民，总裁和其他管理人员是美国公民，并且至少75%的投票权益由美国公民拥有或控制。因此，外国公司可以在没有交通部授权的情况下，拥有美国航空公司或从事间接航空运输活动的公司最多25%的投票权。
[3] 美国对金融服务的外国投资有许多限制，如并购和绿地投资。在国家级和州级，银行业可能都有公民身份要求。例如，国民银行的所有董事都必须具有美国公民身份。不同的州以不同的银行监管条例实施不同的要求。美国一些州对外国银行进入该州金融部门限制较多，对保险公司也有类似的要求，通常在州一级进行监管。
[4] 出口审核证书有利于降低出口成本。

（续表）

国家	行业	规定
法国	与密码有关的活动或服务；电子通信网络和服务的运行	非欧盟投资者进行的任何外国投资，必须获得授权
	用于政治和一般信息的在线新闻服务属于敏感部门	需要事先批准
英国	军事和军民两用商品/服务、国家基础设施部门、先进技术、政府关键供应商和应急服务部门等	属于敏感领域
加拿大	国有企业投资；军事/国防、文化遗产、在新冠肺炎疫情大流行期间的公共卫生和重要商品/服务	属于敏感领域
日本	网络安全相关服务业；通信业	除满足"一般豁免"条件以外，还需满足"追加豁免"条件，方可免于事前申报
新加坡	电信业、金融服务业、法律和会计服务业	金融行业，经营需要获得监管部门的许可
	机场服务业、港口服务业、公共事业服务业	不能由外国所有
韩国	房地产、医疗设备租赁、运输、旅游等服务业	要采用商业存在（设立实体企业）的形式开展业务
印度	广播服务、新闻、安全机构、贸易、银行等行业	设有外资上限
	博彩、筹资、房地产、烟草、法律、会计、建筑服务、B2C（商对客电子商务模式）等	不允许外国直接投资
泰国	新闻、广播和电视，水稻种植或农作物种植，畜牧、伐木、水产，泰国草药，贸易和拍卖泰国古董，制作佛像或僧侣钵，交易土地	不允许外国多数股权

（续表）

国家	行业	规定
马来西亚	金融、分销交易、电信、油气服务、法律服务等	外国投资需接受审查和批准
澳大利亚	媒体、电信、运输、国防、土地、军事相关行业、核相关活动	属于敏感领域

区域全面经济伙伴关系协定中的负面清单

2020年11月15日，第四次区域全面经济伙伴关系协定领导人会议以视频方式举行，会后东盟10国和中国、日本、韩国、澳大利亚、新西兰共15个亚太国家正式签署了《区域全面经济伙伴关系协定》（Regional Comprehensive Economic Partnership，RCEP）。

区域全面经济伙伴关系协定在市场开放方面达成重要共识。在服务贸易方面，日本、韩国、澳大利亚、新加坡、文莱、马来西亚、印度尼西亚等7个成员采用负面清单方式承诺，中国等其余8个成员采用正面清单方式承诺，并将于协定生效后6年内转化为负面清单。就开放水平而言，15方均做出了高于各自"10+1"自贸协定水平的开放承诺。中方服务贸易开放承诺达到了已有自贸协定的最高水平，承诺服务部门数量在中国入世承诺约100个部门的基础上，新增了研发、管理咨询、制造业相关服务、空运等22个部门，并提高了金融、法律、建筑、海运等37个部门的承诺水平。其他成员在中方重点关注的建筑、医疗、房地产、金融、运输等服务部门都做出了高水平的开放承诺。

在投资方面，15方均采用负面清单方式对制造业、农业、林业、渔业、采矿业5个非服务业领域投资做出了较高水平开放承诺，大大提高了各方政策透明度。中方投资负面清单反映了国内改革最新进展，这也是我国首次在自贸协定项下以负面清单形式对投资领域进行承诺，对完善国内"准入前国民待遇+负面清单"外商投资管理制度、锁定国内压缩外商投资负面清单改革成果、实现扩大外商投资市场准入具有重要意义。

第二节

国际主要经济体市场准入制度的具体管理模式

国际社会上负面清单的使用，最早可追溯至19世纪，1834年德意志关税同盟建立，同盟成员就是采用负面清单模式订立贸易条约。[1] 二战后，美国与日本签订的友好通商航海条约，对公用事业、造船等行业的列举可以看作国民待遇义务的"负面清单"。从字面上看，负面清单可以理解为除外清单，也就是除了清单上列明禁止的，都可以做。这种"可以做"，在法律上就限定了权力空间。从法理上说，就是权力的获得、范围和行使必须法定；对于不能行使的权力也需要明示，做出限制规定。

在负面清单方式上取得了试验成果和突破的是1994年生效的《北美自由贸易协议》（NAFTA），其创立了"准入前国民待遇＋负面清单"的投资管理模式。在《北美自由贸易协议》的示范效应下，美国成了负面清单模式的最大推动者，在其主导的《跨太平洋伙伴关系协定》（TPP）、《跨大西洋贸易与投资伙伴关系

---

[1] 封骁.负面清单管理的难点与对策[J].现代商业.2014,27；张小明，张婷."负面清单"的国际经验及借鉴意义[J].开放导报.2014,6.

协议》(TTIP)中,以"准入前国民待遇+负面清单"的管理模式为核心的第三代国际投资规范正在重塑世界投资和贸易格局。

负面清单常见于自由贸易协定[1]或双边投资协定中。世界各国的市场准入制度则包括各种管理形式：负面清单、敏感行业管理、国家安全审查等。在市场准入方面,很少有国家与我国一样,目前既有外资适用的负面清单,又有内外资同时适用的清单。世界上主要经济体大多单独采用外资管理制度,少数经济体如英国、新加坡,则并不明显地区分内外资,投资自由化程度较高。

在国际对比中,本书选取的经济体基于联合国贸易和发展会议在2019年的投资流入量排名,包含美国、欧盟、法国、德国、英国、加拿大、日本、新加坡、韩国、马来西亚、印度尼西亚、印度、泰国、澳大利亚等经济体。客观上,外国直接投资的受限程度与市场准入门槛和严格程度相关。2019年,世界各经济体的外国直接投资流入量从高到低排序为：美国、中国、新加坡、巴西、英国、中国香港、法国、印度、加拿大、德国。就2019年世界85个数据可得的国家和地区对外国直接投资的限制程度而言,亚洲和非洲区域的外国直接投资限制程度较高。在2019年经济合作与发展组织的外国直接投资限制指数中,卢森堡排名第一,外国直接投资限制最少,中国在这85个国家中位列第77名,外国直接投资限制处于较高水平。全球其他经济体如何管理市场准入,是否有经验可供我国借鉴,需要进一步深入研究与对比,这也是本节将探讨的内容。

---

1 截至2009年,亚太地区已有26个自贸区协定采用"准入前国民待遇+负面清单"的管理模式,涉及的既有美国、加拿大、澳大利亚、新西兰、日本等发达国家,也有泰国、马来西亚、印度尼西亚、菲律宾、文莱、越南、墨西哥、智利、秘鲁等发展中国家。

一、美欧及英联邦经济体的市场准入制度比较

（一）美国：追求实现投资自由化目标

美国是较早提出负面清单的国家，实行"准入前国民待遇＋负面清单"的管理模式，建立负面清单制度的初衷是实现投资自由化。目前，除负面清单和法律法规中明确列出的不符措施或者出于国家安全考虑的禁入限制外[1]，其他所有行业和部门对内资和外资都有相对高度的开放。美国有成熟的外国直接投资管理制度。20世纪80年代在双边投资协定中最早使用，但部分敏感行业除外。1994年，《北美自由贸易协议》的签订创立了"准入前国民待遇＋负面清单"的投资管理模式。

美国对外国直接投资有国家安全和特定部门的外资审查体制。部分部门有审核要求或准入限制。敏感部门包括：关键技术（某些出口管制技术）、关键基础设施（特定的通信、能源、运输和金融基础设施，以及某些战略材料和工业资源）以及美国公民的敏感个人数据（例如遗传学数据或其他个人身份数据，包括财务、健康、安全或其他定性因素）。

1. 法律

美国国家安全审查流程通常被称为 Exon-Florio 或 CFIUS（美国外国投资委员会）审查流程。美国国家安全审查程序是根据其1950年《国防生产法案》（有时称为《埃克森－弗洛里奥修正案》）的第721节及其实施法规进行的。该法规授予总统权力，以审查

---

[1] 近年来美国政府分若干批次先后将中国企业或机构列入"实体清单"，以可能涉及国家安全为由禁止这些企业进入美国市场，这个问题值得关注，但并非本书直接研究的内容。

可能导致外国人控制美国业务的任何交易,并在威胁损害美国国家安全的情况下中止或禁止该交易。

2. 负责机构

美国外国投资委员会是一个机构间委员会,对外国直接投资有管辖权。美国外国投资委员会由财政部长担任主席,成员包括:商务部长、国务卿、国防部长、国土安全和能源部长以及总检察长、美国贸易代表、科技政策办公室主任。劳工部长和国家情报局局长是当然成员。根据行政命令任命的其他行政部门代表,观察并酌情参加委员会的活动,包括经济顾问委员会主席、管理和预算局局长、国家安全事务总统助理、经济政策总统助理和国土安全与反恐总统助理。

3. 具体程序

2018年8月颁布的《外国投资风险审查现代化法案》对流程进行了重大改革。在该法案颁布之前,美国拥有完全自愿的国家安全审核流程。该法案在许多实质性方面扩大了美国外资投资委员会的管辖范围,其中包括:在某些情况下的独立收购、租赁或特许房地产;以及外国人涉及关键领域的"其他投资",尤其是关键基础设施、关键技术或敏感个人数据。《外国投资风险审查现代化法案》还首次针对涉及关键基础设施、关键技术和敏感个人数据的外国投资制定了强制备案制度。而所有其他受美国外资投资委员会管辖的交易可能仍会采取自愿通知的管理方式。该法案要求,外国政府控制人员对涉及关键基础设施、关键技术或敏感个人数据的美国业务所做的投资必须通知委员会,并且允许委员会实施某些强制性通知要求。委员会利用授权于2018年11月启动了一项强制性计划,该计划适用于"美国试点计划企业"中的某些外国投资。根据该试点计划，如果交易涉及外国人发起的控制性或其他非被动性投资（即为投资者提供一定权利的投资，如董事会代表或某些治理或访问权），而且投资的美国企业涉及关键技术[1]且活跃于特定行业或为特定行业设计产品，则各方必须向委员会提交备案。当事人如不备案，可被罚款至交易价值。

在特定部门的外资审查方面，美国对外国投资的限制集中在涉及公共利益和公共服务的部门。在航空、银行、通信、能源、运输等领域对外国投资施加了一些限制。一些州还限制了某些领域的外国投资。

4. 监督与争端解决机制

在美国投资的外国国民和实体在独立的国际仲裁法庭面前享有免受美国违反双边投资协定和自由贸易协定中的投资保护规定的某些行动的保护。双边投资条约为一个签署国的投资者在另一个签署国领土内进行的投资提供相互保护。自由贸易协定是涉及一系列与贸易有关问题的更广泛的条约，通常包括外国投资保护。

双边投资协定和自由贸易协定提供了适用于外国在美国投资的大部分保护措施。尽管每个协定都是独特的，但美国签署的几乎所有协定都为外国投资者提供了公平公正待遇、国民待遇、最惠国待遇等基本保护。除上述核心保护外，美国双边投资协定和自由贸易协定通常还保证资金的自由转移，并保护投资者免受业绩要求的影响，例如出口配额或销售限制。

---

1 参考《出口管制条例》定义。

当美国违反上述标准时（或归因于政府的诉讼违反这些标准时），受保护的投资者通常可以在中立的国际仲裁庭进行投资者与国家之间的仲裁。相关条约将建立一个可能机构的菜单，投资者将选择最适合其目标的机构。关键机构是世界银行集团下属的国际投资争端解决中心（ICSID），尽管这要求双边投资协定或自由贸易协定的双方均是国际投资争端解决中心公约的缔约方。另一个选择是根据联合国国际贸易法委员会的规则进行仲裁，但这有一个缺点，即它是没有机构支持的临时仲裁。

美国双边投资协定中的负面清单特征[1]

对美国近年来已签署的双边贸易协定（对照2012版本双边贸易协定范本所签）范本与我国2015年4月出台的《自由贸易试验区外商投资准入特别管理措施（负面清单）》进行对比分析，探讨中国已发布的负面清单与其的差距。

美国负面清单所覆盖的产业较为集中，主要包括金融业、商务服务业、通信业和交通运输业，前三项都是美国的优势产业。由此可见，在对外开放、吸引国外投资者资金的同时，美国依然对其优势产业采取适度保护，控制风险，避免全盘放开。以金融业为例，在金融服务负面清单中，将保险业、银行及其他金融服务行业分为中央和地方两个法律层级，提出18项不符措施，包括保险业4项（地方层面1项）、银行及其他金融服务行业14项（地方层面1项），尤其对于外资

---

1 国家发展改革委宏观经济研究院课题组报告：《市场准入负面清单制度国际比较研究》，2018年10月。

银行和政府债券等几个关键领域做出重点阐述。对于相对劣势产业或不占优势产业，美国则予以谨慎开放、审慎保护。以交通运输行业为例，交通运输行业已成为韩国贸易顺差的一大来源。2013年，韩国向美国出口的运输设备位居所有出口国首位，占运输设备出口总额的17.8%，运输服务出口在世界位列第三，而美国则是这一行业的贸易逆差国，竞争力远不及韩国。因此，在美韩自由贸易协定负面清单中，美国在第一类和第二类负面清单中共四处设定了交通运输业对外开放的不符措施。

美国负面清单中列明的不符措施分为七大类，大致包括股比限制、从业资格限制、区域限制、政府优惠例外等，其中，金融业涉及的不符措施最多。美国负面清单涉及的原则包括国民待遇、业绩要求、最惠国待遇、高管与董事会成员要求（如要求主要负责人是美国公民）。其中，涉及国民待遇和最惠国待遇的原则最多。在美国与韩国的负面清单中，除了上述四种原则之外，还包括当地存在（如在美国境内设立企业或者办公室）和市场准入（如要求获得美国行政部门的授权），这两种主要适用于美韩之间的服务贸易。

美国负面清单不涉及制造业领域。相比而言，我国负面清单中制造业所涉及的行业包括航空制造、船舶制造、汽车制造、轨道交通设备制造、通信设备制造、矿产冶炼和压延加工、医药制造和其他，共涉及17项特别管理措施，在全部122项特别管理措施中所占比重并不大，但从具体描述内容看，不符措施主要包括禁止投资、限制投资、中方控股、限于合资合作，其他少数不符措施还包括：城市轨道交通项目设备国产化比例须达到70%及以上、新建纯电动乘用车生产企业生产的产品须使用自有品牌，拥有自主知识产权和已授权的相关发明专利。从不符措施数量和具体限制措施看，已大大减少，但与美方要求仍相距甚远。

在美韩自由贸易协定中，不符措施分为两大部分，一是现有不符措施，二是有权保留或进一步采取的不符措施，对于后者而言，基本涉及的是服务业，因此，我们主要考察现有不符措施。在现有不符措施中，制造业方面，只对生物产品制造保留了业绩要求。进一步看中澳自由贸易协定负面清单不符措施同样分为两大部分，一是现有不符措施，二是有权保留或进一步采取的不符措施，两份清单涉及的大多数也是服务业。

（二）欧盟：《欧盟外国直接投资审查框架条例》允许安全或者公共秩序审查

欧盟注重负面清单制度的关键内容和透明度。尽管欧盟签署的负面清单根据现实情况分别取单独的负面清单或者未单独成文而是放到协定之中等不同的形式，但是总体而言，其负面清单的规定比较清晰，透明度较高。在欧盟与其他经济体签署的经贸协定中，负面清单不符措施的要求一般分为政府与行业两方面。从政府方面来看，该协定将欧盟政府的不符措施列入清单；从行业方面来看，协定对其适用范围进行了规定，明确列举出不适用市场准入义务和准入阶段非歧视待遇的若干行业。

欧盟没有独立的市场审核机构，但负责协调成员方之间的信息交流。《欧盟外国直接投资审查框架条例》（以下简称《框架条例》）旨在解决由于非欧盟投资者（尤其是中国公司）对欧盟公司收购数量增加而引起的担忧，其中许多收购涉及敏感和战略领域。

2017年7月下旬，法国、德国和意大利发起了辩论，要求在欧盟引入共同规则以审查战略部门的外国直接投资。这场辩论最终导致《框架条例》的通过，为成员方提供了一个框架，使各成员方能够以安全和公共政策为基础审查外国直接投资，并加强成员方之间以及成员方与欧盟委员会之间的合作。

欧盟委员会于2020年3月25日发布了指南，指示各成员方应对关键卫生基础设施中的外国投资风险。该指南在整个欧洲掀起了一阵热潮，德国、法国、西班牙和意大利通过扩大安全风险审查的范围，将其医疗保健部门纳入范围，收紧了外国直接投资法规。意大利甚至禁止其他欧盟成员方的投资者收购战略业务。

1. 法律

2019年欧盟通过了《欧盟外国直接投资审查框架条例》，建立了筛选进入欧盟的外国直接投资的框架。《框架条例》于2019年4月10日生效，并自2020年10月11日起全面适用。《框架条例》允许在欧盟范围内加强对外国直接投资的筛选，而无须在欧盟一级建立强制性的筛选机制。

这种机制的法律基础是《欧盟运作条约》（TFEU），该条约允许成员方采取必要的措施，以保护其安全的根本利益，这些利益与武器、弹药和战争物资的生产或贸易相关。前提条件是这些措施不会"不利地影响内部市场针对非军事目的产品的竞争条件"。

根据欧盟法院的判例法，国家措施在以下情况是正当的：可以根据公共政策或公共安全，或为了压倒一切的普遍利益的理由。压倒一切的普遍利益包括环境保护、城乡规划和消费者保护，不包括纯粹的经济目标。

《关于控制企业集中的（EC）第 139/2004 号理事会条例》（以下简称《欧盟并购条例》）旨在确定欧盟内部对合并和收购的评估是否与共同市场兼容，并且不构成对共同市场进行有效竞争的障碍。

2. 负责机构

对于欧盟相关交易，《欧盟并购条例》赋予委员会专有的决策权。一旦委员会对交易拥有管辖权，各成员方的国内立法将不适用。同时，保护公共安全是各成员方的合法权益。

3. 具体程序

《框架条例》适用于外国直接投资，其三大支柱是：欧盟法律框架，用于以安全或公共秩序风险为由对成员方进行外国直接投资审查；成员方之间的合作机制，以及赋予欧盟委员会筛查外国直接投资并向成员方发布无约束力的咨询意见的新权限。《框架条例》列出了成员方（或委员会）在确定特定外国直接投资是否会影响其安全或公共秩序时可以考虑的因素和标准。这些因素包括投资涉及关键基础设施、关键技术、敏感信息、媒体自由、国家安全等。《框架条例》是对欧盟 71 号法规中现有并购框架的补充，并不试图取代它。

《欧盟并购条例》列出了成员方（或委员会）在确定特定外国直接投资是否会影响其安全或公共秩序时可以考虑的因素和

标准。这些因素包括外国直接投资对以下领域的潜在影响：

（1）物理或虚拟的关键基础设施（例如能源、交通、水、卫生、通信、媒体、数据处理或存储、航空航天、国防、选举或金融基础设施、敏感设施以及对使用这些基础设施至关重要的土地和房地产）；

（2）关键技术和双重用途项目（例如人工智能、机器人技术、半导体、网络安全、航空航天、国防、能源、存储、量子和核技术、纳米技术和生物技术）；

（3）提供关键投入（例如能源、原材料或粮食安全）；

（4）访问敏感信息（例如个人数据或控制此类信息的能力）；

（5）媒体的自由和多元化。

可以考虑的其他标准包括：外国投资者由第三国政府、地方机构或武装部队控制（通过所有权或大量资金）；外国投资者参与了影响另一成员方的安全或公共秩序的活动；外国投资者有从事非法或犯罪活动的巨大风险。

欧盟的负面清单管理模式[1]

欧盟是贸易投资协定签署的重要区域，欧盟28个成员共对外签署了超过1500个投资保护协定，约占全球现存有效投资保护协定的一半以上。但是，欧盟负面清单管理模式起步较晚，在2009年之前签订的协议中多采用正面清单模式。2009年12月《里斯本条约》生效后，外国直接投资正

---

[1] 国家发展改革委宏观经济研究院课题组报告：《市场准入负面清单制度国际比较研究》，2018年10月。

式纳入欧盟共同贸易政策范畴,成为欧盟专属权限,欧盟开始代表其成员方对外开展投资协定谈判。欧盟的负面清单管理具有其自身的重要特点。

欧盟-中美洲、欧盟-哥伦比亚-秘鲁自贸协定于2013年签署,结构和形式基本相似,在欧盟负面清单管理中属于比较系统和完整的,具有较强的代表性。因此,这里以这两份自贸协定的负面清单管理的主要内容作为分析对象,考察欧盟负面清单管理的主要内容。其负面清单主要包括以下内容。

1. 协定签署双方

两份协定的保留条款提出者是欧盟或欧盟成员方。

2. 产业分类标准

产品分类标准采用ISIC Rev3.1(国际标准产业分类)和CPC(联合专利分类体系)。两份协定中,ISIC Rev3.1标准只用于8种情况,所涉及产业均在两位数到四位数之间,包括:农业、狩猎,除相关咨询业服务外;渔业、水产养殖业,除相关咨询业服务外;煤炭和褐煤开采、碳泥提取;原油和天然气提纯;金属矿石开采;其他采矿和采石;出版、印刷和记录媒介复制;精炼石油产品制造业;独立的电力传递与分配、电力生产;独立的天然气原料分布和天然气生产;独立的蒸汽和热水分布以及生产。其余子产业的负面清单都是基于联合专利分类体系标准,分类区间在三位数到五位数之间。

3. 大类产业的负面清单

两份协定均对房地产行业、公共设施、公司建立形式、投资形式以及地理区域几个方面提出保障条款，其中涉及对外国投资者的权利、合法性以及最高投资比例的限制。此类负面清单提出的可能性目的是防止形成垄断，从而影响欧盟自身经济以及民生安全。

4. 子产业的负面清单

上述产业分类标准采用 ISIC Rev3.1 标准的子产业保留条款的设置主要基于欧盟能源和自然资源安全、媒介传播安全，其余的保留条款主要涉及商业服务、配送服务、通信服务、教育服务、金融服务、卫生和社会服务、旅游和旅行相关服务、休闲文化和体育服务、运输服务、辅助运输服务、能源服务以及其他服务。其中，保留条款的主要限制内容有：投资者的国籍限制；投资者的股权和参与权限制；投资者的合法性要有保障；进入某些子产业的权利限制，如进入相关行业的年限；某些危险系数较高、易形成垄断的产业需要政府授权或完全禁止进入；需要考虑的已有产业的规模、就业、人口密度以及可能形成的冲击等情况。提出保留条款的可能性目的是：考虑各产业的经济安全问题，防止外国投资者形成垄断；通信、教育则出于信息安全考虑；能源服务主要考虑活动运行安全性；从国家某些特色出发提出对其他服务的保留条款等。

5. 以欧盟为整体提出保留条款的产业

以欧盟为整体提出保留条款的产业有：公共设施、能源和自然资源相关产业、商务服务中的研发服务、通信服务中的卫星广播传输服务、教育服务、金融服务中的银行和其他金融服务、卫生和社会服务、(国际)运输服务以及辅助运输服务、能源服务。提出保留条款的目的可能是：欧盟是一个经济体，需要从整体上进行规划，如区域内的民生问题、经济安全问题、信息安全问题以及技术优势和能源优势保护问题等。

综上所述，欧盟-中美洲，欧盟-哥伦比亚-秘鲁自贸协定既顾及欧盟的整体性，又考虑了欧盟成员的特性，欧盟成员在整体的基础上又考虑到了自身特点。负面清单的制定主要是基于整体上的民生、经济和信息安全、技术优势和能源优势保护等方面，对中国多边协议的负面清单的制定具有重要参考价值。

（三）法国：敏感部门需事先批准

法国实施外国直接投资管理制度，根据法国《货币和金融法典》，敏感部门需要事先批准，这些部门包括：国防、能源、水利、运输、太空、电子通信、警察、卫生、有助于国家食品安全目标的农产品生产、用于政治和一般信息的印刷和在线新闻服务、量子技术和能量存储。从2020年4月1日起，所有外国投资者的敏感部门清单都相同，无论它们位于欧盟内部还是外部。

1. 法律

法国的外国投资管制总体上比较宽松，因为原则上法国与其他国家之间的金融关系不受限制。但因为保护国家利益的需要，政府能够要求资本流动和外国投资提供通知或获得事先授权。

1966年12月28日，法国通过了第一部关于外国投资的法律——第66-1008号法令。该法令得到了其他法令的补充，所有法令均已被编入《货币和金融法典》。

　　法国以自由为指导原则，除了敏感部门，进入法国的外国投资通常不需要审批。所有影响公共权力行使，或可能影响公共政策、公共安全或国防，或涉及研究、生产或交易武器、弹药或爆炸性粉末或物质的外国投资，均需获得经济部的事先批准。

　　《货币和金融法典》中详细说明了这一规定，直到2014年5月，经济部的权限范围仅限于11个特定行业。自2014年5月16日法令颁布以来，该列表中增加了6个新部门，而2018年11月29日法令又对5个新部门进行了补充。

2. 负责机构

经济部负责审查。

3. 具体程序

　　非欧盟投资者进行的任何外国投资（根据《货币和金融法典》的规定）以及欧盟投资者进行的在以下6个行业中的外国投资，都必须获得授权。这些行业包括私人报案、病原体研究、计算机数据捕获、信息技术、信息系统安全、军民两用技术等。另外5个行业被认为是高度敏感的，包括与密码有关的服务、国防秘密相关活动、军事相关活动、国防供应相关活动、公共安全与国家安全相关活动（如基础设施等领域）。2018年的法令又大大扩展了关于高度敏感行业的清单。

　　这些敏感行业的定义因投资者的来源而异，对于非欧盟投资者而言，其范围要远远超过对欧盟投资者的定义。博彩业中的外国投资（赌场除外）只有在非欧盟投资者进行投资时，才需要事先授权。

　　经济部必须核实该投资不会损害国家利益。必要时，它可以对投资施加条件。

4.监督与争端解决机制

经济部的决定应由行政法官进行全面审查。根据这一程序，法官被赋予广泛的权力来控制该部事先授权的决定，以推翻其的授权或拒绝决定。法官可追究政府对投资者的损害赔偿责任；尽管在实践中，确定国家责任非常困难。

此外，如果欧盟投资者可以证明法国的监管框架对资本自由流动产生了不合理的限制，或者与法国的公共政策目标不相称，则可以在法国法院对经济部根据欧盟法律做的决定提出异议。

法国已与104个国家签署并批准了双边投资条约，以及多边国际投资争端解决中心公约。这些条约为外国投资者提供了保护投资、解决争端（例如获得仲裁、承认和执行裁决）和赔偿的广泛保证。世界银行的《营商环境报告》在保护少数投资者方面将法国列为190个国家中的第38名。

（四）德国：特定部门和跨部门管理

德国的外国投资制度分为特定部门和跨部门管理制度。特定部门包括国家信息、媒体、软件、医疗等关键基础设施领域。涉及特定部门的投资需要适用强制性通知义务。触发此类通知义务的所有权门槛为公司投票权的10%。交易需要获得联邦经济事务和能源部的批准才能进行，否则合同无效。除特定行业的审查之外，德国对外资还有跨部门审查制度。此跨部门审查适用于所有相关企业，无论参与收购的公司规模如何。

近年来，德国关于外国投资的规则一直引起广泛讨论。在当前贸易和政治局势紧张的背景下，产业政策和创建欧洲（或德国)冠军企业的拥护者不断涌现。德国联邦经济事务和能源部长宣布了"2030年国家工业战略"。关于建立欧洲和德国冠军企业的政治辩论如火如荼。

德国控制外资的传统市场自由主义方法也已逐渐发生变化。2016年,中国美的集团收购了德国机器人公司库卡之后,人们对现有规则的适用性产生了广泛的政治关注和怀疑,当时的政策使得德国政府无法阻止该交易。这导致了2017年外国投资规则的首次修订,其中明确处理了关键基础设施业务并使其受到通知义务的约束,并大大延长了审查时限。德国对外国投资的规定从2018年末开始再次收紧。

1. 法律

德国的外国投资制度分为特定部门和跨部门管理制度。依据法律为《对外贸易和支付条例》。

2. 负责机构

联邦经济事务和能源部负责批准特定部门管理制度下需要审查的交易。

3. 具体程序

(1)特定领域的制度

对于收购国防或其他敏感领域公司,有一些特定规则适用。如果要收购的公司生产战争武器管制清单中的某些商品,特别是用于坦克或军用履带式装甲车的特殊构造的发动机或齿轮,具有用于处理政府机密信息的、具有IT(信息技术)安全功能的产品或某些具有特定军事用途的商品,则任何非德国投资者都必须根据《对外贸易和支付条例》第60条第2款的要求提交此类投资的通知。触发此类通知义务的所有权门槛为公司投票权的

10%（或由投资者持有至少 10% 投票权的公司通过资产交易完成收购业务）。交易需要获得联邦经济事务和能源部的批准才能进行，否则合同无效。在审查中，联邦经济事务和能源部考虑收购活动是否会对德国的基本安全构成威胁。

（2）跨部门体制

在特定行业的审查之外，根据《对外贸易和支付条例》第55条及其后各节，德国对外资还有跨部门审查制度。此跨部门审查适用于所有部门的企业，无论参与收购的公司规模如何。但是，在跨部门审核方案中，对关键基础设施的实体或企业的收购与其他公司之间存在区别。

（五）英国：无单独外资管理制度，通过并购安全审查限制外资

英国目前没有单独的外国直接投资管理制度。[1] 如果有触及公共利益的交易，英国国务卿将介入审查。新冠肺炎疫情暴发后，英国政府扩大了国务卿可能的审查范围，进一步包括了网络提供商和食品安全领域。除部分国有行业外，国内外企业同等对待。英国国内没有法律区分本土企业与外国企业。政府可以通过并购安全审查限制外国投资。投资敏感部门包括：军事和军民两用商品/服务、国家基础设施部门、先进技术、政府关键供应商和应急服务部门等。

1. 法律

（1）并购控制相关法案

如果达到相关的司法管辖区门槛，外来投资可能会受到欧盟

---

[1] 参考德勤、普华永道、年利达律师事务所发布的信息。

或英国并购控制相关法案的审查。作为一般性建议，当达到欧盟并购控制阈值时，将由欧盟委员会审查交易，而当达到英国阈值（但不包括欧盟阈值）时，将由英国竞争与市场管理局审查交易。当局将调查交易是否涉及竞争问题。

欧盟并购控制制度是强制性的暂缓通知制度，这意味着当事方必须通知符合相关阈值的交易，并且必须等待实施之前的批准。英国的并购控制制度是一种自愿制度，这意味着当事方没有义务通知其交易达到阈值。但是，出于法律确定性考虑，建议企业在并购前通知。

（2）公共利益审查制度

英国和欧盟的并购控制制度均规定当交易一方的国籍可能具有相关性时，可以根据竞争法以外的某些特定理由（所谓的"公共利益"或"合法利益"理由）对交易进行审查。在未达到相关欧盟并购控制阈值的情况下，英国政府还可以通过国务卿基于明确的公共利益考虑介入交易，包括以下方面：根据英国并购控制相关法案可复核的交易（称为"公共利益案件"）和不符合英国或欧盟并购控制相关法案规定的通知要求但引发特殊公共利益考虑的交易（称为"特殊公共利益案例"）。

特殊公共利益合并的定义很狭窄，并且仅限于报纸和广播行业的某些合并，或是涉及某些政府承包商或分包商的合并，这些承包商或分包商持有或接收与国防相关的机密信息或材料。这种情况很少见，迄今为止，该规定仅根据《企业法》使用过两次，而这两种情况都属于国防部门的范畴。

对于公共利益案件和特殊公共利益案件，为证明干预的正当性，国务卿可能依据的公共利益考虑：国家安全，包括公共安全的利益；需要多样化的广播；在报纸上准确报道新闻和发表意见的必要性；报纸需要足够多的观点；维持英国金融体系的稳定。国务卿有权修改公共利益考虑清单。根据《企业法》第 42 条第 3 款，国务卿也可以根据《企业法》中未指定但出于国务卿的意见进行干预。

2. 负责机构

作为一般性建议，当达到欧盟并购控制阈值时，将由欧盟委员会审查交易，而当达到英国阈值（但不包括欧盟阈值）时，将由英国竞争与市场管理局审查交易。

在未达到相关欧盟并购控制阈值的情况下，可以通过国务卿基于明确的公共利益考虑介入交易。

3. 监督与争端解决机制

公众利益案件中的任何一方均可向竞争上诉法庭上诉以对该决定进行复审。上诉法庭将根据司法审查原则确定此类上诉，并有权撤销全部或部分有关决定，或驳回该申请。国务卿的决定也可能受到最高法院在法律和程序错误方面的司法审查。

（六）加拿大：净利益审查与国家安全审查

加拿大的外资审查制度分为：净利益审查，旨在确定拟议交易是否可能给加拿大带来净利益，和国家安全审查。根据交易的规模、非加拿大投资者的身份和交易结构等，还可将投资分为通知型（交易结束前 30 日内通知政府）与审查型（需通过政府审核）。敏感领域投资包括：国有企业投资；军事/国防、加拿大文化遗产、在新冠肺炎疫情大流行期间的公共卫生和重要商品/服务。

加拿大政府于 2020 年 4 月 18 日发布了一项政策声明，指出政府将审查与公共卫生相关的公司或在大流行期间提供关键产品的公司的外国投资。同样，政府将密切关注国有企业或与外国政府有密切联系的投资者的任何投资。

1. 法律

自 1973 年《外国投资审查法》出台以来，加拿大的外国投资一直受到监管。该法象征着加拿大从 20 世纪 70 年代到 80 年代初期对外国直接投资的贸易保护主义立场，但 1985 年《加拿大投资法》为加拿大创造了吸引外国直接投资的友好环境。

2. 负责机构

《加拿大投资法》出台的目的是审查非加拿大人的"重大投资"，以鼓励投资和经济增长，以及审查非加拿大人"可能损害国家安全"的投资。《加拿大投资法》适用于非加拿大人收购现有加拿大公司或建立新加拿大公司的情况。创新、科学和经济发展部部长负责管理该法律规定的大部分投资，但与文化业务有关的投资由加拿大文化遗产部部长管理。

3. 具体程序

根据《加拿大投资法》，有两种独立但相互依存的审查制度：净利益审查和国家安全审查。

（1）净利益审查

接受净收益审查的投资方式有两种：公告或审查。具体取决于是否满足适用的法定财务限额。当投资被认为应予公告时，外国投资者仅需在交易结束后 30 天内向投资主任提交简短的交易通知。对比之下，待审查的投资在获得事先批准之前，无法完成投资。

（2）国家安全审查

如果外国投资可能损害国家安全，则可能受到国家安全审查。《加拿大投资法》中的国家安全审查条款并未根据交易规模或外国投资者获取的利益来指定门槛要求。因此，在任何涉及加拿大企业的非加拿大投资中，都可以援引国家安全审查。

（3）国有企业和文化企业的特殊规定

《加拿大投资法》的特殊准则也适用于外国国有企业的投资。同样，涉及文化业务的交易（如书籍、电影、音频和视频产品的生产或发行）的财务审查门槛要低得多，也应遵守特别规定。

4. 监督与争端解决机制

对于净利益审查，非加拿大投资者可向创新、科学和经济发展部门提出申请。

对于国家安全审查，在部长与公共安全和应急准备部部长协商后，认为"投资可能损害国家安全"，并且在总督会同行政会议（即联邦内阁）下令审查的情况下，可对投资进行审查。

对于涉及文化业务的投资，由加拿大文化遗产部部长负责。

（七）澳大利亚：强制通知与自愿申报结合

在澳大利亚的投资制度下，"外国人"的收购如果属于"重大行动"和"须申报行为"两类之一，则出于国家利益的考虑应受政府管控。澳大利亚实行双重外国直接投资监管程序：强制通知（在达到某些评估阈值的情况下）与自愿提交（交易不符合估值阈值，会引发"国家利益"问题）。敏感部门包括：媒体、电信、运输、国防、土地、军事相关行业、核相关活动。

1. 法律

在澳大利亚的外国投资受下列框架管制：1975年《(联邦)外国并购与兼并法》、2015年《(联邦)外国并购与兼并条例》和联邦政府的外国投资政策。某些行业的外国投资者还可能需要遵守2018年《联邦关键基础设施安全法》的要求。此外，对特殊行业的外商投资（如航空、媒体、银行和机场）也受到特定立法或规定的限制。

2. 负责机构

外国投资审查委员会负责审查外国投资提案，并就此向澳大利亚政府提出建议。负责做出外国投资决策的是澳大利亚财政部长。澳大利亚财政部负责与澳大利亚企业、农业用地和商业用地提案有关的框架的日常管理工作。澳大利亚税务局负责管理对住宅不动产方面的外国投资法规的执行。

3. 具体程序

外国投资通知是通过在线外国投资审查委员会门户向财政部长提交的。最终决定权在财政部长手中。

澳大利亚外国投资制度的两个重要概念是"重大行动"和"须申报行为"。

符合"须申报行为"标准的外国投资始终必须在交易完成前获得外国投资审查委员会的批准。相反，外国人的重大投资活动不一定必须获得外国投资审查委员会的批准。但是，根据《(联邦)外国并购与兼并法》，财政部长有权就"重大行为"下达各种命令，包括因违反澳大利亚的国家利益而禁止交易。因此，通常的做法是自愿向财政部长通报拟采取的重大行为，以便收到财政部长的无异议通知。

（1）重大行动

一项投资是否为重大行动取决于投资者、投资金额与投资领域。界定"重大行动"的货币门槛较为复杂，每年在外国投资审查委员会网站上发布。

（2）须申报行为

符合货币阈值的以下收购行动（每年调整并在外国投资审查委员会网站上发布）是需要宣布的：收购农业实体的澳大利亚实体或企业的直接权益、收购澳大利亚实体的重大权益（至少20%）、收购澳大利亚土地的权益。

（3）特定行业限制

单独的立法在以下领域对外国投资施加了其他要求和/或限制：

银行：银行部门的外国所有权必须与1959年《银行法》，1998年《金融部门控股法》以及国家银行政策保持一致。

机场：1996年《机场法》将某些机场的外国所有权限制为49%。

航运业：1981年《船舶注册法》规定，在澳大利亚注册的船舶必须是澳大利亚持多数股权，除非由澳大利亚经营者指定租船。

电信行业：澳大利亚电信的外国所有权总数不得超过35%，个人外国投资者的最高所有权不得超过5%。

外国投资通知是通过在线外国投资审查委员会门户向财政部长提交的，最终决定权在于财政部长。

4. 监督与争端解决机制

申请人无权对根据《（联邦）外国并购与兼并法》或该政策做出的外国投资决定进行行政或司法审查。1977年《行政决定（司法审查）法》明确豁免了根据《（联邦）外国并购与兼并法》做出的决定进行司法审查。澳大利亚是国际投资争端解决中心和1958年《承认及执行外国仲裁裁决纽约公约》的成员。

投资者与国家之间的争端解决被包括在澳大利亚的9个自由贸易协定中的7个和其21个双边投资协定中的18个。澳大利亚贸易发展局为该协议项下的投资纠纷建立了争端解决机制。

澳大利亚的商业登记系统

澳大利亚的商业登记相对简单。英联邦工业、创新和科学部的网站提供了在线资源。想投资的外国实体必须在澳大利亚证券和投资委员会进行注册。根据世界银行营商环境数据，在澳大利亚注册企业需要2.5天，澳大利亚在该指标上排名全球第七。

二、亚洲主要经济体市场准入制度比较

（一）日本：事前申报与事后报告结合

日本对于对内直接投资和特定取得[1]，采用事前申报与事后报告结合的监管方式。对于涉及国家安全、公共秩序、公众安全、因日本国情而受到限制的部分行业的对内直接投资或特定取得，应进行事前申报，其他对内直接投资原则上应进行事后报

---

1 外国投资者取得另一外国投资者持有的日本非上市公司的股份或股权的行为被称为"特定取得"。特定取得虽然在准入规定上不属于"对内直接投资"，但其收购目标涉及指定行业时，仍将受到与对内直接投资类似的监管。

告，其他特定取得行为则不需要进行事后报告。

日本负面清单制度的特色是"停止"和"回转"机制。日本在农业、林业和渔业等第一产业，石油工业、矿业、供水和供水系统行业、铁路运输、水路运输、航空运输、电信行业等产业，设置了相应的保障和应急机制。比如，在日本与其他国家的双边投资协定中，"停止"机制是指限定于缔约方现有的不符措施，禁止制定新的或者限制性更强的不符措施；"回转"机制是指逐步减少或取消现有的不符措施，不得采取新的例外措施。"停止"和"回转"机制确保负面清单管理承担起更好保护本国产业发展、维护本国经济安全的责任。

1. 法律

经修订的《外汇和对外贸易法》的外国直接投资管制部分制定了对国家安全至关重要的部门的指定。2019年10月18日，日本内阁批准了该法的修正案，以加强对某些行业的外国直接投资审查。根据修订后的法案，对关键部门清单中的公司的外国投资将受到事前通知的要求。鉴于政府有权暂停、修改或取消交易，潜在投资者需要有效地获得财政部和对外国投资有管辖权的有关部委的批准。修订后的法案、内阁令列出了有关新政权的更多细节，以及其他相关规则和法规（统称"2019年修正案"）。

2019年修正案于2020年5月8日生效，于2020年6月7日起实施。该修正案扩大了满足事前通知和等候期要求的指定业务部门的范围，降低了符合外国投资活动资格的门槛[1]，扩大了

---

1 2019年修正案已将收购指定业务部门内上市公司的股份的事前通知门槛从10%大幅降低至1%。

外国投资者的定义。2019年修正案确定了12个核心指定业务部门。在指定业务领域的投资，除非《外汇和对外贸易法》另行豁免，否则外国投资者必须满足有关意向投资的事前通知要求，以获得监管许可。

2. 负责机构

财政部与具体行业有关部门负责监管。

3. 具体程序

（1）概念

事前申报，是指外国投资者在进行应接受审查的对内直接投资或特定取得的投资活动时，必须在实施对内直接投资或特定取得相关交易的基准日前的6个月以内，按照规定的格式通过日本银行向日本财务大臣和行业主管部门的大臣进行申报。

（2）指定行业

合计155类行业，根据新准入规定被称为"指定行业"，在该领域的对内直接投资或特定取得，除非满足后述的"概括豁免"条件（外国投资者为外国金融机构时）或"一般豁免"条件（外国投资者为一般投资者等时），均应进行事前申报，接受日本财务省或行业主管部门的审查。这些指定业务领域包括国家安全、网络安全、公共秩序、信息处理与通信等行业。

除前述业务之外，根据新准入规定，以下有关信息处理及通信的业务也有可能属于指定行业，但其仅为需要事后报告的业务所附带的业务时除外：

①信息处理相关的设备及组件制造业

例如集成电路制造、半导体存储介质制造、光盘磁带制造、电路板制造、有线通信设备制造、移动电话和PHS（个人手持电话系统）电话机制造、无线电通信设备制造、计算机制造、个人计算机制造、外部存储装置制造等。

②信息处理相关软件制造业

例如软件定制开发、嵌入式软件开发、打包软件开发等。

③信息通信服务相关行业

例如区域通信、长途电信、有线广播和电话、其他固定通信、移动通信、信息处理、互联网使用支持等。

（3）核心行业

非外国金融机构的一般外国投资者等，在对前述指定行业中的以下被称为"核心行业"的领域进行对内直接投资或特定取得活动时，除了满足"一般豁免"条件以外，还需要满足后述的"追加豁免"条件，方可免于进行事前申报。

a. 武器、航空器、原子能、可转为军用的通用产品的制造业；

b. 网络安全相关服务业、特别为重要基础设施设计的软件等相关服务业；

c. 电力业：一般输配电经营者、输电经营者、发电经营者（限持有最大容量在 5 万千瓦以上的发电站的发电经营者）；

d. 燃气业：一般及特定燃气管道经营者、燃气生产经营者、液化石油气经营者（限持有储藏所或储备用加油加气站的经营者）；

e. 通信业：电信经营者（限于横跨多个市区町村提供电信服务的经营者）；

f. 上水道业：水道经营者（限于其供水人口超过 5 万的经营者）、自来水供水经营者（限于每日供水能力达到 2.5 万立方米的经营者）；

g. 铁路业：铁路经营者；

h. 石油业：炼油业、石油储备业、原油及天然气矿业。

此外，2020年6月15日，日本财务省发布公告，鉴于目前新型冠状病毒的蔓延，从维护关系到国民生命健康的重要医疗产业、保障国家安全的角度出发，将以下行业追加为核心行业：

a. 与针对传染病的医药品有关的制造业（包括医药中间体）；

b. 高度管制医疗器械的制造业（包括附属品/零部件）。

另外，根据日本经济产业省等四部门发布的意见，传染病的疫苗若归入"病原生物的医药品"这一类别，则该疫苗的生产、销售将属于核心行业。

新准入规定对指定行业和核心行业有更加详尽的指定，关于投资项目是否涉及指定行业或核心行业，还需要结合项目具体情况进行分析。

（4）属于指定行业和核心行业的日本上市公司清单

为帮助外国投资者在投资日本的上市公司时判断目标公司是否属于指定行业或核心行业企业，日本财务省公布了清单，清单中将上市公司分类为仅从事非指定行业的公司、仅从事指定行业中非核心行业的公司及从事指定行业中核心行业的公司。

根据清单，属于非指定行业的上市公司合计1 698家，属于指定行业的上市公司合计2 102家，其中属于核心行业的上市公司合计518家，即有过半的上市公司被纳入事前申报的监管范围。

日本签署的双边贸易协定中负面清单制度的特征[1]

日本是使用负面清单管理模式比较多的国家,积极借鉴日本市场准入负面清单建设管理经验,对我国进一步完善负面清单管理方式,提升对外开放水平和市场化改革力度,加快推进我国经济从高速发展阶段向高质量发展阶段转型具有重要的现实借鉴意义。

从日本负面清单签署情况和主要内容看,当前日本签订的自由贸易协定已经有 21 个,主要包括东亚国家及智利等少数拉美国家、欧美英等发达经济体。如 2002 年 3 月 22 日签署、2003 年正式生效的《日本国政府和大韩民国政府关于投资自由化、投资促进和投资保护协定》,日本与越南,日本与秘鲁的双边投资协定均采用负面清单模式。在这些自由贸易协定中,基本上都有负面清单,负面清单采用的行业分类代码是日本国内行业分类代码或者对方国家国内行业分类代码。

日本对外签署的自由贸易协定中的负面清单,主要对两类行业进行规定和限制。第一类是对大部分国家限制开放的行业包括:国家基础行业,具有公共服务性质的行业,影响国家安全的农业、金融、国防、交通运输等行业。例如,《日本国政府与大韩民国政府关于投资自由化、投资促进和投资保护协定》多层次负面清单行业列表,包括:与农业、林业和渔业相关的第一产业,石油工业,矿业,供水和供水系统行业,铁路运输,水路运输,航空运输,电信行业等。

---

[1] 国家发展改革委宏观经济研究院课题组报告:《市场准入负面清单制度国际比较研究》,2018 年 10 月。

这与《日本国和越南社会主义共和国关于投资自由化、投资促进和投资保护协定》中负面清单条款内容基本一致。从签署自由贸易协定的对方国家看，墨西哥、智利、印度等国在对日的自由贸易协定中也大多将上述行业列为限制类。

第二类是具有日本及所签署的自由贸易协定对象国特色的限制开放行业。这些行业出于日本战略考虑而未列入日本对外开放中，比较典型的是日本的渔业、汽车维修、生物医药等行业。相应的，墨西哥、智利、印度等国的对日自由贸易协定也在负面清单中进行了具有本国特色的相关规定。比如，印度对动物养殖业进行特别限制，智利对铀和钍矿石等重要出口资源进行特别限制，墨西哥对出版行业和宗教组织服务进行特别限制，秘鲁对少数民族事务、手工业、出版行业进行特别限制。

日本负面清单管理的特点是：第一，根据本国和对象国特征，因地制宜采取灵活的负面清单管理模式。日本缔结的双边或多边贸易合作协定中采取的负面清单管理模式具有较高的自由化程度和灵活性。比如，在日本与东南亚各国签订的贸易协定中，将外资银行在本国吸收的存款纳入了储蓄保险法中，而在日本与智利和墨西哥的双边贸易合作协定中并未涉及此项条款。再比如，与马来西亚签署的合作协议中同样采取差异化、灵活化的负面清单模式，在特殊经济、产业或金融情况下，政府可采用与禁止业绩、最惠国待遇和国民待遇要求不符的特别措施，并进行双方磋商。该做法有效推进了日本和马来西亚对外贸易与投资的发展。

第二，加强负面清单机制建设，采取"停止"和"回转"机制。日本在自己需要保护的农业、林业和渔业相关的第一产业，石油工业，矿业，供水和供水系统行业，铁路运输，水路运输，航空运输，电信行业等产业采取有力的保障和应急机制安排。比如，在日本与韩国双边投资协定中，有关于"停止"和"回转"机制的安排。其中，"停止"机制是指锁定缔约方现有的不符措施，禁止制定新的或者限制性更强的不符措施；"回转"机制是以现有的不符措施为起点，逐步减少或取消这些措施，而不得采取新的例外措施。"停止"和"回转"机制的制度安排，为日本的负面清单管理承担起更好地保护本国经济产业发展、维护本国经济安全利益的责任发挥了重要作用。

第三，加强农业等重点产业保护，维护本国产业安全。从世界范围看，发展中国家的负面清单普遍比发达国家要有更多限制，这与不同国家经济基础、抗风险能力和经济金融体系稳健性有密切关系。然而，日本的负面清单在重点行业的保护方面通常非常严格，尤其是在农业方面。美国、新加坡、澳大利亚等国家对外经贸投资协定的负面清单管理中，在农业方面的规定较少，但是日本的负面清单规定一般比较严格，对农业等重点产业的保护力度比较大。

（二）新加坡：立法限制与许可制度结合

新加坡的投资环境通常向外国投资者开放。在某些对国家利益至关重要的领域中，对外国投资者和本地投资者进行了区分。

1. 法律

新加坡政府通过两种方式对外国投资进行监督和控制：第一是立法限制，主要在房地产或媒体等特定领域；第二是许可制度，政府通过严格的许可制度控制某些行业。例如，在银行和电信部门中已经建立了许可制度，并且外国和国内投资者都必须寻求各自监管机构的特定批准。在这些特定领域，新加坡政府通常会促进外国投资者与监管机构之间的协商，在此过程中逐案评估每项申请，以确保根据案情进行评估。

于2018年8月生效的《网络安全法》为网络安全建立了全面的监管框架。该法案赋予网络安全专员调查、预防和评估新加坡网络安全事件和威胁的潜在影响的权力。该法案还为关键信息基础设施的指定和监管建立了框架。关键信息基础设施所有者的要求包括强制性事件报告制度、定期审核和风险评估，以及参与国家网络安全压力测试。此外，该法案将为网络安全服务提供商建立监管制度，并为渗透测试和受管安全运营中心监控服务提供必要的许可。

2. 负责机构

不同行业的监管部门不同。

3. 具体程序

在电信、广播、国内新闻媒体、金融服务、法律和会计服务、港口和机场部门以及财产所有权方面，新加坡不对外开放。其中，在金融行业经营需要获得监管部门的许可。

（1）房地产

该部门的主要监管机构是新加坡土地管理局、住房与发展委员会，以及裕廊集团，具体取决于所涉及的房地产类型。

(2) 广播

信息通信媒体发展管理局是该行业的监管机构。有关外国所有权的具体立法限制适用于新加坡的广播公司。如果公司由外国来源控制或外国来源持有公司超过49%的股份或投票权,则不会授予广播许可。[1]

(3) 银行和金融

新加坡金融管理局监管《银行法》规定的所有银行业务。新加坡在法律上对本地银行、外资银行及外资银行所持有的执照类型(即全方位服务、批发和离岸银行)进行区分。截至2019年3月,新加坡有28家外国全方位服务持牌人和97家批发银行,27家商业银行已获许可从事公司融资、投资银行业务和其他收费活动。目前,新加坡的所有银行都必须拥有一个国内银行部门和一个亚洲货币部门,以将国际和国内银行业务彼此分开。新加坡元的交易只能在国内银行部门进行预订,而外币交易通常在亚洲货币部门中进行预订。

政府于1999年启动了银行自由化计划,以放松对外资银行的限制,并在美国自由贸易协定下逐步实施了一些规定,包括取消了外资对本地银行所有权的40%上限和对外资银行对金融公司20%持股比例的限制。新加坡金融管理局局长必须批准对当地银行或金融控股公司的合并或收购以及收购在此类机构有表决权的股份超过特定门槛(即5%、12%或20%)的交易。

---

1 其他控制包括:
- 在成为某广播公司的主要股东或控制人之前,必须事先获得批准;
- 为了资助广播公司拥有或运营的任何广播服务,必须事先批准来自国外的任何资金;
- 任命广播公司首席执行官或董事需要事先批准;
- 要求广播公司的首席执行官和至少一半的董事为新加坡公民。

4. 监督与争端解决机制

新加坡是《关于解决国家和他国国民之间的投资争端公约》和《承认及执行外国仲裁裁决公约》(1958年《纽约公约》)的缔约国。

争议解决机构包括新加坡国际仲裁中心、新加坡国际调解中心、新加坡国际商事法院和新加坡海事仲裁庭。新加坡在麦士威议事厅拥有广泛的争议解决机构和综合的争议解决设施，为新加坡发展成为替代性争议机制的区域中心做出了贡献。

新加坡的在线商业注册系统

新加坡的在线商业注册流程清晰有效，允许外国公司注册分支机构。所有企业必须通过Bizfile（网络电子申请和注册系统），其在线注册和信息检索门户网站向新加坡会计与企业管理局注册，包括为某企业开展业务的任何个人或公司。新加坡企业发展局为企业注册提供了一个单一窗口。企业可通过向各部委或法定委员会的单独申请获得其他监管批准（例如许可或签证要求）。新加坡经济发展局是促进外国投资新加坡的主要投资促进机构。企业可通过经济发展局获得有关注册外国公司分支机构的其他信息和业务支持。

(三) 韩国：分为开放、限制或禁止三类

韩国负面清单关注服务业利用外资的功能和方式。韩国的负面清单中涉及服务业开放（或服务贸易）的内容主要是要求必须

有商业存在,即房地产、医疗设备租赁、运输、旅游等行业在具体的经济合作实践中,要采用商业存在(设立实体企业)的形式开展业务。其负面清单管理有助于本国服务业利用外资,要求相关外资企业通过在韩设立相应分支机构开展业务。

1. 法律

1998年《外国人投资促进法》是与韩国外国投资有关的基本法律。该法和相关法规将业务活动分类为对外国投资开放、有条件或部分限制、禁止三种情况。[1] 国内外私人实体可以从事绝大部分商业活动。对外国投资者开放的工业部门数量远高于经济合作与发展组织的平均水平。但对30个工业部门仍然保持对外资所有权的限制,其中包括三个禁止外国投资的行业。有关部门必须批准对有条件或部分受限制部门的投资。

2. 负责机构

韩国投资促进局通过设立韩国办事处积极促进外国投资。对于超过1亿韩元(约合88 000美元)的投资,韩国投资促进局将协助成立一家在国内注册的外资公司。韩国投资促进局与贸易、工业和能源部每年组织一次外国投资周,以吸引对韩国的投资。韩国负责外国直接投资促进的主要官员是外国投资监察员。该职位由总统任命,并领导申诉解决机构。

3. 具体程序

韩国禁止部门包括核能发电、无线电广播、电视广播。受限

---

1 《外国人投资促进法》功能包括:简化程序,包括外国直接投资通知和注册程序;扩大对高科技投资的税收优惠;降低了政府土地(包括地方政府土地)的租金并延长了租赁期限;中央政府对地方外国直接投资奖励措施的支持增加;在韩国投资促进局内建立一站式投资促进中心,以协助外国投资者;设立外国投资监察员,以协助外国投资者。韩国国民议会网站也以英语形式提供了与外国人有关的法律清单。

部门涉及通讯社、出版日报、发电、网络、广播、养殖、运输等行业，设置了不同的外资比例上限。开放但受相关法律监管的部门包括谷类作物种植、除核能发电外的无机化学产品、其他有色金属精炼、国内商业银行、放射性废物收集等。

4. 监督与争端解决机制

韩国于1967年加入了国际投资争端解决中心，并于1973年加入了《纽约公约》。韩国是国际商业仲裁协会和世界银行多边投资担保机构的成员。

（四）印度：重视法律法规完善的持续性，分为三类清单

印度注重法律法规和政策体系完善的持续性。印度负面清单列明了外商投资市场准入的所有禁止和限制事项，减少了政府的自由裁量权和寻租空间。每一阶段的法律法规和政策都在前一法律法规和政策的基础上进行调整，有效保证了法律制度和政策的稳定性和连续性，着力消除各种社会信用风险和投资风险。

1. 法律

印度外国投资规则的变化有两种不同的通知方式：商业和工业部下属的工业和内部贸易促进局[1]针对绝大多数行业发布的新闻说明，以及保险、养老基金和煤炭行业的国有企业采取的相关立法行动。但是，敏感部门的外国直接投资提议将需要内政部的额外批准。

政府制定了有关外国直接投资的政策框架，该框架每年都会

1　2019年1月，印度政府将工业促进局更名为工业和内部贸易促进局。

更新，并作为《统合外国直接投资政策》正式发布。工业和内部贸易促进局通过新闻注释/新闻稿发布关于外国直接投资的政策声明。

政府已经推出了以下促进经济增长的计划：第一，"印度制造"计划以及旨在促进制造业和吸引外国投资的投资政策；第二，"数字印度"旨在为信息技术领域的发展开辟新途径，"印度初创企业"计划创造了激励措施，以使初创企业能够商业化并成长；第三，"智慧城市"项目旨在为特定城市地区的工业技术投资机会开辟新途径。

2. 负责机构

商业和工业部下属的工业和内部贸易促进局是一个投资促进机构，每年更新政策。敏感部门的外国直接投资提议需要得到内政部的额外批准。

3. 具体程序

印度对外国直接投资的筛选分为三个清单进行：自动路径、事前批准路径和禁止清单下的外国直接投资的部门清单。

自动路径：可允许外国直接投资。截至2020年7月，有32个行业。

事前批准路径：在自动路径未涵盖的活动中的外国直接投资需要政府的事先批准。截至2020年7月，有18个行业。其中，在广播服务、新闻、安全机构、贸易、银行等行业设有外资投资上限。

禁止清单：不允许外国直接投资。这些行业包括：博彩、筹资、房地产、烟草、法律、会计、建筑服务、B2C等。

4. 监督与争端解决机制

根据世界银行的《营商报告》，解决印度的商业纠纷平均需要近四年的时间，是世界上时间最长的第三名。印度法院人手不足，缺乏解决大量待决案件所需的技术。

印度的投资便利化数字平台

印度投资管理部门是印度政府的官方投资促进和便利化机构。企业可以通过公司事务部的网站在线注册。注册后，所有新投资都需要获得包括监管机构和地方政府在内的有关部门的批准和许可。为了加快审批流程，莫迪总理启动了数字化平台倡议。截至2018年12月，已清理了250个项目，涉及17个领域的投资约1 720亿美元。2014年12月，莫迪政府还批准了由工业和内部贸易促进局领导的部际委员会的成立。

（五）印度尼西亚：禁止与有条件开放的负面清单

印度尼西亚注重负面清单差异化而非一般性的准入许可。印度尼西亚的负面清单中含有大量的"准入许可"环节，不仅针对外资企业，也针对本土企业，例如，出于宗教目的严厉禁止对新企业发放烟草生产许可；纸浆工业需要获取森林采伐许可证；制糖行业要求取得食品安全许可证，等等。印度尼西亚的这种准入许可带有很明显的行业指向性，往往不是出于保护某类企业的目的，而是出于公共安全和民族文化因素，因此需要在清单中特别列出。

1. 法律

印度尼西亚对外国直接投资的限制大部分是在2016年第44号总统令中概述，通常被称为负面投资清单。该列表含有三个清单：禁止投资行业清单、有条件对中小微企业开放清单、其他有条件开放清单，分别包括了20、145、350个行业。该清单的2016年修订版放宽了以前限制或封闭的行业，包括电影业、价值超过1 000亿印尼盾（约合740万美元）的在线市场、餐厅、冷链存储、非正规教育、医院管理服务和医药原料生产，现在对100%的外资所有权开放；提高了部分领域的外国投资上限[1]；在某些部门，放宽了对来自其他东盟国家的外国投资者的限制。许多敏感的商业领域，如酒精饮料、海洋打捞、某些渔业以及某些有害物质的生产，仍然禁止外国投资或受到其他限制。

小型和家庭工业（即林业、渔业、小型人工林、某些零售部门）中的外国投资留给了中小微企业，或者需要外国投资者与当地实体建立伙伴关系。

外国人可以通过首次公开募股和在二级市场购买国有公司的股权。通过证券交易所对上市公司的资本投资不受印度尼西亚负面投资清单的约束。

2. 负责机构

投资协调委员会负责向外国实体颁发"投资许可证"。投资协调委员会是投资促进机构、监管机构以及负责批准在印度尼西亚进行投资的机构。

1　1 000亿印尼盾以下的在线市场、旅游业、分销和仓库设施、物流以及医疗器械的制造和分销。

印度尼西亚的 OSS 系统，便利许可申请

2018 年 7 月，印度尼西亚启动了 OSS 系统，简化了许可流程。符合某些条件的投资者可以享受特殊的快速许可服务，例如超过约 1000 亿印尼盾的投资或雇用 1000 名本地工人的投资。OSS 是一个在线门户，允许外国投资者在线申请和跟踪许可证以及其他服务的状态，协调了由十几个政府部门和机构颁发的许多投资审批许可证。2018 年建立的 OSS 系统中，包括各部委/机构 488 个许可证的申请，使外资在印度尼西亚开办企业的时间从 73 天减少到 20 天。

（六）泰国：禁止与限制清单管理

泰国是东南亚国家联盟中仅次于印度尼西亚的第二大经济体，是中等偏上收入国家，制定了有利于投资的政策并拥有完善的基础设施。

1. 法律

《外国企业法》规范了大多数非泰国国民从事的投资活动。在大多数服务领域中，外资只能拥有 49% 的所有权。《外国企业法》提供了三个清单，清单一不允许任何外国企业投资，清单二和清单三允许外国企业进入，但有限制。

2008 年《金融机构业务法》统一了法律框架，并加强了泰国银行（该国中央银行）的监督和执行权。该法案允许泰国银行根据具体情况将现有本地银行的外资所有权限制从 25% 提高到 49%。

2. 负责机构

想投资《外国企业法》清单二和清单三定义的受限业务，非泰国实体必须获得部长会议（内阁）和/或交通部、商务发展部部长批准的外国营业执照，具体取决于业务类别。

3. 具体程序

清单一不允许外国占多数股权。列出的行业是：新闻、广播和电视、水稻种植或农作物种植、畜牧业、伐木、水产、泰国草药、贸易和拍卖泰国古董、制作佛像或僧侣钵、交易土地。

清单二出于国家安全以及泰国文化传统与环境保护的原因限制了外国投资。但是，可以通过向商务部申请外国营业执照来免除限制。列出的行业包括：生产枪支、炸药和其他与战争有关的材料，国内空运、陆运和水运，贸易和生产泰国手工艺品，盐业和岩盐生产，矿业，家具和用具的木材加工等。

清单三列出了政府打算保护国民免受外国竞争的许多行业。在此，可以向商务部商业登记部总干事申请豁免。需要外国商务委员会批准该申请。包括部分农业、养殖业、林业、会计、法律、工程服务、农产品国内贸易、零售批发、广告、饭店、导游、食品销售等16个行业。[1]

如果投资者在高科技产业等优先领域进行投资，则可以获得额外的激励。[2]

---

[1] 大米粉生产和制粉；孵化和饲养水生动物；来自人工林的林业；胶合板、刨花板或硬质板的生产；石灰生产；会计、法律、建筑和工程服务；施工，包含例外；经纪（证券、金融产品和农产品期货除外）；拍卖，包含例外；农产品国内贸易；低于一定最低资本的零售和批发；广告；饭店；导览游；食品和饮料的销售；植物品种的开发。

[2] 投资者可联系投资委员会以获取有关特定投资激励措施的最新信息。

（七）马来西亚：制造业较为开放，服务业受限较多

根据世界贸易组织的数据，马来西亚是世界上最依赖贸易的经济体之一，商品和服务的进出口贸易约占年度 GDP 的 130%。总体而言，马来西亚的制造业较为开放，服务业受限较多，对当地人口有特殊保护。

1. 法律

指导外国投资者进入马来西亚经济的主要法律是 2016 年《公司法》，该法于 2017 年 1 月 31 日生效，取代了 1965 年《公司法》。2009 年，马来西亚取消了其先前的外国投资委员会的投资指南，允许未经委员会批准的国内或外方进行投资。尽管外国投资委员会本身仍然存在，但其主要作用是审查与分销贸易相关的投资（例如零售分销商），以确保当地人（马来人和其他当地人）持有该领域 30% 的股权。在制造业，通常允许 100% 的外资。大多数限制存在于服务部门。服务业的外国投资都需要接受相关政府部门和机构的审查和批准。审批过程的关键是确定投资是否符合政府的经济发展目标。受限制行业包括金融、分销交易、电信、油气服务、法律服务等。政府于 2011 年开始允许以下行业 100% 拥有外资所有权：医疗保健、零售、教育、环保以及快递服务。

2. 负责机构

不同行业有不同监管机构。

3. 具体程序

制造业通常允许 100% 的外资。大多数限制存在于服务部门。服务业的外国投资，无论是在没有外资股权限制的部门中，还是在受控子行业中，都需要接受对具有相关管辖权的政府部门和机

构的审查和批准。审批过程的关键功能是确定拟议投资是否符合政府促进经济发展的目标。法律赋予相关部委对特定投资项目批准的广泛酌处权。受限制行业包括金融、分销交易、电信、油气服务、法律服务等。

第三节

国际经验对我国完善负面清单制度的启示

本章第一节梳理了世界主要经济体市场准入制度的主要特征，以及与我国市场准入制度的对比，第二节从法律、负责机构、具体程序、监督与争端解决机制四个方面归纳了各经济体的具体市场准入制度的管理模式。总体而言，国际市场准入制度为中国的市场准入建设提供了如下有益启示。

一、提高法律位阶、缩减清单长度是完善负面清单制度的主攻方向

从美国经验来看，美国双边贸易协定中每一个列入负面清单的项目都以与国家安全相关的法案为据，列明这些不符措施对应的法案内容，其他经济体完善负面清单也以明文法律为导向。在清单长度方面，美国等发达经济体负面清单不符措施数量很少，最新签订的双边投资协定中这一特点很明显。参照国际经验，我国完善市场准入负面清单的重要原则还是严守清单定位，强化于法有据。近年来，在修订过程中对于法律依据不足者仅采取暂列

方式，下一步要加快推动相关立法进程，同时继续梳理现有事项和措施的相关法律法规依据，争取在清单中明列法条；进一步简化清单，做好多部门规定的协调统一。另外，从市场准入负面清单的措施数量来看，对某些服务业领域的限制仍然偏多，与进一步推进开放的目标相比，还有缩减空间。

二、加强负面清单制度与已有制度的衔接与融合

我国目前冠以"负面清单"的有两种清单：一是"外商投资特别管理措施"，该版清单主要集中于内外资的差别待遇；二是"统一的市场准入负面清单"，主要集中于国内市场所有企业（无论内外资）面临的一致性准入限制，包括需要遵守的各类法律、行业标准以及业务主管部门的准入许可等。这两种负面清单是功能不同的清单，外商负面清单解决的是内外资的差别性待遇，即能否进入中国市场某领域进行投资的问题；而全国统一的市场准入负面清单，是在外商投资者进入中国市场后，与国内投资者享有一视同仁、公平准入待遇的问题。未来要进一步思考两类负面清单的区分和功能层面的衔接，考虑简化负面清单，提供一站式投资便利化数字平台与点对点服务，持续深化"放管服"改革。

三、加强负面清单制度分类标准与国际接轨，提升负面清单的透明度

现阶段，全球主要经济体采取的负面清单的分类标准主

要有五类：一是国际海关理事会制定的协调商品种类和编码体系（HS），二是联合专利分类（CPC）体系，三是国际标准产业分类（ISIC），四是缔约方国内的标准产业分类（X-SIC），五是缔约方国内的其他行业分类标准。为了加快与国际通行的经贸投资规则的接轨，我国应当积极加快《国民经济行业分类》与联合专利分类的对应关系，在我国《国民经济行业分类》后面建议加上对应的联合专利分类代码，方便外国投资者更好地了解我国的市场准入负面清单。同时，强化负面清单制度透明度的重要方面在于完善争端解决机制。稳定、可预期的制度环境是吸引投资的重要基础。投资者不仅关注东道国对投资的政策优惠，也重视东道国的争端解决机制是否健全。通过本章的资料梳理发现，美国、新加坡等发达经济体均设置较为完备、透明的争端解决制度，有明确的法律条文规定上诉机制。我国在负面清单制度建设中应进一步明确争端解决机制，增强投资者信心，为投资者提供良好的制度环境，推进高水平市场准入制度建设。

四、完善市场准入负面清单制度的重点是进一步推进服务业开放

目前我国的制造业市场准入已经基本达到国际先进水平。但在服务业领域与发达国家还有明显差距，主要体现在文化、教育、医疗、金融等领域的发展水平、市场机制、服务供给有待提升。发达经济体对服务业准入限制主要是在通信、运输、金融、媒体等行业。总体而言，我国对服务业限制较多，禁止准入类仍有减少空间，许可准入类则体现为国籍、外资股权比例、规模要求等

方面的要求。我国在服务业领域的对外开放可借鉴国际经验，在缩减负面清单长度、有效扩大市场准入的同时，构建一套有效维护本国文化、教育传统、卫生安全的体制机制。建议加快在海南自贸港等地区采取更多针对扩大服务业开放的市场准入特别管理措施，形成经验后及时向国内其他地区推广。自贸试验区版和全国版市场准入负面清单应做好衔接，互相配合、互相补充，共同推动我国服务贸易的对外开放。

第八章

市场准入负面清单制度未来改革方向

党的二十大对完善市场准入等市场经济基础制度提出了明确要求。当前和未来一段时期,世界百年未有之大变局加速演进,新一轮科技革命和产业变革深入发展,国际力量对比深刻调整,我国发展面临新的战略机遇。鲜明的时代特征要求进一步完善市场准入负面清单制度,把全国统一大市场建设好,把各种要素资源用活、用好、用到位。

展望"十四五"时期,要以习近平新时代中国特色社会主义思想为根本遵循,继续放宽和规范市场准入,清理和废除隐性壁垒,切实提高市场准入效能,加快构建市场开放公平、规范有序,企业自主决策、平等竞争,政府权责清晰、监管有力的市场准入管理新体制,推动建立以市场准入负面清单为核心的市场准入政策制定调整机制,健全更加完备、更加成熟、更加定型的市场准入制度体系,为实现经济高质量发展,形成以国内大循环为主体、国内国际双循环相互促进的新发展格局提供坚实的制度支撑。

本章将在分析"十四五"时期的时代特征和新要求、新挑战的基础上,探讨市场准入制度的改革走向,明确完善市场准入负面清单制度体系的思路、目标和重点任务,更好体现首创性、引领性、系统性。

第一节

"十四五"时期的时代特征和新要求

统一的市场准入负面清单制度作为高标准市场体系建设的主要内容，通过4年来的全国实施与宣传推广，这项制度的知晓度不断提升，市场主体在自觉使用过程中，对于健全完善制度体系的期待越来越高。做好新时期全面实施市场准入负面清单工作，首要是准确把握"十四五"的新特征和新要求。

一、进一步回应人民需要，更好解决社会主要矛盾

按照世界银行现行标准，"十四五"中后期我国将迈入高收入国家水平，随着国内中等收入群体愈加壮大、城镇化水平进一步提高，人民对美好生活的需要不断升级。"十四五"时期，要聚焦人民群众所思所盼，以全面保障民生、促进均衡发展为出发点和落脚点，坚持问题导向、目标导向，持续深化供给侧结构性改革，与时俱进完善制度创新安排。对健全和完善市场准入负面清单制度来说，就是立足激发市场主体创新活力，及时倾听和回应不同类型、不同规模市场主体的差异化利益诉求，提供更加富

有效能的市场准入制度供给。

二、进一步释放科技创新活力，更好发挥超大规模市场优势

"十四五"时期，一方面新一轮科技和商用场景变革速度空前加快，涌现出一批前所未有的新技术、新场景、新形态、新模式，另一方面中美等大国关系演变的不确定性，带来了产业技术发展的不稳定，现实挑战为完善市场准入负面清单制度提出了新的命题。要在保障国家经济安全、产业链供应链稳定的基础上，坚持依法平等准入的制度建设初衷和进一步放宽、规范市场准入的政策导向，更广泛地吸引和鼓励更多专业化机构、组织、专家和专业技能人士积极投入完善市场准入负面清单制度的建言献策之中，鼓励具有创新和市场前景的行业领域大胆先行先试，从而更大程度释放中国超大规模市场优势。

三、进一步深化市场体制改革，更好推动改革效能转化为发展效能

"十四五"时期，要坚持供给侧结构性改革这条主线，不断提升供给结构对需求变化的适应性和灵活性，坚决纠正供求结构性失衡，促进更高质量、更有效率的供给。要坚持扩大内需的战略基点，着力打破体制机制壁垒，提供更多高性价比的商品和服务，充分释放教育、育幼、养老、医疗、文化、旅游等市场消费潜力，进一步发挥服务业扩大收入与就业、稳定消费的多重功

能。要聚焦畅通国内经济大循环和国内国际双循环，通过降低壁垒、放宽准入，为重点产业"建链""补链""强链"提供关键制度支撑，鼓励更多市场主体投身关键原材料、部件以及前沿技术市场化应用场景开发等产业链关键环节，激发创新型投资和内生消费升级。

四、进一步增强国内市场规制力，更好推进制度型开放

随着我国对世界经济增长的贡献比重不断提升，面临的外部环境更趋复杂，需要我国在全球治理体系中谋求与自身经济体量和贡献相称的影响力与制度话语权，需要逐步从商品和要素流动型开放转向制度型开放。制度型开放的重点在规制层面，还要促进国内规制与国际通行规制接轨，进一步完善制度体系，加快清理在市场准入等环节现有法规规章与国际通行规则不相符合的内容。落脚到市场准入负面清单制度，就是在尊重国情基础上吸收借鉴国际经验，进一步完善负面清单管理制度，推动全国统一的市场准入负面清单制度体系更加成熟、更加定型，引领塑造世界一流营商环境，全面增强国际投资者对我国市场的投资信心。

第二节

"十四五"时期主要挑战和新问题

市场准入制度改革已经进入"深水区",剩下的都是"难啃的硬骨头",涉及既得利益等更深层次体制机制问题,这些问题通过不同形式制约国内市场要素畅通流动、主体活力释放和市场供需动态衔接。这就要求我们在进一步做大做强国内市场时主动对照"十四五"时期的时代特征与时代要求,及时识别、积极应对所面临的风险挑战。

一、外部市场环境日趋复杂,不确定性因素明显增多

当前,百年变局叠加新冠肺炎疫情,贸易保守主义和逆全球化风险有所增大,跨界融合创新层出不穷,系统性风险传导机制更加复杂多变,这就需要在完善市场准入过程中,一方面要通过临时设置市场准入负面清单的机制设计,及时发现、识别、应对具有不确定性的市场风险。另外一方面要与时俱进利用创新科技力量支撑风险识别与化解。例如,在智能驾驶(无人驾驶)、智能家居、智能安防等智能化消费市场领域,由于缺乏统一的行业标准,存在一些以智能化为名行侵犯隐私、扰乱行业正常竞争秩序甚至影响市场安全的不正当行为,这就需要及时完善相关准入

政策，提升市场准入负面清单制度对于新业态、新领域行业形态变化的响应能力。

健全智能驾驶、智能家居、智能安防等市场应用标准的紧迫性

"十四五"时期，针对智能化消费行业的标准化工作面临新挑战，如何通过区分产品和服务智能化的类别与等级（例如，是数字化操控的本机智能，还是能够作为物联网移动服务平台的智能硬件）明确市场主体准入的行业领域以及是否需要经过准入许可，是市场准入负面清单和国内市场标准化工作需要密切衔接的内容。同时，亟待进一步明确智能家电、家居、汽车、医疗设备等智能硬件的联网标准，方便设备与智能中枢的系统集成与互联互通；加快制定面部识别、指静脉、虹膜等智能化识别系统的全国统一标准和安全规范，在强化隐私保护的前提下，审慎推广到金融、旅游、安防、商贸、医疗等市政公用事业和公共服务设施采用。只有智能化相关新兴行业的统一标准明确了，才有助于推动与市场准入环节相应的准入标准和监管规则的进一步完善，进而推动市场准入负面清单制度的调整与优化。

二、国内市场仍然存在影响准入畅通的隐性市场壁垒

在部分地区、部分行业仍然存在一些"明文准入"（负面清单上已经取消或者是明确经过一定许可程序可以进行准入申请

的），但实际上仍无法从事经营的情况，我们把这类情况称作"市场准入隐性壁垒"。虽然市场主体对清理隐性壁垒一直都有较高呼声，但这项工作存在很多现实性困难，往往需要从中央到地方、多部门联动解决，可能涉及相关既得利益调整，协调难度大，难以一蹴而就，迫切需要完善相应的制度设计。

2019年市场准入负面清单制度全面实施之初，国家发展改革委就组织部分省市对市场准入隐性壁垒进行了一次系统摸排，这项工作深入省、市、县三个层级。从摸排结果看，隐性壁垒形态多样且成因复杂，主要包括以下10类：一是存在国家层面已放开但地方仍在批的事项。如部分县还在对已经改为备案制的机动车维修经营进行审批。二是因行业垄断造成的准入壁垒依然存在。例如不少电商平台和民营企业反映无法进入教材、教辅分销市场。三是在风险性较高、监管难度大或监管规则缺乏的行业，存在监管能力不足导致的不敢批。例如国家对私募基金行业进行严格准入监管，但明确对创业投资实行宽准入政策，不少地方因监管能力不足，将创业投资和私募基金同样按照强监管模式管理。四是一些事项审批权下放地方后造成跨区域经营需多地多次审批，且各地审批标准不一致。如异地演出均须重复审批，一场巡回演出得报多个省市文化部门批准。五是个别地方为了保护本地企业发展，或明或暗设置了一些市场准入门槛。如外地企业进入本地建筑市场仍面临本地业绩和信用等级等的限制。六是新业态存在监管空白，因暂无统一的准入规范，不少地方不予审批，也不落实市场准入负面清单之外依法平等进入的要求。如一些新兴旅游业态难以获批。七是部分地方仍存在互为前置条件的准入要求。如某地反映快递业务经营许可，在市场监管和邮政部门审核过程中仍互为前置条件。八是一些地方承诺制审批事项缺乏公开透明的核准标准和规范要求，企业准入仍面临不确定性风险。如某地某企业按照告知承诺制投资农药生产项目，但项目建成后按规定办理经营手续时有关部门不予审批。九是机构改革职能划转产生的某些新问题，个别部门职责转隶之后，无法承担或者不明确由谁承担原有审批职责，从而造成因拖延审批或无人审批而无法进入的情形。十是准入标准过高导致审批难、流程长。如某地反映室内装修建筑工程许可证、二次装修消防验收等与消防相关的审批难、验收流程长，影响了企业按期开业经营。

三、各地推动市场准入负面清单制度落地的进展参差不齐

我国各地区经济社会发展水平不一，地方政府治理体系和能力建设进展存在明显差异，长三角、珠三角等市场体系建设相对成熟的地区推进市场准入负面清单制度落地进展明显较快，但仍有部分地区对推进此项制度的重视程度不足或缺乏有效手段，进度相对迟缓，极个别地区甚至仍存在以"负面清单管理"为名，行"正面清单管理"之实的情况，这些现象需要引起高度重视。此外，调研也发现，个别部门出于本位利益和约定俗成的管理习惯，对于负面清单管理模式仍抱有一些消极对待甚至是抵触的本位情绪，尤其是个别东北部、中西部地区的基层部门仍缺乏有效信息获取渠道，不了解负面清单功能定位和年度动态调整进度，客观上造成政策落地困难。因此需要因地制宜、因类施治，引领和督促体制转型后进地区管理制度模式切换和制度更新，扎实推进负面清单制度修订版落地工作，切实捍卫清单制度的统一性和权威性。

第三节

"十四五"时期完善市场准入负面清单制度的思路和任务

"十四五"时期是我国开启全面建设社会主义现代化国家新征程的第一个5年,对构建高水平社会主义市场经济体制提出了迫切要求。全国统一的市场准入负面清单制度体系建设和完善,作为构建高水平社会主义市场经济体制的重要举措,必然更加完备、更加成熟、更加定型。

一、思路和目标

"十四五"时期,要坚持社会主义市场经济改革方向,紧紧抓住供给侧结构性改革这条主线,牢牢把握扩大内需这一战略基点,坚定实施高标准市场体系建设行动,健全市场体系基础制度,坚持平等准入、公正监管、开放有序、诚信守法,形成高效规范、公平竞争、充分开放的全国统一大市场,切实推动高标准市场体系建设行动。关键就是要继续放宽和规范市场准入,加快构建市场开放公平、规范有序,企业自主决策、平等竞争,政府权责清晰、监管有力的市场准入管理新体制,推动建立以市场准入负面清单为核心的市场准入政策制定调整机制，形成更加完备、更加成熟、更加定型的市场准入制度体系，从而为实现经济高质量发展，为以国内大循环为主体、国内国际双循环相互促进的新发展格局提供重要制度支撑。

二、完善市场准入负面清单制度体系的主要任务

（一）全面落实并巩固维护"全国一张清单"管理模式

展望"十四五"时期，需要继续强化各类市场准入管理措施的清理规范，严禁各地区、各部门自行制定发布具有市场准入性质的负面清单，严禁各地区、各部门擅自增减调整清单条目，确需增减调整且有法律依据的内容需及时报请国务院审定，确保市场准入负面清单制度的统一性、严肃性、权威性。加强市场准入负面清单与外商投资准入负面清单的协同联动。健全清单动态调整机制，优化完善清单制度设计、体例架构，坚持市场准入负面清单动态调整，加强与特定区域产业准入政策的动态衔接。各地方定期自查自清与全国统一负面清单制度相违背的规定和做法，并形成常态化工作机制，国务院授权有关部门进行督查督导，确保全国清单的权威性。

（二）结合国家重大战略持续推动放宽市场准入门槛

紧密围绕国家重大战略和地方经济发展形势需要，在海南自由贸易港、深圳中国特色社会主义先行示范区、横琴粤澳深度合作区、长三角城市群等地，以文化、医疗、教育、金融等服务业领域为重点，针对市场主体普遍反映进入仍有各种障碍的领域，率先开展放宽市场准入限制的试点，调整实施有关放宽市场准入

管理的特别措施，明确放宽准入的具体措施和加强事中事后监管的具体办法，按程序提请做出暂时调整实施有关法律、行政法规、国务院决定的授权决定。通过限定区域范围的大胆尝试和先行探索，调动地区积极性和主动性，促进要素自由流动、资源高效配置，充分激发市场主体活力，推动当地产业提档升级和消费品质升级。试点工作开展一段时间后，由相关部门及时组织开展试点效果评估，对经检验具备复制推广条件的事项，及时总结成功经验和操作指南，适时在更大范围推广条件成熟的事项，及时推动修改国家有关法律法规，实现在全国范围不断放宽市场准入门槛的目标。

（三）通过破除隐性壁垒持续营造更加公平畅通的市场准入环境

强化市场准入负面清单制度体系建设，既包括清单修订内容调整，也体现在营造稳定、公平、透明的营商环境的一系列市场准入各环节的改革上。一方面，持续完善市场准入负面清单信息公开机制，依托全国一体化在线政务服务平台，实现清单事项主管部门、设立依据、审批层级、办理流程条件等全面公开，全面落实清单事项"一目了然、一网通办"，确保实现准入办理透明、便捷、高效。另一方面，建立完善的破除市场准入隐性壁垒工作机制，畅通市场主体对隐性壁垒的意见反馈渠道，密切关注市场反应，多渠道听取市场主体、行业协会、专家学者等意见，及时发现各种形式的市场准入不合理限制和隐性壁垒，列出问题清单，制定解决方案，完善处理回应机制，逐项破除隐性壁垒，做到发现一起、推动解决一起，全国负面清单之外不得另存门槛和隐性限制。

（四）不断提升市场准入效能，创新市场准入效能评估方式

要以市场准入行政审批为核心，对准入政策设立调整、准入审批办理、市场主体意见等各方面准入效能数据进行全面采集与深度挖掘。在建立全国统一的清单代码体系的基础上，建设全国市场准入大数据平台，与全国一体化在线平台互联互通，建立市场准入管理措施运行监管平台，对列入清单的每一条管理措施在不同地区的运行情况进行全方位、全过程的跟踪与监管，定期对运行情况进行综合研究和分析评审，适时按照程序优化办理流程、调整相关措施等，确保清单成为一张管用、好用、实用的"活清单"。要探索建立高标准市场准入评估指标体系，对省、市、县三级政府市场准入效能开展全覆盖评价，充分运用大数据、人工智能、区块链等信息技术手段，构建评估系统、建立分析模型、持续完善评估标准，实现对准入政策合理性、审批办理便利度、市场主体满意度等的精准分析与量化评估。

三、强化市场准入负面清单配套制度建设

全面实施市场准入负面清单制度是一项系统性改革工程，负面清单已不再是简单一张"单子"，而是确保所有市场主体平等进入清单之外的所有领域的一整套制度体系，重要是做好三组衔接。

（一）做好不同清单的衔接，促进准入环节与事中事后监管的配套

在审批体制方面，要推动行政许可事项清单、权责清单与市场准入负面清单密切衔接，规范各级政府及有关部门审批权责和

标准，实现审批流程优化、程序规范、公开透明、权责清晰。在监管机制方面，要进一步转变监管理念、创新监管方式，把更多监管资源投向加强对市场主体投资经营行为的事中事后监管，全面提升监管效能。针对审批事项取消后可能出现的风险，要逐项制定事中事后监管措施或替代方法，明确监管内容、方法和手段，建立统一高效的监管数据采集、监测、分析和预警体系，为防范市场风险和提高监管效率提供有效保障。在社会信用体系和激励惩戒机制方面，要健全社会信用体系，完善企业信用信息公示系统，对守信主体给予褒奖激励、对失信主体采取限制措施、对严重违法失信主体实行市场禁入。

（二）做好"破"与"立"的衔接，及时防范化解各类市场安全风险

百年未有之大变局下，必须坚持保障国家经济安全，坚守不发生系统性风险的安全底线不动摇，在动态修订市场准入负面清单的过程中，不断完善修订规则和机制，针对潜在风险预先做好机制设计，尤其是要建立完善兜底保障机制甚至是及时止损机制。要完善风险预警与防范机制，及时发现经济运行和市场准入领域存在的苗头性、潜在性、趋势性问题，及时依法调整准入管理措施。要抓紧完善规范、严格的外商投资安全审查制度，明确规定审查要素、审查程序和可采取的措施等，对涉及国家安全的外商投资，要依法进行安全审查。

（三）做好"做"与"说"的衔接，加强宣传推广和舆论引导

及时总结梳理从市场准入负面清单制度实施以来，各部门、各地方积极实施负面清单管理的有效做法和鲜活经验，尤其是各

地区、各行业破除市场准入隐性壁垒的成功案例，力争在改革方法论层面归纳提炼出相关经验，编制通俗易懂的案例，通过召开系统培训会、经验推广会等方式予以宣传普及和复制推广。持续做好负面清单宣传推广和舆论引导工作，让市场主体真切地感受到改革的热度和温度，全面提高市场主体获得感和满意度。加强与亚洲开发银行等国际机构的合作，比较研究亚洲、欧美等相关大国经济体，健全完善国内市场准入、推动国内统一大市场建设的经验和举措，结合我国国情，推动国内和国际规则标准衔接工作，进而提升我国市场准入制度体系建设的系统性与完备性。

结 语

　　建立和完善市场准入负面清单制度是一项牵一发而动全身的重要改革，也是一项复杂的系统工程，涉及经济社会众多领域，是我国整个经济体制改革的重要方面，通过市场准入负面清单制度改革，有效推动了"放管服"、投资体制、商事制度、行政审批制度、事中事后监管、信用体系建设等其他相关改革同步深化，为加快形成完善的社会主义市场经济体制提供有力支撑和重要保障。自2016年以来累计印发4版全国统一的市场准入负面清单，清单事项累计缩减比例达到62.5%，以此为重要抓手持续推进政府职能转变和供给侧结构性改革，加快促进形成强大国内市场和使市场主体活力充分迸发。

　　展望未来，在全国范围深入实施市场准入负面清单制度过程中可能会遇到诸多挑战，也会面临一些不确定性因素。但只要全社会尤其是发展改革部门不忘初心、牢记使命，在全国范围扎实推进市场准入负面清单制度实施，不断完善相关制度设计与配套体系建设，必将形成世界领先的市场准入制度体系建设经验，进一步彰显中国道路自信和制度模式的优越性。

当前国际社会风云变幻，外部环境面临诸多不确定性风险和挑战，在清单贯彻实施过程中必将碰到一些挑战与困难。外部环境和形势越是复杂多变，我们越要坚守实行市场准入负面清单制度的初心与使命，切实强化贯彻实施的责任与担当，持之以恒完善市场准入负面清单及相关配套制度，为建设高标准市场体系筑牢实践基础，为构建高水平社会主义市场经济体制找准实践路径。一是积极应对外部形势变化，做足应对各类风险的防范预案。坚持安全发展，守住不发生系统性风险的底线，在清单贯彻实施过程中，针对潜在风险点做足防范和应急处置预案。一旦发现市场准入环节存在某些潜在的风险苗头，主动上报并及时采取临时处置措施。二是清单落地过程中进一步加快政府职能转变，提高准入服务效能。通过立规建制夯实配套保障体系，进一步增强政府公信力，给予市场主体明确的政策预期，给各类市场主体吃下"定心丸"。积极指导地方开展进一步放宽准入限制试点，加快破除隐性壁垒，积累解决实际问题的经验，以便条件成熟后在更大范围推广。三是持续做好负面清单贯彻实施与宣传推广工作。及时总结各地区、各部门积极实施负面清单管理的鲜活经验，编制通俗易懂的案例，强化基层实际操作培训，让市场主体真切地感受到热度和温度，全面提高获得感和满意度。

附录 1

国家发展改革委 商务部关于印发《市场准入负面清单（2022年版）》的通知

（发改体改〔2022〕397号）

各省、自治区、直辖市人民政府，新疆生产建设兵团，中央和国家机关有关部门：

按照中共中央、国务院关于开展市场准入负面清单动态调整的部署要求，国家发展改革委、商务部会同各地区、各有关部门对《市场准入负面清单（2020年版）》开展全面修订，形成《市场准入负面清单（2022年版）》，经党中央、国务院批准印发。现将有关要求通知如下。

一、严格落实"全国一张清单"管理要求。坚决维护市场准入负面清单制度的统一性、严肃性和权威性，确保"一单尽列、单外无单"。按照党中央、国务院要求编制的涉及行业性、领域性、区域性等方面，需要用负面清单管理思路或管理模式出台相关措施的，应纳入全国统一的市场准入负面清单。已经纳入的，各有关部门要做好对地方细化措施的监督指导，确保符合"全国一张清单"管理要求。各地区、各部门不得自行发布市场准入性质的负面清单。

二、切实履行政府监管责任。各地区、各部门要更好发挥政府作用，严格落实法律法规和"三定"规定明确的监管职责，对法律法规和"三定"规定未明确监管职责的，按照"谁审批、谁监管，谁主管、谁监管"的原则，全面夯实监管责任。要落实放管结合、并重要求，坚决纠正"以批代管""不批不管"等问题，防止出现监管真空。要健全监管规则，创新监管方式，实现事前事中事后全链条、全领域监管，提高监管的精准性有效性。要强化反垄断监管，防止资本无序扩张、野蛮生长、违规炒作，冲击经济社会发展秩序。要进一步健全完善与市场准入负面清单制度相适应的准入机制、审批机制、社会信用体系和激励惩戒机制、商事登记制度等，系统集成、协同高效地推进市场准入制度改革工作。

三、建立违背市场准入负面清单案例归集和通报制度。国家发展改革委会同有关部门按照"一案一核查、一案一通报"原则，对违背市场准入负面清单情况进行归集排查，按季度对违背市场准入负面清单的典型案例情况进行通报，有关情况纳入全国城市信用状况动态监测，并在国家发展改革委门户网站和"信用中国"网站向社会公布。对于性质严重案例及相关情况，实行点对点通报约谈。

四、深入开展市场准入效能评估试点。进一步完善市场准入效能评估指标体系，将违背市场准入负面清单案例归集情况、督办协调机制建立运行和整改效果作为评估重要内容。注重将信息技术作为重要工作手段，开展效能评估信息化平台建设，探索效能评估结果应用。

五、扎实做好清单落地实施工作。对清单所列事项，各地区、各部门要持续优化管理方式，严格规范审批行为，优化审批流程，提高审批效率，正确高效地履行职责。清单之外的行业、领域、业务等，各类市场主体皆可依法平等进入，不得违规另设市场准入行政审批。对于需提请修改相关法律、法规、国务院决定的措施，各地区、各部门要尽快按法定程序办理，并做好相关规章和规范性文件"立改废"工作。

《清单（2022年版）》自发布之日起施行，2020年12月10日发布的《市场准入负面清单（2020年版）》（发改体改规〔2020〕1880号）同时废止。国家发展改革委、商务部会同各地区、各部门认真落实党中央、国务院部署要求，扎实做好市场准入负面清单制度组织实施工作。清单实施中的重大情况及时向党中央、国务院报告。

国家发展改革委
商务部
2022年3月12日

链接：https://www.ndrc.gov.cn/xxgk/zcfb/ghxwj/202203/t20220325_1320231.html

关于《市场准入负面清单（2022年版）》有关情况的说明

实行市场准入负面清单制度，是党中央、国务院做出的重大决策部署，是加快完善社会主义市场经济体制的重要制度安排。经党中央、国务院批准，《市场准入负面清单（2022年版）》由国家发展改革委、商务部联合发布。现将有关要求说明如下。

一、市场准入负面清单事项类型和准入要求。市场准入负面清单分为禁止和许可两类事项。对禁止准入事项，市场主体不得进入，行政机关不予审批、核准，不得办理有关手续；对许可准入事项，包括有关资格的要求和程序、技术标准和许可要求等，或由市场主体提出申请，行政机关依法依规做出是否予以准入的决定，或由市场主体依照政府规定的准入条件和准入方式合规进入；对市场准入负面清单以外的行业、领域、业务等，各类市场主体皆可依法平等进入。《清单（2022年版）》列有禁止准入事项6项，许可准入事项111项，共计117项，相比《清单（2020年版）》减少6项。

二、市场准入负面清单管理措施适用范围。市场准入负面清单依法列出中华人民共和国境内禁止或经许可方可投资经营的行业、领域、业务等。针对非投资经营活动的管理措施、准入后管理措施、备案类管理措施、职业资格类管理措施、只针对境外市场主体的管理措施以及针对生态保护红线、自然保护地、饮用水水源保护区等特定地理区域、空间的管理措施等不列入市场准入负面清单，从其相关规定。

三、市场准入负面清单管理措施法定依据。列入清单的市场准入管理措施，由法律、行政法规、国务院决定或地方性法规设定，省级人民政府规章可设定临时性市场准入管理措施。市场准入负面清单未直接列出的地方对市场准入事项的具体实施性措施且法律依据充分的，按其规定执行。清单实施中，由于特殊原因需采取临时性准入管理措施的，经国务院同意，可实时列入清单。为保护公共道德，维护公共利益，有关部门依法履行对文化领域和与文化相关新产业的市场准入政策调整和规制的责任。

四、市场准入负面清单一致性要求。按照党中央、国务院要求编制的涉及行业性、领域性、区域性等方面，需要用负面清单管理方式出台相关措施的，应纳入全国统一的市场准入负面清单。《产业结构调整指导目录》《政府核准的投资项目目录》纳入市场准入负面清单，地方对两个目录有细化规定的，从其规定。地方国家重点生态功能区和农产品主产区产业准入负面清单（或禁止限制目录）及地方按照党中央、国务院要求制定的地方性产业结构禁止准入目录，统一纳入市场准入负面清单。各地区、各部门不得另行制定市场准入性质的负面清单。

五、市场准入负面清单与其他准入规定之关系。市场准入负面清单实施中，我国参加的国际公约、与其他国家签署的双多边条约、与港澳台地区达成的相关安排等另有规定的，按照相关规定执行；涉及跨界（境）河流水资源配置调整的重大水利项目和水电站、跨境电网工程、跨境输气管网等跨境事项，以及涉界河工程、涉外海洋科考，征求外事部门意见。

六、市场准入负面清单信用承诺及履约要求。市场主体以告知承诺方式获得许可但未履行信用承诺的，撤销原发放许可，将其履约践诺情况全面纳入信用记录并共享至全国信用信息共享平台，依法依规开展失信惩戒。对拒不履行司法裁判或行政处罚决定、屡犯不改、造成重大损失的市场主体及其相关责任人，依法依规在一定期限内实施市场和行业禁入措施。

七、市场准入负面清单综合监管制度。要更好发挥政府作用，严格落实法律法规和"三定"规定明确的监管职责，对法律法规和"三定"规定未明确监管职责的，按照"谁审批、谁监管，谁主管、谁监管"的原则，全面夯实监管责任，落实放管结合、并重要求，坚决纠正"以批代管""不批不管"等问题，防止出现监管真空。要健全监管规则，创新监管方式，实现事前事中事后全链条、全领域监管，提高监管的精准性有效性。要强化反垄断监管，防止资本无序扩张、野蛮生长、违规炒作，冲击经济社会发展秩序。建立违背市场准入负面清单案例归集通报制度，开展市场准入效能评估，畅通市场主体意见反馈渠道，多方面归集违背清单要求案例，完善处理回应机制并定期通报，有关信息在国家发展改革委门户网站和"信用中国"网站上公示。

市场准入负面清单由国家发展改革委、商务部会同有关部门负责解释。

市场准入负面清单（2022年版）（节选1）

项目号	禁止或许可事项	事项编码	禁止或许可准入情措描述	主管部门	地方性许可事项
一、禁止准入类					
1	法律、法规、国务院决定等明确设立且与市场准入相关的禁止性规定	100001	法律、法规、国务院决定等明确设立，且与市场准入相关的禁止性规定（见附件）		
2	国家产业政策明令淘汰和限制的产品、技术、工艺、设备及行为	100002	《产业结构调整指导目录》中的淘汰类项目，禁止投资；限制类项目，禁止新建。禁止投资建设《汽车产业投资管理规定》所列的汽车投资禁止类事项		
3	不符合主体功能区建设要求的各类开发活动	100003	地方国家重点生态功能区产业准入负面清单（或禁止限制目录）、农产品主产区产业准入负面清单（或禁止限制目录）所列有关事项		
4	禁止违规开展金融相关经营活动	100004	非金融机构、不从事金融活动的企业，在注册名称和经营范围中不得使用"银行""保险（保险）""保险资产管理公司""保险集团公司""自保公司""相互保险组织）""证券公司""基金管理公司（注：指从事公募基金管理业务的基金管理公司	人民银行 银保监会 证监会 市场监管总局 国家网信办	

附录1　325

（续表）

项目号	禁止或许可事项	事项编码	禁止或许可准入措施描述	主管部门	地方性许可事项
一、禁止准入类					
7			司")"信托公司""金融控股""金融集团""财务公司""理财""财富管理""股权众筹""金融""金融租赁""汽车金融""货币经纪""金融""融资担保""典当""征信""消费金融""融资租赁""汽车金融""货币经纪""中心""交易所""交易"等与金融相关的字样，法律、行政法规和国家另有规定的除外		

市场准入负面清单（2022年版）（节选2）

项目号	禁止或许可事项	事项编码	禁止或许可准入措施描述	主管部门	地方性许可事项
二、许可准入类					
（一）农、林、牧、渔业					
	未经许可或指定，不得从事特定植物种植或种子、种苗的生产、经营、检测和进出口	201001	农作物种子、林草种子、食用菌菌种生产经营、进出口许可 农作物种子、林草种子、食用菌菌种质量检验机构资质认定 国家重点保护农业、林草天然种质资源采集、采伐审批	农业农村部 林草局 农业农村部 林草局 农业农村部 林草局	

(续表)

项目号	禁止或许可事项	事项编码	禁止或许可准入措施描述	主管部门	地方性许可事项
			向境外提供或者与境外机构、个人开展合作研究利用农作物、林草、食用菌种质资源审批	农业农村部 林草局	工业大麻种植、加工许可（云南）
			向外国人转让农业、林草植物新品种申请权或品种权审批	农业农村部 林草局	
			麻醉药品药用原植物种植国家管制、种植企业指定及种植计划管理	药监局 农业农村部	
8	未获得许可，不得繁育、调运农林植物及其产品或从国外引进农林繁殖材料	201002	从国外引进农业、林草种子、苗木及其他繁殖材料检疫和隔离试种审批 农业、林草植物及其产品的产地检疫合格证、调运检疫证书核发	农业农村部 林草局	
9	未获得许可，不得从事农林转基因生物的研究、生产、加工和进口	201003	农业转基因生物研究、试验、生产、加工、进口审批 开展林草转基因工程活动审批	农业农村部 林草局	

《市场准入负面清单（2022年版）》附件

与市场准入相关的禁止性规定

说　明

本附件所列禁止措施是现有法律、法规、国务院决定等明确设立，且与市场主体投资经营活动密切相关的禁止性规定，在此汇总列出，以便市场主体参考。法律、法规、国务院决定设立的其他禁止性措施，从其规定。

与市场准入相关的禁止性规定（节选）

序号	禁止措施	设立依据	管理部门
（一）农、林、牧、渔业			
1	土地经营权流转不得改变土地所有权的性质和土地的农业用途，不得破坏农业综合生产能力和农业生态环境	《中华人民共和国农村土地承包法》	农业农村部
2	严禁占用永久基本农田挖塘造湖、植树造林、建绿色通道，堆放固体废弃物及其他毁坏永久基本农田种植条件和破坏永久基本农田的行为	《中华人民共和国土地管理法》《中华人民共和国基本农田保护条例》《中共中央 国务院关于加强耕地保护和改进占补平衡的意见》《国土资源部关于强化管控落实最严格耕地保护制度的通知》（国土资发〔2014〕18号）《国土资源部关于全面实行永久基本农田特殊保护的通知》（国土资规〔2018〕1号）	自然资源部 农业农村部
3	禁止占用耕地建窑、建坟或者擅自在耕地上建房、挖沙、采石、采矿、取土等	《中华人民共和国土地管理法》	自然资源部 农业农村部
4	禁止在二十五度以上陡坡地开垦种植农作物	《中华人民共和国水土保持法》	水利部
5	禁止开垦草原等活动；禁止在生态脆弱区的草原上采挖植物和从事破坏草原植被的其他活动	《中华人民共和国草原法》	林草局

附录1　329

附录 2

国家发展改革委 商务部关于支持海南自由贸易港建设放宽市场准入若干特别措施的意见

（发改体改〔2021〕479 号）

海南省人民政府，国务院有关部委、有关直属机构：

按照《海南自由贸易港建设总体方案》要求，为进一步支持海南打造具有中国特色的自由贸易港市场准入体系和市场环境，促进生产要素自由便利流动，加快培育国际比较优势产业，高质量高标准建设自由贸易港，经党中央、国务院同意，现提出意见如下。

一、创新医药卫生领域市场准入方式

（一）支持开展互联网处方药销售。在博鳌乐城国际医疗旅游先行区（以下简称"乐城先行区"）建立海南电子处方中心（为处方药销售机构提供第三方信息服务），对于在国内上市销售的处方药，除国家药品管理法明确实行特殊管理的药品外，全部允许依托电子处方中心进行互联网销售，不再另行审批。海南电子处方中心对接互联网医院、海南医疗机构处方系统、各类处方药销售平台、医保信息平台与支付结算机构、商业类保险机构，实现处方相关信息统一归集及处方药购买、信息安全认证、医保结算等事项"一网通办"，海南电子处方中心及海南省相关部门要制定细化工作方案，强化对高风险药品管理，落实网络安全、信息安全、个人隐私保护等相关主体责任。利用区块链、量子信息等技术，实现线上线下联动监管、药品流向全程追溯、数据安全存储。（牵头单位：国家卫生健康委、国家药监局、国家发展改革委按职责分工负责；参加单位：国家医保局、银保监会、国家中医药局）

（二）支持海南国产化高端医疗装备创新发展。鼓励高端医疗装备首台（套）在海南进行生产，对在海南落户生产的列入首台（套）重大技术装备推广应用指导目录或列入甲、乙类大型医用设备配置许可目录的国产大型医疗设备，按照国产设备首台（套）有关文件要求执行。（牵头单位：工业和信息化部、国家卫生健康委、国家药监局；参加单位：国家发展改革委）

（三）加大对药品市场准入支持。海南省人民政府优化药品（中药、化学药、生物制品）的研发、试验、生产、应用环境，鼓励国产高值医用耗材、国家创新药和中医药研发生产企业落户海南，完善海南新药研发融资配套体系，制定与药品上市许可持有人相匹配的新药研发支持制度，鼓励国内外药企和药品研制机构在海南开发各类创新药和改良型新药。按照规定支持落户乐城先行区的医疗机构开展临床试验。对注册地为海南的药企，在中国境内完成Ⅰ—Ⅲ期临床试验并获得上市许可的创新药，鼓励海南具备相应条件的医疗机构按照"随批随进"的原则直接使用，有关部门不得额外设置市场准入要求。（牵头单位：国家药监局、国家卫生健康委；参加单位：国家中医药局、海关总署）

（四）全面放宽合同研究组织（CRO）准入限制。海南省人民政府制定支持合同研究组织（CRO）落户海南发展的政策意见，支持在海南建立医药研究国际标准的区域伦理中心，鼓励海南医疗机构与合同研究组织合作，提升医疗机构临床试验技术能力和质量管理水平。优化完善医疗机构中药制剂审批和备案流程。按照安全性、有效性原则制定相关标准，在海南开展中药临床试验和上市后再评价试点。（牵头单位：国家药监局；参加单位：科技部、国家卫生健康委、国家中医药局）

（五）支持海南高端医美产业发展。鼓励知名美容医疗机构落户乐城先行区，在乐城先行区的美容医疗机构可批量使用在美国、欧盟、日本等国家或地区上市的医美产品，其中属于需在境内注册或备案的药品、医疗器械、化妆品，应依法注册或备案，乐城先行区可制定鼓励措施。海南省有关部门研究提出乐城先行区医美产业发展需要的进口药品、医疗器械、化妆品企业及产品清单，协助相关企业开展注册，国家药品监督管理部门予以支持。支持国外高水平医疗美容医生依法依规在海南短期行医，推动发展医疗美容旅游产业，支持引进、组织国际性、专业化的医美产业展会、峰会、论坛，规范医疗美容机构审批和监管。（牵头单位：国家卫生健康委、国家药监局；参加单位：商务部、文化和旅游部）

（六）优化移植科学全领域准入和发展环境。汇聚各类优质资源，推动成立国际移植科学研究中心，按照国际领先标准加快建设组织库，不断完善相关制度和工作体系，推进生物再生材料研究成果在海南应用转化。优化移植领域各类新药、检验检测试剂、基因技术、医疗器械等准入环境，畅通研制、注册、生产、使用等市场准入环节，支持符合相应条件的相关产品，进入优先或创新审批程序。对社会资本办医疗机构和公立医疗机构在人体器官移植执业资格认定审批采取一致准入标准，一视同仁。在乐城先行区设立国际移植医疗康复诊疗中心，与各大医疗机构对接开展移植医疗康复诊疗。符合条件的移植医疗项目纳入医保支付范围，实现异地医保结算便利化。鼓励商业保险机构探索研究移植诊疗和康复相关保险业务。鼓励国内一流中医医疗机构在海南开设相关机构，开展移植学科中西医结合诊疗研究，推动康养结合。（牵头单位：国家卫生健康委、国家药监局；参加单位：科技部、国家医保局、国家中医药局、中科院）

（七）设立海南医疗健康产业发展混改基金。在国家发展改革委指导下，支持海南设立社会资本出资、市场化运作的医疗健康产业发展混改基金，支持相关产业落地发展。对混改基金支持的战略性重点企业上市、并购、重组等，证监会积极给予支持。（牵头单位：国家发展改革委；参加单位：证监会）

二、优化金融领域市场准入和发展环境

（八）支持证券、保险、基金等行业在海南发展。依法支持证券、基金等金融机构落户海南。鼓励发展医疗健康、长期护理等商业保险，支持多种形式养老金融发展。（牵头单位：人民银行、银保监会、证监会按职责分工负责；参加单位：国家发展改革委）

（九）加强数据信息共享，开展支持农业全产业链发展试点。选取海南省部分地区开展试点，利用地理信息系统（GIS）、卫星遥感技术、无人机信息采集技术等信息化手段获取的土地、农作物等农业全产业链数据，按市场化原则引入第三方机构，开展风险评估和信用评价。鼓励各类金融机构根据职能定位，按照农业

发展需求和市场化原则,结合第三方评估评价信息,依法合规为农业全产业链建设提供金融支持,鼓励保险机构配套开展农业保险服务。鼓励海南省带动种植、养殖、渔业的生产、加工、流通、销售、体验等全产业链发展。支持海南省会同相关金融机构、第三方信息服务机构制定具体实施方案,充分发挥地方农垦集团资源整合和信息整合优势,形成科技信息和金融数据第三方机构参与,农垦集团、农业龙头企业、农户联动的发展格局。(牵头单位:农业农村部、国家发展改革委按职责分工负责;参加单位:财政部、自然资源部、银保监会)

三、促进文化领域准入放宽和繁荣发展

(十)支持建设海南国际文物艺术品交易中心。引入艺术品行业的展览、交易、拍卖等国际规则,组建中国海南国际文物艺术品交易中心,为"一带一路"沿线国家优秀艺术品和符合文物保护相关法律规定的可交易文物提供开放、专业、便捷、高效的国际化交易平台。鼓励国内外知名拍卖机构在交易中心开展业务。推动降低艺术品和可交易文物交易成本,形成国际交易成本比较优势。在通关便利、保税货物监管、仓储物流等方面给予政策支持。(牵头单位:中央宣传部、文化和旅游部、国家文物局、国家发展改革委按职责分工负责;参加单位:商务部、人民银行、国务院国资委、海关总署、国家外汇局)

(十一)鼓励文化演艺产业发展。支持开展"一带一路"文化交流合作,推动"一带一路"沿线国家乃至全球优质文化演艺行业的表演、创作、资本、科技等各类资源向海南聚集。落实具有国际竞争力的文化产业奖励扶持政策,鼓励5G、VR、AR等

新技术率先应用,在规划、用地、用海、用能、金融、人才引进等方面进行系统性支持。优化营业性演出审批,创新事中事后监管方式,充分发挥演出行业协会作用,提高行业自律水平。优化对娱乐场所经营活动和对游戏游艺设备内容的审核。(牵头单位:文化和旅游部、中央宣传部;参加单位:国家发展改革委、科技部、工业和信息化部、民政部、人力资源社会保障部、自然资源部、市场监管总局、国家移民局)

(十二)鼓励网络游戏产业发展。探索将国产网络游戏试点审批权下放海南,支持海南发展网络游戏产业。(牵头单位:中央宣传部)

(十三)放宽文物行业领域准入。对海南文物商店设立审批实行告知承诺管理。支持设立市场化运营的文物修复、保护和鉴定研究机构。(牵头单位:国家文物局)

四、推动教育领域准入放宽和资源汇聚

(十四)鼓励高校在海南进行科研成果转化。支持海南在陵水国际教育先行区、乐城先行区等重点开发区域设立高校生物医药、电子信息、计算机及大数据、人工智能、海洋科学等各类科研成果转化基地,鼓励高校科研人员按照国家有关规定在海南创业、兼职、开展科研成果转化。鼓励高校在保障正常运转和事业发展的前提下,参与符合国家战略的产业投资基金,通过转让许可、作价入股等方式,促进科研成果转化。(牵头单位:教育部、科技部;参加单位:国家发展改革委、财政部、人力资源社会保障部)

(十五)支持国内知名高校在海南建立国际学院。支持国内

知名高校在海南陵水国际教育先行区或三亚等具备较好办学条件的地区设立国际学院，服务"一带一路"建设。国际学院实行小规模办学，开展高质量本科教育，学科专业设置以基础科学和应用技术理工学科专业为主，中科院有关院所对口支持学院建设，鼓励创新方式与国际知名高校开展办学合作和学术交流。初期招生规模每年300~500人，招生以国际学生为主。国际学生主要接收"一带一路"沿线国家优秀高中毕业生和大学一年级学生申请，公平择优录取。教育部通过中国政府奖学金等方式对海南省有关高校高质量来华留学项目予以积极支持。中科院等有关单位会同海南省制定具体建设方案，按程序报批后实施。（牵头单位：中科院、教育部；参加单位：国家发展改革委、外交部、国家移民局）

（十六）鼓励海南大力发展职业教育。完善职业教育和培训体系，深化产教融合、校企合作，鼓励社会力量通过独资、合资、合作等多种形式举办职业教育。支持海南建设服务国家区域发展战略的职业技能公共实训基地。鼓励海南大力发展医疗、康养、文化演艺、文物修复和鉴定等领域职业教育，对仅实施职业技能培训的民办学校的设立、变更和终止审批以及技工学校设立审批，实行告知承诺管理。（牵头单位：教育部、人力资源社会保障部、国家发展改革委）

五、放宽其他重点领域市场准入

（十七）优化海南商业航天领域市场准入环境，推动实现高质量发展。支持建设融合、开放的文昌航天发射场，打造国际一流、市场化运营的航天发射场系统，统筹建设相关测控系统、地面系统、应用系统，建立符合我国国际商业航天产业发展特点的建设管理运用模式。推动卫星遥感、北斗导航、卫星通信、量子卫星、芯片设计、运载火箭、测控等商业航天产业链落地海南。优化航天发射申报、航天发射场协调等事项办理程序，提升运载火箭、发动机及相关产品生产、储存、运输和试验等活动安全监管能力。支持在海南开展北斗导航国际应用示范。支持设立社会资本出资、市场化运作的商业航天发展混合所有制改革基金。鼓励保险机构在依法合规、风险可控的前提下，开展航天领域相关保险业务。支持商业卫星与载荷领域产学研用国际合作，鼓励开展卫星数据的国际协作开发应用与数据共享服务。优化商业航天领域技术研发、工程研制、系统运行、应用推广等领域的国际合作审批程序。制定吸引国际商业航天领域高端人才与创新团队落户的特别优惠政策，建立国际交流与培训平台。（牵头单位：国防科工局、国家发展改革委等单位按职责分工负责；参加单位：科技部、工业和信息化部、自然资源部、交通运输部、商务部、银保监会）

（十八）放宽民用航空业准入。优化海南民用机场管理方式，优化民航安检设备使用许可，简化通用航空机场规划及报批建设审批流程。在通用航空领域，探索建立分级分类的人员资质管理机制与航空器适航技术标准体系，简化飞行训练中心、民用航空器驾驶员学校、飞行签派员培训机构审批流程，在符合安全技术要求的前提下最大限度降低准入门槛。支持5G民航安全通信、北斗、广播式自动监视等新技术在空中交通管理、飞行服务保障等领域应用。落实金融、财税、人才等政策支持，鼓励社会资本投资通用航空、航油保障、飞机维修服务等领域。（牵头单位：民航局、国家发展改革委；参加单位：工业和信息化部、财政部、

人民银行、银保监会等单位）

（十九）放宽体育市场准入。支持在海南建设国家体育训练南方基地和省级体育中心。支持打造国家体育旅游示范区，鼓励开展沙滩运动、水上运动等户外项目，按程序开展相关授权。（牵头单位：体育总局；参加单位：国家发展改革委、自然资源部）

（二十）放宽海南种业市场准入，简化审批促进种业发展。简化农作物、中药材等种子的质量检验机构资格认定、进出口许可等审批流程，优化与规范从事农业生物技术研究与试验的审批程序，鼓励海南省与境外机构、专家依法开展合作研究，进一步优化对海外引进农林业优异种质、苗木等繁殖材料的管理办法及推广应用。（牵头单位：农业农村部、国家林草局、海关总署按职责分工负责；参加单位：商务部、市场监管总局、中科院、国家中医药局）

（二十一）支持海南统一布局新能源汽车充换电基础设施建设和运营。支持海南统一规划建设和运营新能源汽车充换电新型基础设施，放宽5G融合性产品和服务的市场准入限制，推进车路协同和无人驾驶技术应用。重点加快干线公路沿线服务区快速充换电设施布局，推进城区、产业园区、景区和公共服务场所停车场集中式充换电设施建设，简化项目报备程序及规划建设、消防设计审查验收等方面审批流程，破除市场准入隐性壁垒。鼓励相关企业围绕充换电业务开展商业模式创新示范，探索包容创新的审慎监管制度，支持引导电网企业、新能源汽车生产、电池制造及运营、交通、地产、物业等相关领域企业按照市场化方式组建投资建设运营公司，鼓励创新方式开展各类业务合作，打造全岛"一张网"运营模式。(牵头单位:国家发展改革委、国家能源局;参加单位:工业和信息化部、自然资源部、住房城乡建设部、国务院国资委)

(二十二)优化准入环境开展乡村旅游和休闲农业创新发展试点。选取海南省部分地区,共享应用农村不动产登记数据,以市域或县域为单位开展乡村旅游市场准入试点,有关地方人民政府组织对试点地区所辖适合开展乡村旅游和休闲农业的乡镇和行政村进行整体评估,坚持农村土地农民集体所有,按照市场化原则,组建乡村旅游资产运营公司。在平等协商一致的基础上,支持适合开展民宿、农家乐等乡村旅游业务的资产以长期租赁、联营、入股等合法合规方式,与运营公司开展合作,积极推动闲置农房和宅基地发展民宿和农家乐,将民宿和农家乐纳入相关发展规划统一考虑,注重与周边产业、乡村建设互动协调、配套发展。海南省统一农家乐服务质量标准,统一民宿服务标准,乡村民宿主管部门统一规划信息管理平台、统一能力评估和运营监管。切实维护农民利益,坚决杜绝把乡村变景区的"一刀切"整体开发模式,充分考虑投资方、运营方、集体经济组织、农户等多方利益,因地制宜制定试点具体方案,支持集体经济组织和农户以租金、参与经营、分红等多种形式获得收益。鼓励各类金融机构按照市场化原则,为符合条件的运营公司提供金融支持,全面提升乡村旅游品质,增加农民收入。鼓励保险机构开发财产保险产品,为乡村旅游产业提供风险保障。引导银行按照风险可控、商业可持续原则加大对乡村旅游产业支持力度,优化业务流程,提高服务效率。(牵头单位:农业农村部、文化和旅游部、国家发展改革委按职责分工负责;参加单位:自然资源部、住房城乡

建设部、银保监会）

  本意见所列措施由海南省会同各部门、各单位具体实施，凡涉及调整现行法律或行政法规的，经全国人大及其常委会或国务院统一授权后实施，各部门、各单位要高度重视，按照职责分工，主动作为，积极支持，通力配合。海南省要充分发挥主体作用，加强组织领导，周密安排部署，推动工作取得实效。国家发展改革委、商务部会同有关部门加大协调力度，加强督促检查，重大问题及时向党中央、国务院请示报告。

国家发展改革委
商务部
2021 年 4 月 7 日

链接：https://www.ndrc.gov.cn/xxgk/zcfb/tz/202104/t20210408_1271896.html

附录 3

国家发展改革委　商务部关于深圳建设中国特色社会主义先行示范区放宽市场准入若干特别措施的意见

（发改体改〔2022〕135 号）

广东省人民政府、深圳市人民政府，国务院有关部委、有关直属机构，有关中央企业、中央金融企业，有关行业协会：

按照《中共中央　国务院关于支持深圳建设中国特色社会主义先行示范区的意见》《深圳建设中国特色社会主义先行示范区综合改革试点实施方案（2020—2025 年）》和《建设高标准市场体系行动方案》部署要求，为进一步支持深圳建设中国特色社会主义先行示范区，加快推进综合改革试点，持续推动放宽市场准入，打造市场化、法治化、国际化营商环境，牵引带动粤港澳大湾区在更高起点、更高层次、更高目标上推进改革开放，经党中央、国务院同意，现提出意见如下。

一、放宽和优化先进技术应用和产业发展领域市场准入

（一）创新市场准入方式建立电子元器件和集成电路交易平台。支持深圳优化同类交易场所布局，组建市场化运作的电子元器件和集成电路国际交易中心，打造电子元器件、集成电路企业和产品市场准入新平台，促进上下游供应链和产业链的集聚融合、集群发展。支持电子元器件和集成电路企业入驻交易中心，鼓励国内外用户通过交易中心采购电子元器件和各类专业化芯片，支持集成电路设计公司与用户单位通过交易中心开展合作。积极鼓励、引导全球知名基础电子元器件和芯片公司及上下游企业（含各品牌商、分销商或生产商）依托中心开展销售、采购、品牌展示、软体方案研发、应用设计、售后服务、人员培训等。支持开展电子元器件的设计、研发、制造、检测等业务，降低供应链总成本，实现电子元器件产业链生产要素自由流通、整体管理；优化海关监管与通关环境，在风险可控前提下，推动海关、金融、税务等数据协同与利用，联合海关、税务、银行等机构开展跨境业务，交易中心为入驻企业提供进出口报关、物流仓储服务，鼓励金融机构与交易中心合作，为企业提供供应链金融服务。鼓励市场主体依托中心开展采购，设立贸易联盟并按市场化运作方式提供国际贸易资金支持，汇聚企业对关键元器件的采购需求，以集中采购方式提高供应链整体谈判优势。支持设立基础电子元器件检测认证及试验平台，面向智能终端、5G、智能汽车、高端装备等重点市场，加快完善相关标准体系，加强提质增效，降低相关测试认证成本。（工业和信息化部、国家发展改革委、民政部、海关总署、商务部、人民银行、税务总局、市场监管总局、银保监会、外汇管理局等单位按职责分工会同深圳市组织实施）

（二）放宽数据要素交易和跨境数据业务等相关领域市场准入。在严控质量、具备可行业务模式前提下，审慎研究设立数据要素交易场所，加快数据要素在粤港澳大湾区的集聚与流通，鼓励深圳在国家法律法规框架下，开展地方性政策研究探索，建立数据资源产权、交易流通、跨境传输、信息权益和数据安全保护等基础制度和技术标准。探索个人信息保护与分享利用机制，鼓励深圳市探索立法，对信息处理行为设定条件、程序，明确处理者义务或主体参与权利，依法处理个人信息，保护数据处理者合法利益。加快推动公共数据开放，编制公共数据共享目录，区分公共数据共享类型，分类制定共享规则，引导社会机构依法开放自有数据，支持在特定领域开展央地数据合作。重点围绕金融、交通、健康、医疗等领域做好国际规则衔接，积极参与跨境数据流动国际规则制定，在国家及行业数据跨境传输安全管理制度框架下，开展数据跨境传输（出境）安全管理试点，建立数据安全保护能力评估认证、数据流通备份审查、跨境数据流通和交易风险评估等数据安全管理机制。以人民币结算为主，研究推出一批需求明确、交易高频和数据标准化程度高的数据资产交易产品，利用区块链、量子信息等先进技术实现数据可交易、流向可追溯、安全有保障，探索建立数据要素交易领域相关标准体系。探索建设离岸数据交易平台，以国际互联网转接等核心业态，带动发展数字贸易、离岸数据服务外包、互联网创新孵化等关联业态，汇聚国际数据资源，完善相关管理机制。（中央网信办、国家发展改革委、工业和信息化部、商务部、证监会、外汇管理局等单位按职责分工会同深圳市组织实施）

（三）优化先进技术应用市场准入环境。利用深圳产业链、创新链深度融合优势，围绕先进技术应用推广，设立国际先进技术应用推进中心，以企业化、市场化方式运作，对标国际一流智库，搭建世界级先进技术应用推广平台，建立与重要科研院所、重要高校、重要国有企业、重要创新型领军企业和创新联合体的联系机制，直接联接港澳先进技术创新资源，分步在综合性国家科学中心和科创中心所在地设立分中心，加快汇聚国内外前沿技术创新成果和高端创新要素，全面对接产业链、供应链"锻长板"和"补短板"一线需求，打破制约产业发展和创新要素流动的信息壁垒和市场准入限制，推动先进创新成果直接应用转化。与证监会和上交所、深交所建立重点应用项目沟通机制，加大创业和产业投资对先进技术应用推动作用，搭建创新资源与投资机构交流渠道，组建投资平台对先进技术应用和成果转化提供资金支持。服务重大需求，打破传统项目实施方式，破除市场准入门槛，突出系统观念，建立先进技术合作转化机制，共享需求和创新资源信息，构建先进技术相关需求应用转化流程和评价标准，整合汇聚科技创新能力，加速人工智能、新材料、量子信息、大数据、网络安全、高端芯片、高端仪器、工业软件、基础软件、新兴平台软件等战略性、前沿性、颠覆性先进技术在相关领域直接应用。通过首购、订购等政府采购政策，支持新技术产业化、规模化应用，大幅提高科技成果转移转化成效。（国家发展改革委、深圳市会同国家保密局、科技部、教育部、财政部、证监会、中国科学院等单位按职责分工组织实施）

（四）优化 5G、物联网等新一代信息技术应用方式。依托鹏城实验室等深圳优质资源搭建 5G、物联网等新一代信息技术分布式试验平台，联接国内科研院所、高校、企业的相关试验资源和能力，直接对接服务网络通信、网络空间、网络智能、5G、物联网等各类相关任务，加大与国际先进技术应用推进中心等单位协同力度，积极对接中国科学院等有关科研院所需求，配合有关单位确立相关市场准入的试验标准和评估流程，降低 5G、物联网等新一代信息技术和新型基础设施在相关领域准入门槛，推动相关融合应用示范。（国家发展改革委、工业和信息化部、科技部、中国科学院等单位按职责分工会同深圳市组织实施）

（五）支持设立国际性产业与标准组织。加快设立若干科技类急需的国际性产业与标准组织，建立国际性产业与标准组织设立登记通道，按照"成熟一家、上报一家"原则报批。抓紧推动设立条件已具备的国际组织。支持深圳会同相关部门研究制定培育发展国际性产业与标准组织的政策措施，允许进一步放宽会员国籍、人数和活动审批，为国际会员参与科研交流提供入出境便利，参照国际通行标准确定会费收缴额度和雇员薪酬标准，建立与国际标准相适配的认证和测试体系。（深圳市会同工业和信息化部、科技部、外交部、民政部、国家发展改革委、公安部、市场监管总局、国家移民管理局等单位组织实施）

二、完善金融投资领域准入方式

（六）提升农产品供应链金融支持能力。鼓励金融机构基于真实交易背景和风险可控前提，按照市场化、法治化原则，依托农产品供应链、产业链核心企业（以下简称"核心企业"），开展存货、仓单、订单质押融资等供应链金融业务，降低下游经销商融资成本。注重发挥核心企业存货监管能力、底层货物分销处置能力，汇集验收交割、在库监控等交易信息，打造动产智能监管大数据平台；鼓励以"银企信息系统直联+物联网+区块链技术"创新方式，打通银行、核心企业、仓储监管企业等系统间信息接口，引入企业征信、信用评级等各类市场化机构，动态更新业务数据并形成电子化标准仓单和风险评估报告；鼓励以区块链和物联网设备为基础,形成存货质押监管技术统一标准,利用新一代信息技术,确保货物权属转移记录等信息有效性。稳妥规范开展供应链金融资产证券化。探索运用数字人民币进行交易结算。(银保监会、人民银行、商务部、证监会、国家发展改革委、农业农村部等单位按职责分工会同深圳市组织实施)

(七)推动深港澳地区保险市场互联互通。积极推进保险服务中心有关工作,在符合现有法律法规的前提下,为已购买符合国家外汇管理政策的港澳保险产品的客户提供便利化保全、理赔等服务,推动深圳与港澳地区建立有关资金互通、市场互联机制,试点在深圳公立医院开通港澳保险直接结算服务并允许报销使用境外药品。(银保监会、人民银行、国家卫生健康委、国务院港澳办、国家药监局等单位按职责分工会同深圳市组织实施)

(八)提升贸易跨境结算便利度。支持境内银行在"展业三原则"基础上,制定供应链优质企业白名单,优化供应链核心企业对外付款结算流程,凭优质企业提交的《跨境人民币结算收/付款说明》或收付款指令,直接为优质企业办理货物贸易、服务贸易跨境人民币结算。研究支持供应链上下游优质企业开展经常项目下跨境人民币资金集中收付。鼓励深圳针对中国(广东)自由贸易试验区前海蛇口片区内优质企业制定支持政策。(深圳市会同人民银行、外汇管理局、银保监会、商务部、国家发展改革委等单位按职责分工组织实施)

(九)优化基础设施领域不动产投资信托基金(REITs)市场环境。探索基础设施收费机制改革,针对地下综合管廊等基础设施,探索创新资产有偿使用制度,按照使用者付费、受益者补偿原则，合理提高资产端收费标准，提升资产收益率。研究基础设施领域不动产投资信托基金（REITs）税收政策，支持开展基础设施领域不动产投资信托基金（REITs）试点，减轻企业和投资者负担。（国家发展改革委、财政部、税务总局、证监会等单位按职责分工会同深圳市组织实施）

三、创新医药健康领域市场准入机制

（十）放宽医药和医疗器械市场准入限制。允许采信由国家认监委会同国家药监局认定的第三方检验机构出具的医疗器械注册检验报告。支持在深圳本地药品、医疗器械的全生命周期临床评价（包括新药械上市前审批注册、已获批药械说明书修改、上市后安全性研究与主动监测）中推广真实世界数据应用，重点覆盖临床急需、罕见病治疗、AI 医疗算法、精准医疗、中医药等领域的临床评价，进一步加快新产品上市进程，及时发现和控制已上市产品使用风险。加快 AI 医疗算法商业化和临床应用水平。（国家药监局、国家卫生健康委、市场监管总局等单位会同深圳市组织实施）

（十一）试点开展互联网处方药销售。建立深圳电子处方中心（为处方药销售机构提供第三方信息服务），对于在国内上市销售的处方药，除国家明确在互联网禁售的药品外，其他允许依托电子处方中心进行互联网销售，不再另行审批。深圳电子处方中心对接互联网医院、深圳医疗机构处方系统、各类处方药销售平台、广东省国家医保信息平台、支付结算机构、商业类保险机构，实现处方相关信息统一归集及处方药购买、信息安全认证、医保结算等事项"一网通办"，探索运用数字人民币进行交

易结算。深圳电子处方中心及深圳市相关部门要制定细化工作方案，强化对高风险药品管理，落实网络安全、信息安全、个人信息保护等相关主体责任。利用区块链、量子信息技术，实现线上线下联动监管、药品流向全程追溯、数据安全存储。深圳电子处方中心与已批准试点的海南等电子处方中心实现信息互联互通互认。（深圳市会同国家发展改革委、国家卫生健康委、国家药监局、国家医保局、银保监会、国家中医药局等单位组织实施）

（十二）优化人类遗传资源审批准入服务。提升深圳人类遗传资源审批服务能力，探索设立人类遗传资源审批管理平台，支持干细胞治疗、免疫治疗、基因治疗等新型医疗产品、技术研发，优化临床试验中涉及国际合作的人类遗传资源活动审批程序，对出入境的人体组织、血液等科研样本、实验室试剂实施风险分类分级管理，在保证生物安全的前提下，对低风险特殊物品给予通关便利并在使用、流向及用后销毁等环节做好档案登记。（科技部、海关总署、深圳市会同国家药监局、国家卫生健康委等单位组织实施）

（十三）放宽医疗机构资质和业务准入限制。下放深圳受理港澳服务提供者来深办医审批权限，进一步优化港澳独资、合资医疗机构执业许可审批流程。鼓励有优秀临床经验或同行认可度高的境外医疗技术骨干按规定来深执业。探索建立与国际接轨的医院评审认证标准体系。支持在深圳开业的指定医疗机构使用临床急需、已在港澳上市的药品和临床急需、港澳公立医院已采购使用、具有临床应用先进性的医疗器械，探索开展国际远程会诊。按照医药研究国际标准建立区域伦理中心，指导临床试验机构伦理审查工作，接受不具备伦理审查条件的机构委托对临床试验方案进行伦理审查，鼓励医疗机构与合同研究组织（CRO）合作，提升医疗临床试验技术能力和质量管理水平。优化完善医疗机构中药制剂审批和备案流程，支持开展中药临床试验和上市后评价试点，鼓励建设现代化研究型中医院。支持符合条件的民营医院建设住院医师规范化培训基地。科学制定大型医用设备配置规划，优化大型医用设备配置评审标准，在大型医用设备配置规划数量方面，充分考虑社会办医疗机构配置需求，支持社会办医发展。（国家卫生健康委、人力资源社会保障部、国家药监局、国家中医药局、海关总署等单位按职责分工会同深圳市组织实施）

四、放宽教育文化领域准入限制

（十四）支持深圳高等教育和职业教育改革发展。教育部和深圳市探索实施中外合作办学项目和不具有法人资格的中外合作办学机构部市联合审批机制。放宽外籍人员子女学校举办者市场准入，允许内资企业或中国公民等开办外籍人员子女学校，促进内资企业吸引外籍人才。支持深圳筹建海洋大学、创新创意设计学院等高等院校。支持社会力量通过内资独资、合资、合作等多种形式举办职业教育，推动产教深度融合，优化社会资本依法投资职业院校办学准入流程。（教育部、人力资源社会保障部、广东省等单位会同深圳市组织实施）

（十五）优化网络游戏、视听、直播领域市场环境。支持深圳网络游戏产业高质量发展，鼓励深圳加强属地网络游戏内容把关和运营管理，加快推进网络游戏适龄提示制度。授权深圳市电信管理机构依照有关规定对属地 App 和互联网应用商店进行监督管理和执法。支持建立网络视听创新基地，鼓励网络视听节目精品创作，加大高质量视听内容供给，推动网络视听关键技术自主研发。支持深圳建设国际化网络直播电商服务平台，注重发挥全国性行业协会作用。（中央宣传部、中央网信办、广电总局、新闻出版署、工业和信息化部、文化和旅游部、商务部等单位会同深圳市组织实施）

五、推动交通运输领域准入放宽和环境优化

（十六）优化邮轮游艇行业发展市场准入环境。支持深圳优化粤港澳大湾区巡游航线、游艇自由行开放水域范围、出入境码头审批等邮轮游艇行业发展市场准入环境，试点探索深港游艇操作人员证书互认，对深圳自由行入境游艇实行免担保政策。积极支持在深圳前海注册的符合条件的邮轮公司申请从事除台湾地区以外的出境旅游业务。探索建立游艇型式检验制度，简化进口游艇检验，对通过型式检验的新建游艇或持有经认可机构出具证书的进口游艇，可按照船舶检验管理程序申领或者换发游艇适航证书。支持符合条件的粤港澳游艇"一次审批、多次进出"，允许为其办理有效期不超过半年的定期进出口岸许可证。（交通运输部、海关总署、文化和旅游部、公安部、国家移民管理局等单位会同深圳市组织实施）

（十七）统一构建海陆空全空间无人系统准入标准和开放应用平台。支持深圳基于国土空间基础信息平台等开展智能网联基础设施建设及面向未来的海陆空三域一体融合的交通规划（底层数据），制定高效包容的市场和技术准入标准，打造与民航局等相关国务院行业主管部门共享的底层基础数据体系，构建开放的服务应用平台。组织建筑、民用航空、地面交通、无线电等专业机构，制定无人系统接入城市建筑物的统一标准和空域、无线电电磁等环境要求，研究优化无人系统使用频段，推动智能网联无人系统与城市建筑、立体交通、空港码头、5G网络、数据中心的环境适配，率先探索智能网联无人系统在工业生产、物流配送、冷链运输、防灾减灾救灾、应急救援、安全监测、环境监测、海洋调查、海上装备、城市管理、文化旅游等领域的产业化应用，推动海陆空无人系统产业协同发展和技术跨界融合。支持深圳市以宝安区为基础，以机场、港口、物流园区、开发区、铁路物流基地、城市道路、地下管廊、空中海上运输线路为依托，组织重要相关市场主体打造统一共享的底层基础数据体系，率先建设海陆空全空间无人系统管理平台，进一步深化拓展深圳地区无人驾驶航空器飞行管理试点，提升无人驾驶航空器飞行便利性和监管有效性，优化飞行活动申请审批流程，缩短申请办理时限，试点开通深圳与珠海等地无人机、无人船跨域货运运输航线。简化符合技术标准和统一底层数据要求的各类智能网联系统及产品的平台测试准入门槛和申请条件；支持深圳市坪山区建设国家级智能网联汽车测试区、产品质量检验检测中心和车联网先导区，相关测试、检验报告与各地国家级平台互认；推动无人驾驶道路测试全域开放，加快城市主干道、高速公路、低空领域、港口码头、区域配送、铁路物流基地等有序纳入测试开放目录。支持深圳在智能网联无人系统（智能网联汽车、无人机、无人船等）领域先行先试，并通过探索地方立法等方式制定相应配套措施，开展多场景运行试点，探索完善无人系统产品运行服务技术标准体系,支持保险机构探索制定针对无人系统的保险产品及相关服务。(深圳市会同国家发展改革委、交通运输部、自然资源部、中央空管委办公室、中国民航局、工业和信息化部、公安部、应急部、市场监管总局、国家邮政局、国铁集团等单位组织实施)

(十八)放宽航空领域准入限制。深化粤港澳大湾区低空空域管理试点,加强粤港澳三地低空飞行管理协同,完善低空飞行服务保障体系,积极发展跨境直升机飞行、短途运输、公益服务、航空消费等多种类型通用航空服务和通用航空投资、租赁、保险等业务,建设具备较强国际竞争力的基地航空公司。优化调整大湾区空域结构,完善国际全货机航线,扩大包括第五航权在内的航权安排。探索粤港澳三地空域管理和空管运行协同管理模式,有效提升大湾区空域使用效益。(中央空管委办公室、中国民航局、国家发展改革委、交通运输部、财政部、国务院国资委等单位会同深圳市组织实施)

(十九)支持深圳统一布局新能源汽车充换电基础设施建设和运营。支持深圳统一规划建设和运营新能源汽车充换储放一体化新型基础设施,放宽融合性产品和服务的市场准入限制,推进车路协同和无人驾驶技术应用。重点加快干线公路沿线服务区快速充换电设施布局,推进城区、产业园区、景区和公共服务场所停车场集中式充换电设施建设,简化项目报备程序及规划建设、消防设计审查验收等方面审批流程,破除市场准入隐性壁垒。鼓励相关企业围绕充换电业务开展商业模式创新示范,探索包容创新的审慎监管制度,支持引导电网企业、新能源汽车生产、电池制造及运营、交通、地产、物业等相关领域企业按照市场化方式组建投资建设运营公司，鼓励创新方式开展各类业务合作，提高充换电业务运营效率。（国家发展改革委、国家能源局、交通运输部、工业和信息化部、自然资源部、住房城乡建设部、国务院国资委等单位会同深圳市组织实施）

六、放宽其他重点领域市场准入

（二十）完善深圳珠宝玉石行业准入体系。支持深圳发挥珠宝玉石产业集聚优势，建设深圳国际珠宝玉石综合贸易平台，选取具有丰富珠宝玉石交易经验的企业牵头，联合国内外知名珠宝玉石企业共同打造集玉石、彩宝、珍珠等珠宝玉石原料及成品一般贸易、拍卖、商品会展、设计研发、加工制造、检测评估、人才职业教育、信息技术服务、金融服务等于一体的国际性珠宝玉石产业中心。支持深圳市出台相关产业支持政策，推动降低珠宝玉石交易成本，形成国际交易成本比较优势。推动形成覆盖珠宝玉石全品类的国际产品标准、国际检测标准、国际评估标准，增强我国珠宝产业国际话语权。支持交易平台与中国（上海）宝玉石交易中心、上海钻石交易所、广东珠宝玉石交易中心、海南国际文物艺术品交易中心形成联动机制，充分发挥全国性和区域性珠宝行业协会作用，共同开展珠宝玉石类艺术品展览、交易、拍卖业务。完善珠宝玉石全产业链事中事后监管，在通关便利、货物监管、人才职业教育、信息技术服务、金融服务等方面给予政策支持。（商务部、海关总署、国家发展改革委、自然资源部等单位按职责分工会同深圳市组织实施）

（二十一）放宽通信行业准入限制。支持深圳开展5G室内分布系统、5G行业虚拟专网及特定区域5G网络建设主体多元化改革试点。安全有序开放基础电信业务，支持符合条件的卫星应用企业申请卫星相关基础电信业务经营许可或与具备相关资质的企业合作，允许在全国范围内开展卫星移动通信业务和卫星固定通信业务。支持深港澳三地通信运营商创新通信产品，降低漫游通信资费。（工业和信息化部、国务院港澳办等单位会同深圳市组织实施）

（二十二）开展检验检测和认证结果采信试点。落实建设高标准市场体系要求，选取建筑装饰装修建材等重点行业领域，鼓励相关专业机构、全国性行业协会研究制定统一的检验检测服务评价体系，引导市场采信认证和检验检测结果，支持深圳市和其他开展放宽市场准入试点的地区率先开展检验检测、认证机构"结果互认、一证通行"，有关地区和单位原则上不得要求进行重复认证和检验检测，推动实质性降低企业成本。坚决破除现行标准过多、过乱造成的市场准入隐性壁垒，鼓励优秀企业制定实施更高要求的企业标准，引导检验检测和认证机构良性竞争，市场化优胜劣汰，加强事中事后监管，引入第三方信用服务机构，推动行业协会和相关机构自律和健康发展。（国家发展改革委、市场监管总局、住房城乡建设部等单位会同深圳市组织实施）

（二十三）放宽城市更新业务市场准入推进全生命周期管理。以建筑信息模型（BIM）、地理信息系统（GIS）、物联网（IOT）等技术为基础，整合城市地上地下、历史现状未来多维、多尺度信息模型数据和城市感知数据，鼓励深圳市探索结合城市各类既有信息平台和国土空间基础信息平台形成数据底图，提高开放共享程度，健全完善城市信息模型（CIM）平台，推动智慧城市时空大数据平台应用，支撑城市更新项目开展国土空间规划评估。率先建立城市体检评估制度，查找城市建设和发展中的短板和不足，明确城市更新重点，编制城市更新规划，建立项目库，稳妥有序实施城市更新行动。优化生态修复和功能完善、存量用地盘活、历史遗留问题用地处置、历史文化保护和城市风貌塑造、城中村和老旧小区改造等城市建设领域的准入环境。鼓励城中村实施规模化租赁改造，支持利用集体建设用地和企事业单位自有闲置土地建设保障性租赁住房。结合公共利益，试点在城市更新项目中引入"个别征收""商业和办公用房改建保障性租赁住房"等机制。针对涉产权争议的更新单位，研究制定并完善"个别征收、产权注销"或"预告登记、产权注销"等特别城市更新办法。探索城市更新与城市历史遗留问题、违法建筑处置和土地整备制度融合机制。综合利用大数据、云计算、移动互联网技术，完善城市更新项目跟踪监管系统，实现城市更新项目全流程审批跟踪，在指标监测、成果规范等方面提高信息化、标准化、自动化程度。（住房城乡建设部、自然资源部、国家发展改革委等单位会同深圳市组织实施）

（二十四）优化养老托育市场发展环境。加快落实国家关于促进养老托育健康发展相关政策，全面优化机构设立、物业获取、设施改造各环节办事流程，引导社会力量开展机构服务能力综合评价，构建以信用为基础的新型监管机制。制定养老托育机构土地供应、物业改造和持有支持措施，适当放宽土地、规划和最长租赁期限要求，建立既有物业改造和重建绿色通道，支持运营能力强、服务质量高的优秀民营企业利用各类房屋和设施发展养老托育业务，允许国有物业租赁时限延长至10年以上，合理控制租赁收益水平。推动中央企业与深圳市政府投资平台合作建立养老托育资产管理运营公司,集中购置、改造、运营管理养老托育设施,降低服务机构初期的建设和运营成本,增加养老托育服务供给。搭建养老托育智慧服务平台和产业合作平台,面向政府部门、养老托育机构、银行保险等金融机构、社会公众提供精准化数据服务,建立从业人员标准化培训和管理机制,推动职业资格认定结果互认,加快互联网、大数据、人工智能、5G等信息技术和智能硬件的深度应用,推进养老托育机构与当地医疗资源的深度融合,深圳市人民政府对智慧服务平台和产业合作平台在数据共享、人员培训、标准推广、新技术应用、医养有机结合等方面提供支持。(深圳市会同国家发展改革委、民政部、国家卫生健康委、住房城乡建设部等单位组织实施)

各部门、各单位要高度重视,按照职责分工,主动作为,积极支持,通力配合,协同高效推进各项任务落实。广东省要积极为各项特别措施落地创造条件,加强与国家对口部门沟通衔接,在省级事权范围内给予深圳市充分支持。深圳市要切实承担起主体责任,周密安排部署,积极组织推动,认真做好具体实施工作,确保取得实效。在放宽市场准入的同时,有关部门和深圳市要同步完善监管规则,坚持放宽准入和加强监管结合并重,健全事中事后监管措施,确保有关市场准入限制"放得开、管得好"。本措施实施中如遇新情况、新问题,涉及调整现行法律和行政法规的,按照《深圳建设中国特色社会主义先行示范区综合改革试点实施方案(2020—2025年)》有关规定办理。本文涉及港澳服务和服务提供者市场准入开放和单独优惠待遇的措施,纳入内地与香港、澳门关于建立更紧密经贸关系的安排(CEPA)

框架下实施。国家发展改革委、商务部会同有关部门加强统筹协调、指导评估和督促检查，重大问题及时向党中央、国务院请示报告。

国家发展改革委
商务部
2022 年 1 月 24 日

链接：https://www.ndrc.gov.cn/xxgk/zcfb/tz/202201/t20220126_1313250.html